UN FAUVE

CHARLES

EN LIBERTÉ

CAMOIN

THE FREE FAUVE

Cet ouvrage est publié à l'occasion de l'exposition «Charles Camoin, un fauve en liberté», présentée au Musée de Montmartre-Jardins Renoir, Paris, du 11 mars au 11 septembre 2022.
This catalogue has been published to accompany and complement the exhibition 'Charles Camoin, un fauve en liberté' ('Charles Camoin, the Free Fauve'), held in the Musée de Montmartre-Jardins Renoir, Paris, from 11 March to 11 September 2022.

Direction scientifique de l'ouvrage et commissariat de l'exposition
Assia Quesnel, historienne de l'art
et responsable des Archives Camoin
Saskia Ooms, responsable de la conservation
du Musée de Montmartre-Jardins Renoir

Comité scientifique et auteurs de l'ouvrage
Claudine Grammont, docteure en histoire de l'art
Danièle Giraudy, conservatrice générale honoraire
du patrimoine
Marianne Le Morvan, directrice et fondatrice
des Archives Berthe Weill
Alix Agret, docteure en histoire de l'art

Scénographie de l'exposition
Maciej Fiszer, Elsa Dautel et Gerardo Izquierdo,
atelier Maciej Fiszer

Musée de Montmartre-Jardins Renoir
Société Kléber Rossillon
Geneviève Rossillon, présidente
Fanny de Lépinau, directrice
Stéphane Cargnino, directeur technique
Saskia Ooms, responsable de la conservation
Marie Ely et Norma Thibault, assistantes de conservation
Émilie Modrzyk, assistante administrative
Alexia Peronnet, responsable de la communication
Karelle Le Quéré, responsable commerciale
Kevin Tas, assistant de communication et commercialisation
Hanna Lebedzeva, responsable de la boutique et de l'accueil
Noémie de Laporte, chargée de mécénat
Paloma-Océane Cédille, assistante chargée de mécénat
Médiation et accueil : Axelle Duhamel
Surveillance et maintenance : Lamine Diakhaby, Rémy Cornec
et Rodolphe Tang
Café Renoir : Luna Charpentier

Société d'histoire et d'archéologie des 9e et 18e arrondissements de Paris Le Vieux Montmartre
Jean-Manuel Gabert, président
Alain Larcher et Michèle Trante, vice-présidents
Daniel Rolland et Jean-Marc Tarrit, présidents d'honneur
Isabelle Ducatez, directrice
Pauline Clement-Bayer, adjointe administration et recherche
Éric Sureau, trésorier, et Claude Lequitte, trésorière adjointe
Catherine Rousseau, secrétaire
Christine Amblard, Chantal Bodère, Olivier Boileau Descamps,
Bernard Bois, Dominique Boutel, Alain Chevillard, Yves Mathieu,
Bertrand Monchecourt, Pascal Salinas et Xavier Thoumieux.

The American Friends of the Musée de Montmartre
Comité consultatif
Jacqui Michel, présidente
Patricia Nebenzahl, vice-présidente
Phillip Dennis Cate
Adrienne and Dennis Hensley
Timothy Hanford

The scientific editors and exhibition curators
Assia Quesnel, Art Historian and Manager
of the Camoin Archives
Saskia Ooms, Curator and Head of Collections
at the Musée de Montmartre-Jardins Renoir

The advisory committee and authors of the catalogue
Claudine Grammont, Doctor of Art History
Danièle Giraudy, Honorary General Heritage Curator
Marianne Le Morvan, Director and Founder
of the Berthe Weill Archives
Alix Agret, Doctor of Art History

Exhibition scenography
Maciej Fiszer, Elsa Dautel and Gerardo Izquierdo,
Atelier Maciej Fiszer

The Musée de Montmartre-Jardins Renoir
Société Kléber Rossillon
Geneviève Rossillon, President
Fanny de Lépinau, Director
Stéphane Cargnino, Technical Director
Saskia Ooms, Head of Collections and Curator
Marie Ely and Norma Thibault, Curatorial Assistants
Émilie Modrzyk, Administrative Assistant
Alexia Peronnet, Head of Communications
Karelle Le Quéré, Head of Marketing
Kevin Tas, Communication and Marketing Assistant
Hanna Lebedzeva, Shop and Reception Manager
Noémie de Laporte, Patronage Manager
Paloma-Océane Cédille, Assistant Patronage Manager
Mediation and Reception: Axelle Duhamel
Surveillance and Maintenance: Lamine Diakhaby,
Rémy Cornec and Rodolphe Tang
The Café Renoir: Luna Charpentier

The Société d'Histoire et d'Archéologie des 9e et 18e arrondissements de Paris 'Le Vieux Montmartre'
Jean-Manuel Gabert, President
Alain Larcher and Michèle Trante, Vice-Presidents
Daniel Rolland and Jean-Marc Tarrit, Honorary Presidents
Isabelle Ducatez, Director
Pauline Clement-Bayer, Administrative and Research Assistant
Éric Sureau, Treasurer, and Claude Lequitte, Assistant Treasurer
Catherine Rousseau, Secretary
Christine Amblard, Chantal Bodère, Olivier Boileau Descamps,
Bernard Bois, Dominique Boutel, Alain Chevillard, Yves Mathieu,
Bertrand Monchecourt, Pascal Salinas, and Xavier Thoumieux.

The American Friends of the Musée de Montmartre
Advisory Board
Jacqui Michel, President
Patricia Nebenzahl, Vice-President
Phillip Dennis Cate
Adrienne and Dennis Hensley
Timothy Hanford

MUSÉE DE MONTMARTRE JARDINS RENOIR
FONDATION POUR LE RAYONNEMENT DU MUSÉE DE MONTMARTRE JARDINS RENOIR SOUS L'ÉGIDE DE LA FONDATION DE FRANCE
AF MM
LE VIEUX Montmartre
VILLE DE PARIS
PRÉFET DE LA RÉGION D'ÎLE-DE-FRANCE
KING BAUDOUIN FOUNDATION UNITED STATES
FACILITATING THOUGHTFUL, EFFECTIVE GIVING TO EUROPE AND AFRICA.
Marcel Aymé

UN FAUVE

CHARLES

EN LIBERTÉ

CAMOIN

THE FREE FAUVE

in fine
MUSÉE DE MONTMARTRE
JARDINS RENOIR

REMERCIEMENTS

L'exposition «Charles Camoin, un fauve en liberté» n'aurait vu le jour sans la contribution généreuse de Madame Pierre Grammont et ses enfants, ni l'investissement et l'expertise de Claudine Grammont et d'Assia Quesnel, qui ont rendu possible la tenue de cette exposition et la qualité de la publication de cet ouvrage. Geneviève Rossillon et toute l'équipe du Musée de Montmartre les remercient chaleureusement pour leur confiance et leur accompagnement tout au long de l'organisation de cette exposition.

Geneviève Rossillon adresse ses remerciements chaleureux à:

Anne Hidalgo, maire de Paris
Carine Rolland, adjointe de la maire de Paris en charge de la culture
Karen Taïeb, adjointe à la maire de Paris en charge du patrimoine, de l'histoire de Paris et des relations avec les cultes
Éric Lejoindre, maire du 18e arrondissement de Paris
Laurent Roturier, directeur, DRAC Île-de-France
Sylvie Muller, chef du service des musées, DRAC Île-de-France
Nicolas Engel, conseiller pour les musées, DRAC Île-de-France
Isabelle Limousin, conseillère-musées, DRAC Île-de-France
Fanny de Lépinau, directrice du musée de Montmartre-Jardins Renoir
Saskia Ooms, commissaire de l'exposition
Assia Quesnel, commissaire de l'exposition

Les commissaires se joignent à Geneviève Rossillon pour exprimer leur profonde gratitude et reconnaissance à toutes les personnes qui, par leur concours, ont contribué à la tenue de cette exposition et à la publication de cet ouvrage, et sans qui ce projet n'aurait pu voir le jour.

Au comité scientifique et aux auteurs:
Claudine Grammont
Danièle Giraudy
Marianne Le Morvan
Alix Agret

Aux institutions publiques:
Musée national d'art moderne/Centre de création industrielle, Centre Pompidou, Paris
Laurent Le Bon, président
Xavier Rey, directeur
Christian Briend, conservateur en chef du service des collections modernes
Jonas Storsve, conservateur en chef du service du Cabinet d'art graphique
Claire Both, attachée de collection
Musée des Beaux-Arts, Menton
Elsa Puharre, directrice
Musée Fabre, Montpellier
Michel Hilaire, directeur
Maud Marron-Wojewodzki, conservateur du patrimoine
Musée d'Art moderne de Paris
Fabrice Hergott, directeur
Jacqueline Munck, conservatrice
Musée Granet, Aix-en-Provence
Bruno Ely, directeur
Musée des Beaux-Arts, Draguignan
Grégoire Hallé, conservateur du patrimoine
Musée de Grenoble
Guy Tosatto, directeur
Musée d'Art moderne André-Malraux, Le Havre
Annette Haudiquet, directrice
Musée des Beaux-Arts, Lyon
Sylvie Ramond, directrice
Musée des Beaux-Arts, Reims
Catherine Delot, directrice
Musée de l'Annonciade, Saint-Tropez
Séverine Berger, directrice
Musée d'Art moderne et contemporain, Strasbourg
Estelle Pietrzyk, directrice
Collection de la Société d'histoire et d'archéologie des 9e et 18e arrondissements de Paris Le Vieux Montmartre

Aux galeries et aux particuliers:
Galerie Bernard Bouche
Galerie Fleury
Dr. Michaël Nöth Galerie
Galerie Alexis Pentcheff
Galerie de la Présidence
Galerie Benjamin Sebban
Collection Pierre Bastid
Collection Wolfram Greifenberg
Georges Liebert
Collection Schröder
Collection Marc Stammegna

Ainsi que ceux et celles qui ont préféré garder l'anonymat. Qu'ils et elles en soient vivement remerciés pour leurs généreux prêts.

Nous souhaitons également remercier sincèrement et chaleureusement tous ceux et celles qui ont contribué à la préparation de cette exposition, et tout particulièrement pour leur aide précieuse:
Archives Matisse, Archives Duthuit, Archives Signac, Claude Jacir, Véronique Serrano, Bénédicte Van Campen, Julia Sylvester, Jeanne Rigal, Emmanuelle Loulmet, Leah Sheehan, Me Yonathan Chamla, Aguttes, Me Jean-Pierre Besch, Galerie Pierre & Pierre-Édouard de Souzy (Paris), Galerie Michel Descours (Lyon), Galerie Hélène Bailly (Paris), Galerie Isarte (Milan), Nicolas Schwed, Galerie Malaquais (Paris), Jean-Baptiste Auffret, Ève Turbat, Richard Fleury, ainsi que Bruno Ely pour sa très généreuse participation, Hervé Gros, Dr. Nöth, Alexis Pentcheff et Suzanne Schröder pour leur soutien tout particulier.

Ainsi que toutes les personnes qui ont permis la réalisation de cette exposition et de cet ouvrage:
Marie Ely et Norma Thibault, assistantes de conservation, pour leurs très précieuses contributions
Catherine Dantan, attachée de presse
Maciej Fiszer, Gerardo Izquierdo et Elsa Dautel, atelier Maciej Fiszer
Sabrine Sidki, Clément Castot, agence c-album
L'équipe d'installation et les entreprises de travaux : Atelier Veneer, DC Bat et L.D. publicité
Jacques Letertre, Hélène Montjean, Margot Kielt, hôtel Marcel Aymé
Amélie Lamiche, Adapg
Stéphanie Méséguer, In Fine éditions d'art
Sandrine Rosenberg, éditrice
Laurent Fétis, graphiste

Nous remercions vivement et chaleureusement The American Friends of the Musée de Montmartre pour leur soutien généreux.

«Charles Camoin, un fauve en liberté» n'aurait pu avoir lieu, enfin, sans le soutien et l'engagement de la Société d'histoire et d'archéologie des 9e et 18e arrondissements de Paris Le Vieux Montmartre et l'ensemble de l'équipe du musée de Montmartre.

ACKNOWLEDGEMENTS

The exhibition 'Charles Camoin, un Fauve en Liberté' ('Charles Camoin, the Free Fauve') would not have come to pass without the generous contribution of Madame Pierre Grammont and her children, or the implication and expertise of Claudine Grammont and Assia Quesnel, who made it possible to hold this exhibition and ensured the high quality publication of this catalogue. Geneviève Rossillon and the entire team at the Musée de Montmartre would like to warmly thank them for their advice and practical support throughout the organisation of this exhibition.

Geneviève Rossillon would like to warmly thank:

Anne Hidalgo, Mayor of Paris
Carine Rolland Deputy Mayor of Paris in Charge of Culture
Karen Taïeb, Deputy Mayor of Paris in charge of the Heritage and History of Paris and Relations with Religions
Éric Lejoindre, Mayor of the 18th arrondissement of Paris
Laurent Roturier, Director, DRAC Île-de-France
Sylvie Muller, Head of the Department of Museums, DRAC Île-de-France
Nicolas Engel, Museum Advisor, DRAC Île-de-France
Isabelle Limousin, Museum Advisor, DRAC Île-de-France
Fanny de Lépinau, Director of the Musée de Montmartre-Jardins Renoir
Saskia Ooms, Exhibition Curator
Assia Quesnel, Exhibition Curator

The curators and Geneviève Rossillon would like to acknowledge and express their deepest gratitude to all the people who have so generously contributed to this exhibition and the publication of this catalogue, and without whom this project would never have been completed.

The advisory committee and authors:
Claudine Grammont
Danièle Giraudy
Marianne Le Morvan
Alix Agret

Public institutions:
The Musée National d'Art Moderne/Centre de Création Industrielle, Centre Pompidou, Paris
Laurent Le Bon President
Xavier Rey, Director
Christian Briend, Chief Curator of the Department of Modern Collections
Jonas Storsve, Chief Curator of the Graphic Art Department
Claire Both, Collections Assistant
The Musée des Beaux-Arts, Menton
Elsa Puharre, Director
The Musée Fabre, Montpellier
Michel Hilaire, Director
Maud Marron-Wojewodzki, Heritage Curator
The Musée d'Art Moderne de Paris
Fabrice Hergott, Director
Jacqueline Munck, Curator
The Musée Granet, Aix-en-Provence
Bruno Ely, Director
The Musée des Beaux-Arts, Draguignan
Grégoire Hallé, Heritage Curator
The Musée de Grenoble
Guy Tosatto, Director
The Musée d'Art Moderne André Malraux, Le Havre
Annette Haudiquet, Director
The Musée des Beaux-Arts, Lyon
Sylvie Ramond Director
The Musée des Beaux-Arts, Reims
Catherine Delot, Director
The Musée de l'Annonciade, Saint-Tropez
Séverine Berger, Director
The Musée d'Art Moderne et Contemporain, Strasbourg
Estelle Pietrzyk, Director
Collection de la Société d'histoire et d'archéologie des 9e et 18e arrondissements de Paris Le Vieux Montmartre

Galleries and individual contributors:
Galerie Bernard Bouche
Galerie Fleury
Dr Michaël Nöth Galerie
Galerie Alexis Pentcheff
Galerie de la Présidence
Galerie Benjamin Sebban
Collection Pierre Bastid
Collection Wolfram Greifenberg
Georges Liebert
Collection Schröder
Collection Marc Stammegna

And all those who prefer to remain anonymous.
We would like to thank all of them for their generous loans.

We would also like to express our sincere and warm gratitude to all those who have helped in various ways to prepare this exhibition, and, above all, thank them for their invaluable assistance:
The Archives Matisse, Archives Duthuit, and Archives Signac; Claude Jacir, Véronique Serrano,
Bénédicte Van Campen, Julia Sylvester, Jeanne Rigal, Emmanuelle Loulmet, Leah Sheehan, Maître Yonathan Chamla, Aguttes, and Maître Jean-Pierre Besch,
the Galerie Pierre & Pierre-Édouard de Souzy (Paris), Galerie Michel Descours (Lyon), Galerie Hélène Bailly (Paris), Galerie Isarte (Milan), Nicolas Schwed, Galerie Malaquais (Paris), Jean-Baptiste Auffret, Ève Turbat, Richard Fleury, and Bruno Ely for his generous participation,
Hervé Gros, Dr Nöth, Alexis Pentcheff, and Suzanne Schröder for their particularly invaluable support in this project.

And all the people who have contributed to this exhibition and the catalogue:
Marie Ely and Norma Thibault, Curatorial Assistants, for their invaluable contributions
Catherine Dantan, Press Officer
Maciej Fiszer, Gerardo Izquierdo and Elsa Dautel, Atelier Maciej Fiszer
Sabrine Sidki, Clément Castot, Agence c-album
The exhibition installation team and the various companies involved: Atelier Veneer, DC Bat and L.D. publicité.
Jacques Letertre, Hélène Montjean, Margot Kielt, Hôtel Marcel Aymé
Amélie Lamiche, Adapg
Stéphanie Méséguer, In Fine éditions d'art
Sandrine Rosenberg, Editor
Laurent Fétis, Graphic Designer

We would like to warmly thank The American Friends of the Musée de Montmartre for their generous support.

Last, but not least, 'Charles Camoin, un Fauve en Liberté' ('Charles Camoin, the Free Fauve') would never have come to pass without the support and commitment of the Société d'Histoire et d'Archéologie des 9e et 18e Arrondissements de Paris 'Le Vieux Montmartre' and all the staff of the Musée de Montmartre.

PRÉFACE
PREFACE

« L'objet de mon art est une révélation de la nature à travers mon emotion... »

Journal de Charles Camoin, 22 décembre 1943.

'My art aims to reveal nature through my emotions...'.

Entry in Charles Camoin's diary for 22 December 1943

Important lieu de création à Montmartre au tournant du xxe siècle, les ateliers du 12-14, rue Cortot – aujourd'hui le Musée de Montmartre – furent occupés par de nombreux artistes : Pierre-Auguste Renoir, Émile-Othon Friesz, Raoul Dufy, Émile Bernard, Démétrius Galanis, Suzanne Valadon, Maurice Utrillo, André Utter..

En 1908, Charles Camoin y occupa l'un de ces ateliers. Généralement présenté comme le « fauve méditerranéen », il est un artiste dont l'œuvre n'a pas été exposé à Paris depuis plus de quarante ans. C'est donc un honneur pour le Musée de Montmartre de présenter dans ce lieu imprégné des âmes de tous ceux et celles qui y ont créé, une exposition dédiée à Charles Camoin.

Parcourir l'œuvre de Charles Camoin, c'est suivre le cheminement d'un artiste, ses évolutions et recherches picturales, depuis son appartenance au fauvisme jusqu'à l'éclosion d'une peinture particulièrement sensorielle.

Composer en partant de la sensation et de l'émotion, voici ce qui fait toute la justesse de l'œuvre de Camoin. Découvrir son art, c'est ainsi goûter à cet « amour exclusif de la couleur » qu'il partage avec Matisse, Marquet et Manguin. C'est aussi apercevoir sur la toile ses moments sombres et ses doutes profonds, qui l'entraînèrent jusqu'à détruire environ quatre-vingts tableaux en 1914 – geste mortel pour un artiste. Et puis c'est voir s'installer une joie profonde à peindre « la sensation colorée et la vie qui s'en dégage ». La peindre spontanément, sincèrement, avec des tableaux très aboutis et d'autres plus esquissés. C'est contempler l'avènement d'une peinture désormais libre, fruit « d'une franchise qui dit tout de suite ce qu'elle a à dire, quelque chose comme le coup de foudre ou le cri du cœur » pour reprendre ses mots.

L'exposition « Charles Camoin, un fauve en liberté » est un hommage à celui qui dévoua sa vie à ce qu'il savait le mieux faire : capter la beauté pour en faire sur la toile une symphonie de couleurs.

Geneviève Rossillon,
présidente du Musée de Montmartre

Fanny de Lépinau,
directrice du Musée de Montmartre

A creative hub in Montmartre at the turn of the twentieth century, the studios at 12–14, Rue Cortot—the present-day Musée de Montmartre—were occupied by many artists, including Pierre-Auguste Renoir, Émile-Othon Friesz, Raoul Dufy, Émile Bernard, Démétrius Galanis, Suzanne Valadon, Maurice Utrillo, and André Utter.

In 1908, Charles Camoin worked in one of the studios. He is often described as the 'Mediterranean Fauve', and his work has not been exhibited in Paris in more than forty years. It is therefore a great honour for the Musée de Montmartre to present an exhibition devoted to the oeuvre of Charles Camoin on this site, with its rich history of artistic creativity.

Discovering the works of Charles Camoin involves exploring his artistic career, stylistic developments, and pictorial quests—from his attachment to Fauvism to the emergence of a particularly sensorial form of painting.

Camoin's approach to painting, based on sensations and emotions, is what makes his oeuvre so authentic. Discovering his art means embracing the 'exclusive love of colour' that he shared with Matisse, Marquet, and Manguin. It also means identifying his more sombre phases and profound doubts, which led him to destroy almost eighty of his pictures in 1914—a truly radical act for an artist. But he also experienced a profound pleasure in painting 'coloured sensations and the life they convey'. He painted these sensations spontaneously and sincerely, executing highly worked paintings and others that were sketched. This was the emergence of a form of painting that was free, the fruit of 'a sincerity that expressed itself directly, something like falling in love or a cry from the heart', to use his words.

The exhibition 'Charles Camoin, un Fauve en Liberté' ('Charles Camoin, the Free Fauve') is a tribute to an artist who devoted his life to what he did best: capturing beauty and turning it into a symphony of colours on canvas.

Geneviève Rossillon,
President of the Musée de Montmartre

Fanny de Lépinau,
Director of the Musée de Montmartre

DE MONTMARTRE À SAINT-TROPEZ,

FROM MONTMARTRE TO SAINT-TROPEZ:

DEUX ATELIERS DE CHARLES CAMOIN

CHARLES CAMOIN'S TWO STUDIOS

Danièle Giraudy

1907. À vingt-huit ans, le peintre Camoin quitte sa mère et leur logement lumineux proche de la Seine, situé au 28, place Dauphine, pour Montmartre, quartier animé alors partiellement villageois. On achète encore son lait à la ferme dans cette commune libre avec ses vendanges, ses terrains vagues, ses jardins clos, ses escaliers. La Butte grouille d'artistes peu fortunés heureux de se loger à bon compte, et Montmartre devient le centre des avant-gardes artistiques, encore secrètes, regroupées le soir dans leurs bistrots à goualantes, où se mêlent aux futures célébrités des anarchistes inquiétants que la police surveille, fichant les étrangers comme Picasso au Bateau-Lavoir, rue Ravignan, voisin du Hollandais Van Dongen. Tout proche, le Cirque Médrano inspira les baladins bleus et roses de l'Espagnol avant les inquiétantes *Demoiselles d'Avignon* précubistes qu'il brosse jour et nuit, aimées de Max Jacob, autre voisin. Quelques futuristes italiens les rejoindront. Personnages et bouleversements qui n'intéressent pas plus Camoin en ce début de siècle que plus tard, même s'il expose comme eux chez Berthe Weil en 1904, chez Kahnweiler en 1908, à l'Armory Show en 1913. Fidèle, sa vie durant, à ses premiers amis fauves et à la traduction colorée de la nature et de la lumière, où nus, natures mortes d'atelier et paysages urbains saisis sur le vif sont peints sans approche théorique, il est présent aux Salons d'automne, soudé aux anciens de l'atelier Moreau, Matisse et Marquet, comme aux Salons des indépendants que préside Signac.

1925. Après quatre déménagements montmartrois tout proches – rue Lepic, face au Moulin de la Galette, rue Cortot (l'ancien atelier d'Utrillo devenu le Musée où il revient aujourd'hui) et rue Mansart – Camoin, marié depuis cinq ans, s'installe avec sa femme Charlotte (Lola), dans l'espace plus confortable du 2bis, avenue Junot, où naît en 1933 leur fille Anne-Marie, inaugurant un nouveau cycle de portraits de sa famille. Le centre artistique parisien s'est déplacé à Montparnasse, mais Camoin fidèle à la Butte, ne va plus quitter cet atelier pendant quarante ans, et s'y éteint en 1965.

Le «grenier» restera intact jusqu'en 1971, et nous y avons travaillé avec Lola dès 1967, après la rétrospective de Marseille, au catalogue raisonné de l'œuvre de

1907. At the age of twenty-eight, Camoin left his mother and their luminous apartment near the Seine, located at 28, Place Dauphine, for Montmartre, a lively village-like district. One could still buy milk from the farmer in this free commune, with its vendanges, waste grounds, walled gardens, and flights of steps. The Butte was a hive of artistic activity: poor artists were happy to find cheap accommodation, and Montmartre became the hub of the avant-garde art movements, which were still relatively unknown; in the evening, they would gather in their favourite bistros, where popular songs were performed, and where troublesome anarchists—who were closely monitored by the police—mingled with future celebrities; the police had files on many foreigners, including Picasso, who lived in the Bateau-Lavoir, on the Rue Ravignan, and was a neighbour of the Dutchman Van Dongen. Nearby, the Cirque Médrano inspired the Spaniard's Blue and Pink Period paintings of circus performers and musicians, which preceded the disturbing pre-cubist *Demoiselles d'Avignon*, which he painted day and night, and which was greatly admired by Max Jacob, another neighbour. They were joined by several Italian Futurists. These figures and developments were of no more interest to Camoin at the beginning of the century than they were later on, even though he—as did they—exhibited his works at Berthe Weil's gallery in 1904, Kahnweiler's gallery in 1908, and at the Armoury Show in 1913. Loyal throughout his life to his early Fauve friends and the colourful representation of nature and light, in which nudes, studio still lifes and urban landscapes captured outdoors were painted without an imposed theoretical approach, he exhibited at the Salons d'Automne, where he was closely involved with former students from the Moreau studio, Matisse and Marquet, as well as at the Salons des Indépendants presided over by Signac.

1925. After four nearby moves around Montmartre—Rue Lepic, opposite the Moulin de la Galette, Rue Cortot (Utrillo's former studio, which became the museum he has now returned to), and Rue Mansart—Camoin, who had been married for five years, moved with his wife Charlotte (Lola) to a more comfortable residence at 2bis, Avenue Junot, where their daughter Anne-Marie was born in 1933, inaugurating a fresh cycle of family portraits. Montparnasse had become

son époux[1]. Je la revois grimper vivement l'échelle menant à la mezzanine, à soixante-quinze ans, sous la soupente inclinée où les peintures étaient soigneusement stockées par taille, saisir à coup sûr celle de son choix, me la tendre du bout du châssis, familière de l'exercice, sans toucher la toile pour éviter un enfoncement, parfaitement à l'aise dans cet espace encombré dédié à la création. Autour du grand chevalet, et de quelques sièges, trônait le poêle qui avait consumé tant de toiles détruites, près des chevalets de toutes tailles, tables, pinceaux et couleurs, palette, carnets serrés sur leurs étagères avec quelques plâtres et des petits formats, envois de Bonnard, Marquet, Signac. Un recoin moins éclairé regroupait sur six étagères pots, pichets, vases et compotiers de faïence, modèles des natures mortes[2]. J'en ai un souvenir baigné par la lumière grise de Paris, malgré l'avenue aérée dédiée à ces ateliers d'artistes hauts de plafond, avec leurs grandes fenêtres ou leurs verrières aux longs rideaux clairs, souvent dotés de mezzanines.

«Carlo et Lola» y résident d'octobre à juin, quittant alors Paris avec Annie pour rejoindre leur Midi natal et Saint-Tropez, découvert à l'invitation de Signac en 1905 avec Marquet. Camoin s'y fixe dès son mariage en 1921. D'abord installés à Val-Flor aux Canoubiers, ils occupent différentes habitations dans le village, avant de louer en 1946 les deux étages du quai Suffren.

J'y retrouvais Lola, cinq ans après la mort de l'artiste, pour l'interroger jour après jour et, grâce à sa mémoire précise, dresser les inventaires, affiner dates et titres des quelque 1 500 œuvres éparses dans les carnets de son mari, classer les photographies, décrypter les petits agendas, catalogue que je publiais en 1972. Pour la période précédant leur mariage, Lola précisait, sereine: «Ça, c'était avant mon règne.» Nos séances de travail enthousiastes étaient entrecoupées des repas chez Fifine – les chambres de la maison donnaient sur la petite rue calme derrière le quai où celle-ci cuisinait ses raviolis –, Lola y évoquait avec plaisir les souvenirs de leur vie, joyeux voyages entre amis, moments difficiles de la seconde guerre, puis retrouvait chez elle ses habitudes: allumer le petit fourneau noir avec ses *bûches* de noyaux d'olives roulés dans les papillotes de papier journal. Sur la bordure de la hotte s'alignait une série de cafetières italiennes pour deux, quatre, six ou dix convives, dévoilant les rites d'une soigneuse économie domestique et la table accueillante de l'excellente maîtresse de maison qui régnait aussi sur le salon et la petite salle à manger.

L'atelier sous le toit, spacieux, baigné de lumière, isolait le peintre à son travail: murs blancs, tomettes rouges, deux fenêtres surplombant le petit port et ses barques ouvert sur le golfe, motifs de bien des marines[3]. Entre les fenêtres un grand miroir permettait à l'artiste recul et contrôle de la composition inversée, effets de contre-jour des nus, autoportraits. Au centre, inchangée, la dernière nature morte posait sur le chevalet, avec les objets et les fruits qui l'avaient inspirée, desséchés depuis, éclaircis d'une légère couche de poussière, devant le paravent aux toiles imprimées[4].

Un matin, mon coup de balai sous le petit divan fit surgir en tas 51 lettres écrites par Matisse à son cher Carlo, que les tampons postaux des enveloppes permirent de dater de 1905 à 1946. Je les publiais dans

the centre of artistic activity in Paris, but Camoin, ever faithful to the Butte, did not move from this studio for the next forty years, and died there in 1965.

The 'attic' remained intact until 1971, and it was where we worked with Lola in 1967—after the retrospective held in Marseilles—to establish the catalogue raisonné of her husband's works.[1] I can still picture her, at the age of seventy-five, climbing energetically up the ladder leading to the mezzanine, beneath the sloping attic ceiling, where his paintings were stored according to their sizes, and grasping the one she had selected, handing it to me by its frame (in a way that showed she was used to handling his work) without touching the canvas to avoid indentation; she was perfectly at ease in this packed space devoted to his creative work. Around the large easel and several chairs stood the woodstove that had consumed so many destroyed canvases, easels of every size, tables, paintbrushes and colours, a palette, sketchbooks packed together on the shelves with several plasters, and small-format works, sent by Bonnard, Marquet and Signac. In a dimmer corner of the room were pots, jugs, vases, earthenware fruit dishes, and models for still lifes on six shelves.[2] I remember the room bathed in the grey Paris light, despite the airy avenue full of artists' studios with their high ceilings and their overhead windows or windows with long, light curtains, and which often had mezzanines.

'Carlo and Lola' stayed there from October to June; they left Paris with Annie to go to their native Midi and Saint-Tropez, which they discovered with Marquet on the invitation of Signac in 1905. Camoin settled there shortly after his marriage in 1921. They initially lived in the Val-Flor house in the Canoubiers district, and then in various houses in the village; they subsequently rented two floors in a building on the Quai Suffren in 1946.

I met Lola there, five years after the artist's death, and asked her questions day after day, and, thanks to her precise recollections, drew up the inventories, determined the dates and titles of the 1,500 works scattered in her husband's sketchbooks, classified the photographs, and deciphered the small diaries for a catalogue I published in 1972. When asked about the period prior to their marriage, Lola stated nonchalantly: 'That was before my time.' Our intense working sessions were punctuated with meals at Fifine's—the bedrooms in the house overlooked the small quiet street behind the quai, where she cooked her ravioli—where Lola talked enthusiastically about the memories of their life together: happy travels with friends and the difficult times during the Second World War; and then she resumed her old habits and routines at home, such as lighting the small black stove with her 'logs' comprised of olive pits rolled up in newspaper. Atop the woodstove stood a series of Italian coffee makers for two, four, six, or ten guests, revealing the rituals of good housekeeping and the welcoming dinner table of the excellent housekeeper who also 'reigned' over the salon and the small dining room.

The studio under the roof—spacious and bathed in light—enabled Camoin to paint in isolation: white walls, red tomettes, two windows that overlooked the small port and its boats opening onto the gulf: the motifs of many a seascape.[3] Placed between the

La Revue de l'art en 1971 (n° 12), une fois le dialogue reconstitué avec les 37 réponses de Camoin retrouvées dans les archives Duthuit, brillamment explorées depuis par leur petite-fille, Claudine Grammont, directrice du Musée Matisse à Nice. Échanges inédits d'un demi-siècle d'amitié, du Salon où Van Dongen expose «une femme montrant son chat», aux années de la Seconde Guerre mondiale. À Camoin bloqué à Saint-Tropez, Matisse écrit de Vence, réfugié trente-sept heures durant dans son jardin, qu'un éclat d'obus sur un olivier lui renvoie... un rameau de paix sur la page. Le matériel est rare, Matisse peut trouver des couleurs à Nice chez son marchand Franco, mais Camoin doit envoyer les tubes vides pour recevoir la précieuse commande en retour... Carlo lui envoie un collectionneur, lui donne des nouvelles de sa femme et de sa fille arrêtées, refuse de demander à l'occupant l'autorisation de peindre la mer interdite, et s'égrènent potins, aventures minuscules, «parties de rire», découragements, épisodes dramatiques de leur vie, l'âge venant...

À gauche, proches du divan du modèle, des étagères regroupaient jusqu'au plafond le *fourniment* de l'artiste, pinceaux et brosses, essence de térébenthine, couleurs, pastels, paniers, poteries. En face, d'autres étagères de livres (Poussin, Valéry, Montaigne, etc.), notes, chapeau de paille, reproductions bien-aimées: Renoir et Cézanne, ses maîtres, un pastel de sa mère, et sur le mur, écrit au crayon, son credo «concentré, réfléchi, mais non contracté... l'interprétation intelligente des réalités... volupté créatrice».

J'allais oublier Cocotte. Comme Monet sur son bateau-atelier, Camoin conduit sa voiture-atelier vers ses motifs de la côte ou de l'arrière-pays. La galerie accueille la toile fraîche sur son châssis, le coffre, un chevalet dépliant, les couleurs à portée de la main, installation commode assis sur le trépied de toile en pleine nature, sous son chapeau de soleil, poursuivant la *petite sensation* chère «au plus impressionniste des Fauves [...] qui réussit la synthèse de l'impressionnisme et du fauvisme», comme le définissait Bernard Dorival dans sa préface.

1 Danièle Giraudy et Bernard Dorival (préf.), *Camoin. Sa vie, son œuvre*, Marseille, La Savoisienne, 1972.
2 *Ibid.*, p. 159.
3 *Ibid.*, p. 153.
4 *Ibid.*, p. 165.

windows, a large mirror enabled the artist to stand back and check the inverted composition, the contre-jour effects of the nudes and self-portraits. Intact in the centre was his last still life placed on an easel, with the objects and fruits that had inspired him, which had since dried out, made lighter by a light coat of dust, in front of a screen with printed fabric.[4]

One morning, as I was brushing under the small couch, I came across a stack of fifty-one letters written by Matisse to his dear Carlo; the postmarks on the envelopes made it possible to date them from 1905 to 1946. I published them in *La Revue de l'art* in 1971 (Issue 12), after the contents of their letters had been revealed with Camoin's thirty-seven responses found in the Duthuit archives, which have since been examined in detail by their granddaughter, Claudine Grammont, director of the Musée Matisse in Nice. The unpublished letters contained discussions that reflected half a century of friendship: from the Salon where Van Dongen exhibited 'a woman with her cat' to the years of the Second World War and the time when Camoin was stuck in Saint-Tropez; Matisse, who had sought refuge in his garden for thirty-seven hours, wrote from Vence that a piece of shrapnel hitting an olive tree had brought him ... an olive branch as a symbol of peace on the paper. Artists' materials were difficult to find: Matisse purchased tubes of oil paint from the dealer Franco in Nice, but Camoin had to send empty tubes so that they could be filled and sent back to him ... Carlo sent a collector to see him, told him about his wife and daughter, who had been arrested, and refused to ask for authorisation to paint the sea, which was prohibited—anecdotes punctuated with gossip, little adventures, 'moments of laughter', despondency, dramatic periods in their life, advancing age ...

On the left, near the model's divan, shelves were stacked to the ceiling with the artist's materials: paintbrushes and brushes, essence of turpentine, colours, pastels, baskets, and pots. Opposite, there were shelves with books (Poussin, Valéry, Montaigne, etc.), notes, a straw hat, and beloved reproductions: Renoir and Cézanne, his masters, a pastel of his mother, and, on the wall, written in pencil, his credo 'focused, purposeful, and concise ... an intelligent interpretation of reality ... creative sensuality'.

I almost forgot Cocotte. Like Monet in his studio boat, Camoin drove his car, which served as a mobile studio, to paint the coast and countryside. The freshly painted canvases on their frames were stacked on the roof rack; conveniently, there was a portable folding easel in the trunk, the tubes of paint were close at hand, and he sat on a tripod stool with a canvas seat outdoors, beneath his sun hat, in a quest for the 'little sensation' that was so dear 'to the most Impressionist of the Fauves (...) who created a synthesis between Impressionism and Fauvism', as described by Bernard Dorival in his preface.

1 Danièle Giraudy and Bernard Dorival (preface), *Camoin. Sa vie, son œuvre*, La Savoisienne, Marseilles, 1972.
2 Ibid., p. 159.
3 Ibid., p. 153.
4 Ibid., p. 165.

SOMMAIRE

CONTENTS

CHARLES CAMOIN UN FAUVE EN LIBERTÉ

THE FREE FAUVE

Assia Quesnel

Regarder l'œuvre de Charles Camoin (1879-1965), c'est suivre au plus près une quête artistique ayant pour principaux cadres non seulement le Sud de la France et les rives de la Méditerranée – d'où il est originaire – mais aussi Paris et Montmartre – où il a vécu toute sa vie. À l'inverse de ses camarades, c'est en allant vers le Nord qu'il rejoint le fauvisme et où il y apporte sans doute sa culture méditerranéenne – «le vaillant Marseillais, Carlos Camoin», *dixit* Cézanne[1]. Alors que la découverte de la lumière méridionale a constitué un facteur décisif dans l'élaboration du fauvisme, un émerveillement par la différence, chez Camoin, il s'est agi, au contraire, de cultiver toute sa vie durant cet émerveillement.

Né à Marseille dans une famille de décorateurs, Camoin, jeune étudiant en art, arrive à Paris vers 1897 pour intégrer l'École des beaux-arts, admis dans l'atelier de Gustave Moreau **(fig. 1)**. Entre 1900 et 1903, il accomplit son service militaire à Aix-en-Provence et en profite pour rencontrer Cézanne. Il s'installe ensuite définitivement à Paris avec sa mère, Marie Camoin, au 28, place Dauphine, et prend ses quartiers dès 1907 à Montmartre. Signe de son indigence, les adresses se succèdent : 27, boulevard de Clichy et 6, rue Mansart en 1907 ; 12, rue Cortot en 1908 ; 46, rue Lepic de 1910 à 1925. Il ne quitte alors plus la Butte sauf pour des séjours dans le Sud de la France ou à l'étranger grâce à son oncle dans la marine marchande. Finalement, il se fixe en 1925 avec sa récente épouse, Charlotte Prost (Lola), rejoint bientôt par leur fille Anne-Marie née en 1933, au 2 bis, avenue Junot dans un atelier occupé jusqu'à la fin de ses jours. Ils partagent alors leur vie entre Saint-Tropez, à la belle saison, et Montmartre, l'hiver.

La dernière grande exposition parisienne, qui a eu lieu à la Galerie Marcel Bernheim, remonte déjà à plus de quarante années, tandis que s'est tenue en 1997-1998 à Marseille et à Lausanne une importante rétrospective. L'exposition au musée Granet à

The oeuvre of Charles Camoin (1879–1965) resulted from an artistic quest that took the painter not only to the South of France and the shores of the Mediterranean—where he was born—but also to Paris and Montmartre, where he lived all his life. Contrary to his fellow artists, it was when he travelled north that he adhered to Fauvism, certainly bringing his Mediterranean culture with him; 'the valiant Marseillais, Carlos Camoin' (Cézanne).[1] While the discovery of southern light was a decisive factor in the development of Fauvism, as an expression of wonderment through alterity, Camoin strove on the contrary to nurture this sense of wonderment throughout his life.

Born in Marseilles to a family of decorators, Camoin, a young art student, arrived in Paris around 1897 and enrolled at the École des Beaux-Arts, where he joined Gustave Moreau's studio **(fig. 1)**. Between 1900 and 1903, he completed his military service at Aix-en-Provence, where he took the opportunity to meet Cézanne. He subsequently settled in Paris with his mother, Marie Camoin, at 28, Place Dauphine, and moved to Montmartre in 1907. His poverty led him to move to other addresses: 27, Boulevard de Clichy and 6, Rue Mansart in 1907; 12, Rue Cortot in 1908; and 46, Rue Lepic from 1910 to 1925. Afterwards, he never left the Butte, except for his trips to the South of France and his travels abroad, facilitated by his uncle, who was in the merchant navy. Eventually, in 1925, he settled with his recently married wife, Charlotte Prost (Lola)—joined by their daughter Anne-Marie, born in 1933—at 2 bis, Avenue Junot in a studio he occupied until the end of his life. They divided their time between Saint-Tropez, during the more clement months, and Montmartre, where they spent the winter.

His last major Paris exhibition, which was held in the Galerie Marcel Bernheim, was held more than forty years ago, and a major retrospective was held in 1997–1998 in Marseilles and Lausanne. The 2016 exhibition

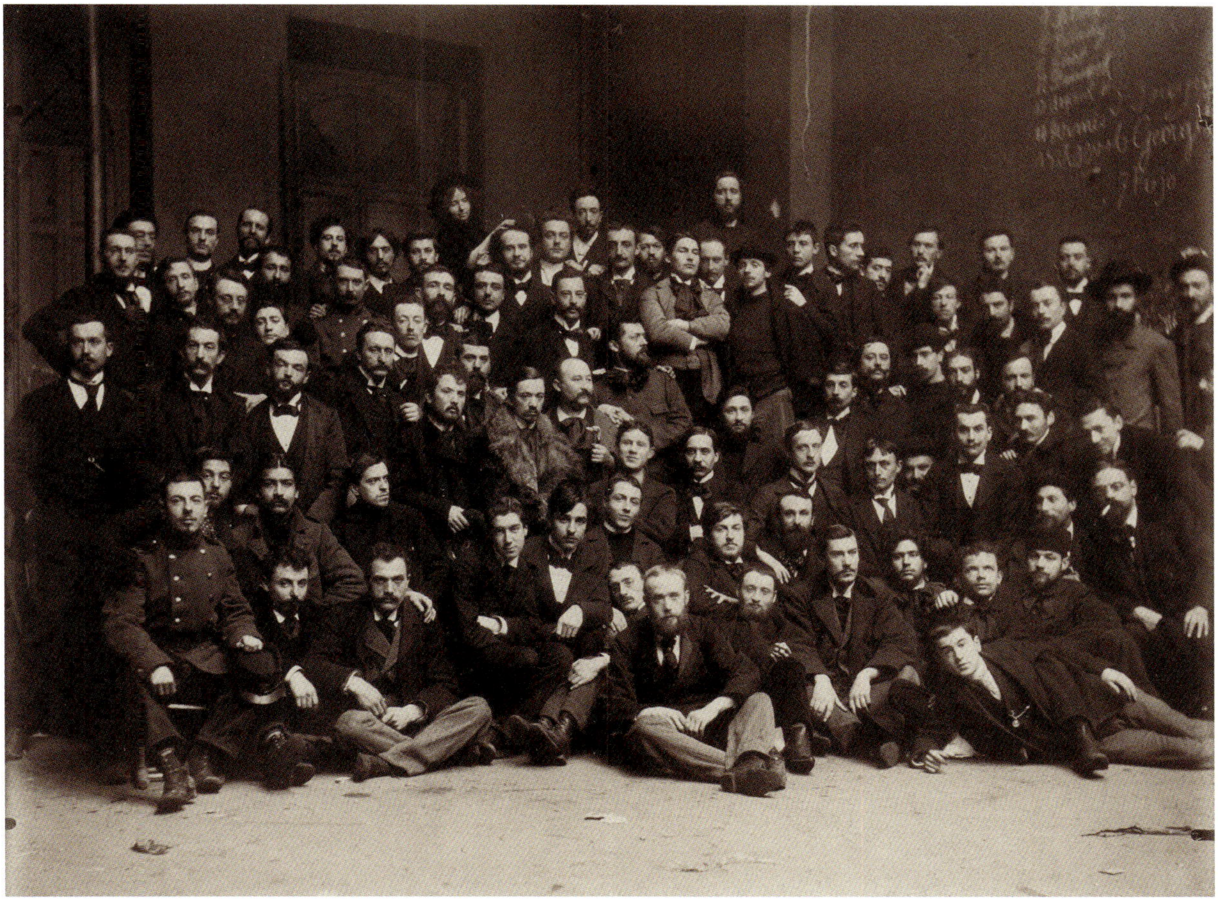

Fig. 1
L'atelier Gustave Moreau à l'École des beaux-arts, 1898 (Archives Camoin)

Aix-en-Provence en 2016 a quant à elle permis de mettre en lumière les liens qui unissaient Camoin au pourtour méditerranéen et notamment sa relation à Cézanne[2]. Inlassablement présenté comme le fauve méditerranéen, et à juste titre, l'exposition «Charles Camoin, un fauve en liberté» a notamment pour ambition d'éclairer les liens qui unissent Charles Camoin à Paris, en restituant différents épisodes historiques ou thèmes qui ont marqué sa carrière au point de devenir, dès les années 1940, une figure emblématique du quartier de Montmartre :

> «Depuis cinquante-cinq ans à Montmartre, Camoin est le plus ancien citoyen de la Butte. Dernier des grands fauves vivants avec Braque et Van Dongen, il est aussi le seul peintre célèbre à être resté fidèle au séjour de sa jeunesse impécunieuse. Le décor de son atelier évoque à la fois les amitiés qui enchantèrent sa vie, et sa propre histoire[3].»

Durant cette époque, il continue de participer à la vie artistique de la Butte et compte parmi ses voisins proches les peintres Jean Puy, Gen Paul, le poète Léon-Paul Fargue ou encore l'éditeur Jean-Gabriel Daragnès. Parallèlement, il est devenu une figure locale de Saint-Tropez où il fréquente également son milieu culturel

held in the Musée Granet in Aix-en-Provence highighted the links between Camoin and the Mediterranean basin, and in particular his relationship with Cézanne.[2] Always presented as the Mediterranean Fauve, and not without reason, the aim of the exhibition 'Charles Camoin, un Fauve en Liberté' ('Charles Camoin, the Free Fauve') is to shed light on Charles Camoin's Parisian connections, by recreating the various historical episodes or themes that marked his career, since by the 1940s he had become an emblematic figure of the district of Montmartre:

> Having spent fifty-five years in Montmartre, Camoin is the Butte's longest living resident. The last of the great Fauves still alive, and along with Braque and Van Dongen, he is also the only famous painter who has remained faithful to the place where he spent his penniless youth. The decor of his studio is a reminder of both the friendships that have graced his life and his own story.[3]

At the time, he continued to take part in the Butte's artistic life and some of his close neighbours were the painters Jean Puy and Gen Paul, the poet Léon-Paul Fargue, and the publisher Jean-Gabriel Daragnès. At the same time, he had become a well-known local

(l'écrivaine Colette, la peintre Marie Nivouliès, le compositeur Paul Ternisien, parmi d'autres). Ce double ancrage géographique entre Nord et Sud est caractéristique de l'avant-garde fauve à laquelle Charles Camoin est pleinement assimilé depuis les années 1900.

Le fauvisme ne constitue pas un mouvement organisé. Il s'agit d'une avant-garde comprise comme une catégorie large à la cohérence historique et sociologique (formation et amitiés, séances de travail et voyages en commun, expositions, marchands) avec des ressemblances stylistiques. La couleur joue un rôle dominant dans la composition du tableau, débarrassé alors des impératifs de la mimésis[4]. C'est certainement cette mécompréhension critique du mouvement qui a fait dire à Camoin, soixante ans plus tard :

> «En tant que coloriste, j'ai toujours été et suis encore un fauve en liberté, sans m'être jamais conformé à la théorie du fauvisme qui prétendait peindre avec les tons purs, tels que sortis du tube. Le fauvisme s'est vite épuisé, comme tout ce qui ne correspondait pas à une manière profonde de sentir[5] !»

S'il partage avec ses camarades des spécificités formelles communes (comme la simplification des formes, l'autonomisation relative de la couleur et l'aplatissement de l'espace, ou encore l'apparence d'improvisation rapide)[6], il se distingue auprès de la critique par sa rigueur constructrice et demeure *un fauve en liberté* qui ne s'embarrasse d'aucune théorie ou dogme artistique. En tout cas, c'est ce qu'il affirme car sa correspondance échangée avec Matisse, son journal[7] ou encore sa bibliothèque personnelle annotée de nombreux commentaires prouvent, au contraire, qu'une réflexion esthétique moderne est au cœur de son œuvre.

Quoiqu'il en soit, c'est bien à partir de Paris et de la bohème montmartroise qu'il s'est inscrit dans le cercle de l'avant-garde internationale. S'il fait un rapide et brillant passage à l'École des beaux-arts de Marseille, il reçoit une formation parisienne que Saskia Ooms s'est chargée de retracer (p. 24). Au-delà de l'enseignement de Gustave Moreau à l'École des beaux-arts qui n'a duré que quelques mois (Moreau décède le 18 avril 1898), c'est la naissance d'une longue et solide amitié avec Albert Marquet et Henri Matisse **(fig. 2 et 3)** qui a profondément marqué Camoin. Entre franche camaraderie et émulation artistique, le trio, parfois rejoint par d'autres étudiants, comme Henri Manguin, parcourent Paris et ses alentours afin de faire du paysage ou de croquer sur le vif la silhouette des passants. Ils partagent souvent le même modèle et copient les maîtres anciens au musée du Louvre. Paris constitue alors un véritable terrain de jeux et d'expériences : Camoin apprend tout autant à dompter son nouvel environnement qu'à s'approprier ses moyens plastiques.

Lieu de sa formation artistique, intellectuelle et sociale, la Ville Lumière constitue également l'un des principaux lieux du fauvisme. Si les peintres fauves sont souvent dispersés à travers la France pour vaquer à leurs recherches respectives (durant l'été 1905, Matisse et Derain sont par exemple à Collioure tandis que Camoin, Marquet et Manguin se retrouvent à Saint-Tropez), les expositions parisiennes sont l'occasion de se rencontrer.

figure in Saint-Tropez, where he also frequented figures in his cultural circle (the writer Colette, the painter Marie Nivouliès, and the composer Paul Ternisien, amongst others). This dual geographical bond with the North and the South of France was characteristic of the Fauvist avant-garde, with which Charles Camoin had been fully involved since the 1900s.

Fauvism was not an organised movement, but a loosely-knit group of like-minded avant-garde artists that had historical and sociological coherence (training and friendships, shared working sessions and travels, exhibitions, and dealers) and stylistic similarities. Colour played a dominant role in the picture's composition, which was freed from mimetic imperatives.[4] It was no doubt critics' failure to understand the movement that prompted Camoin to remark, sixty years later:

> As a colourist, I have always been a free Fauve, without ever having adhered to Fauvist theories, which advocated painting in pure tones, straight out of the tube. Fauvism soon ran its course, like everything that was incapable of expressing deep sentiments![5]

While he shared with his comrades formal specificities (such as the simplification of forms, the relative autonomy of colour, the flattening of space, and the appearance of rapid improvisation),[6] for the critics he was an artist apart due to his constructive rigour and *a free Fauve* who followed no specific theory or artistic dogma. In any case, this is what he affirmed, as proven by his correspondence with Matisse, his diary,[7] and even his private library annotated with numerous commentaries, which all demonstrate that a modernist aesthetic reflection lay at the core of his oeuvre.

In any case, it was certainly in Paris and the bohemian life of Montmartre that he joined the circle of the international avant-garde artists. Although he studied briefly but brilliantly at the École des Beaux-Arts in Marseilles, he benefited from his training in Paris, explored in an essay by Saskia Ooms (p. 24). Aside from the teachings of Gustave Moreau at the École des Beaux-Arts, which only lasted a few months (Moreau died on 18 April 1898), he established a long and solid friendship with Albert Marquet and Henri Matisse **(fig. 2 and 3)**, who left a lasting impression on Camoin. In a genuine spirit of camaraderie and artistic emulation, the trio, sometimes joined by other students, such as Henri Manguin, explored Paris and its surroundings to study landscapes and sketch the outlines of the passers-by. They often shared the same model and made copies of the Old Masters' works in the Musée du Louvre. Hence, Paris was an excellent place for experiments and experiences: Camoin became familiar with his new environment and perfected his artistic skills.

As the location of his artistic, intellectual, and social education, the City of Light was also one of the main centres for Fauvism. Although the Fauve painters were often dispersed around France as they carried out their respective studies (during the summer of 1905, Matisse and Derain stayed at Collioure, while Camoin, Marquet, and Manguin joined one another in Saint-Tropez), the Paris exhibitions provided a good opportunity for the group to come together. Camoin took part in the historic events of the movement: in the major Parisian salons,

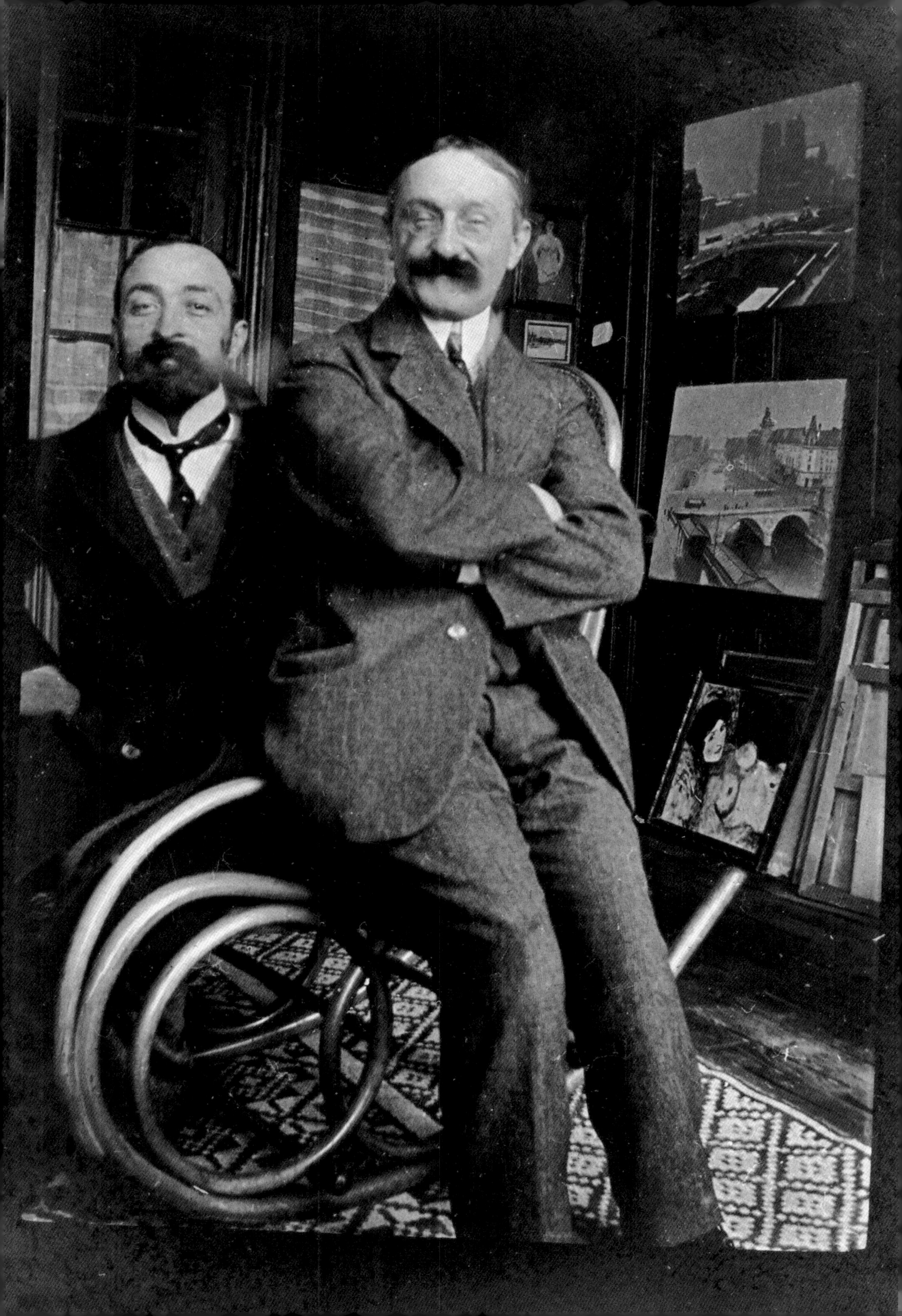

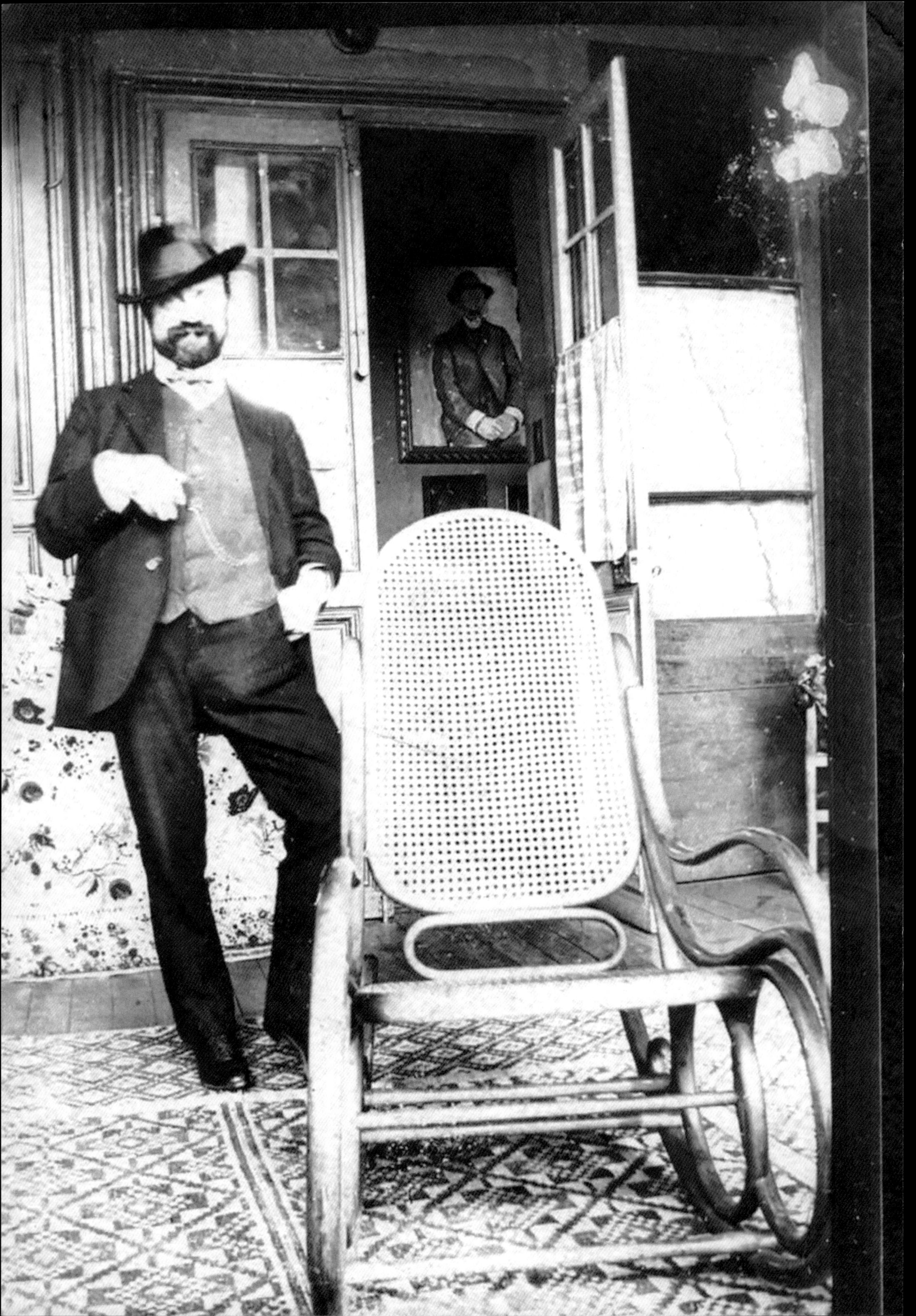

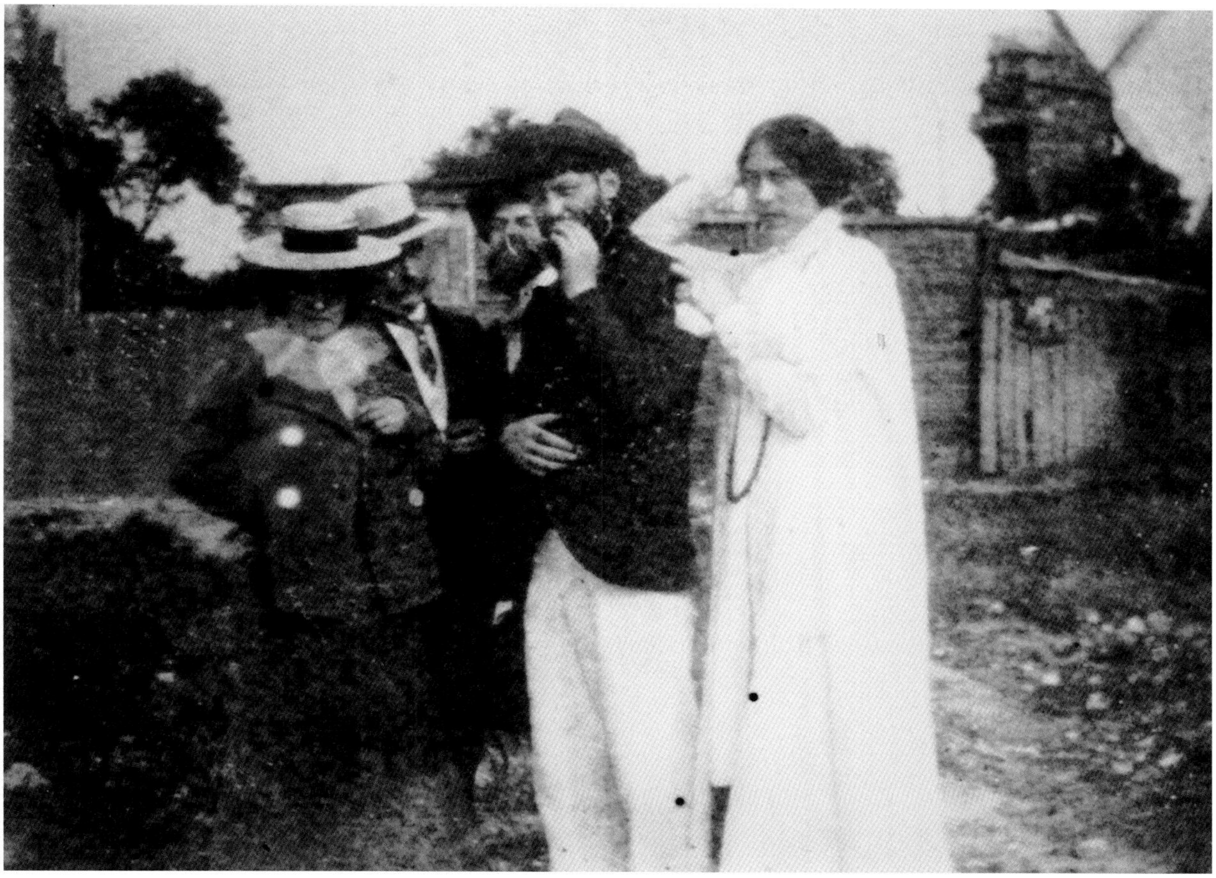

Fig. 2 (p. 17)
Camoin et Marquet dans l'atelier du quai Saint-Michel, vers 1910 (Archives Camoin)
Fig. 3 (p.18)
Matisse dans l'atelier du quai Saint-Michel posant devant le *Portrait d'Albert Marquet* peint par Camoin, vers 1910 (Archives Matisse)
Fig. 4
Maximilien Luce et Camoin (à gauche), en compagnie de Kees et Guus van Dongen (à droite) à Montmartre, vers 1905 (Archives Camoin)

Camoin participe aux événements historiques du mouvement : aux grands salons parisiens, comme la mythique «cage aux fauves» du Salon d'automne de 1905 ; ou à des expositions plus réduites à l'instar de celles du «Groupe Matisse» à la Galerie Berthe Weill située à Montmartre et dont le contexte est explicité par Marianne Le Morvan (p. 52). Il fait également partie du sérail des autres marchands des fauves – Daniel-Henry Kahnweiler, Eugène Druet mais pas Ambroise Vollard. Outre les galeries, nombre d'artistes vivent sur la Butte près de chez Camoin – Manguin, Derain, Dufy, Friesz, Paco Durrio[3] mais aussi Picasso ou Van Dongen au Bateau-Lavoir – et constituent la bohème montmartroise **(fig. 4)**. Camoin participe de ce monde interlope en fréquentant ses bistrots, bals et cabarets comme le Moulin-Rouge, théâtres, cirques, et autres maisons closes :

> «Je voyais dans les bistrots toute la bande du Bateau-Lavoir. Il y avait là Picasso, Derain, Max Jacob… Tous ces gens-là avec leurs raisonnements m'assommaient. Moi, j'étais un instinctif, un autodidacte, et tout ce qu'ils disaient ne me concernait pas.» Paradoxalement, il avoue qu'il a seulement côtoyé «Princet, l'actuaire, que l'on a baptisé le mathématicien du cubisme[9]».

such as the legendary 'Cage aux Fauves' in the 1905 Salon d'Automne; and in smaller exhibitions like those held by the 'Groupe Matisse' in the Galerie Berthe Weill located in Montmartre, which is the subject of an essay by Marianne Le Morvan (p. 52). He was also a member of the 'club' of the other Fauve dealers—Daniel-Henry Kahnweiler and Eugène Druet, but not Ambroise Vollard. Aside from the galleries, many artists lived on the Butte near Camoin—Manguin, Derain, Dufy, Friesz, and Paco Durrio,[8] as well as Picasso and Van Dongen at the Bateau-Lavoir—and constituted Bohemian Montmartre **(fig. 4)**. Camoin too was part of this 'underworld', frequenting its bistros, balls, and cabarets, such as the Moulin-Rouge, and theatres, circuses, and brothels:

> In the bistros I saw everyone from the Bateau-Lavoir. There were Picasso, Derain, Max Jacob … all these people tired me with their reasoning. I was more instinctive, I had taught myself, and I couldn't relate to anything they discussed.' Paradoxically, he admitted that he did know 'Princet, the actuary, who was dubbed the mathematician of cubism.[9]

Hence, it was in Paris that he joined the cultural milieus and networks, making a name for himself, and

Ainsi, c'est depuis Paris qu'il intègre les milieux et réseaux culturels et se fait connaître, que son œuvre est diffusé et vendu, depuis les salons artistiques aux jeunes galeries d'avant-garde.

Le peintre marseillais y est même repéré par le marchand allemand de Francfort-sur-le-Main, Ludwig Schames, avec qui il signe un contrat à partir de 1908. Ses œuvres sont envoyées dans des grandes expositions d'avant-garde aux États-Unis et en Europe, notamment en Allemagne où il est remarqué par les peintres expressionnistes comme August Macke. C'est à ce moment-là qu'il noue une relation artistique et amoureuse avec la peintre Émilie Charmy – également exposée chez Berthe Weill – et avec qui Camoin partage pendant un temps un atelier place de Clichy et séjourne en Corse en 1910.

La décennie suivante a représenté une période sombre pour l'artiste dont la démarche artistique se fait plus expressionniste. À la suite de sa rupture avec Charmy, Camoin se décide à rejoindre Matisse à Tanger où il passe la saison de l'hiver 1912-1913. Ce séjour est déterminant dans l'œuvre de l'artiste qui, intéressé par la transcription des atmosphères, renoue avec des teintes plus lumineuses. Sa crise existentielle se conclue malgré tout en juin 1914 par la destruction de l'ensemble des toiles de son atelier de la rue Lepic (environ 80), sans distinction de sujets ou de dates. Il les découpe et les jette dans une poubelle où elles sont récupérées, puis revendues au marché aux puces. Restaurées et passant de mains en mains de marchands, Camoin intente finalement un procès en 1925 à Francis Carco qui tente de vendre certaines de ces toiles à Drouot et dont Camoin réclame la restitution. Le procès aboutit en 1931 sur ce qui constitue aujourd'hui la jurisprudence du droit moral des artistes sur leurs œuvres et de la propriété intellectuelle, la justice ayant donné raison au peintre. Analysée par Claudine Grammont (p. 76), cette affaire, étroitement liée au milieu des marchands du quartier de Montmartre, représente un épisode historique majeur du droit français. La période se clôt par sa mobilisation durant la Première Guerre mondiale, d'abord au 115e régiment d'infanterie en tant que brancardier sur le front des Vosges, puis, à partir de janvier 1916, dans la Section de camouflage dans les ateliers d'Amiens, puis ceux de Noyon.

Après la guerre, le centre de la vie artistique parisienne est déplacé de Montmartre à Montparnasse. Ses nouveaux marchands sont Marcel Bernheim dans le quartier de la Madeleine, et Charles Vildrac, situé Rive gauche. Toutefois, Camoin demeure fidèle à la Butte et retourne dans son atelier de la rue Lepic, avant d'intégrer celui de l'avenue Junot. À partir de 1920, il est partagé entre deux ateliers, celui de Montmartre et celui de Saint-Tropez. S'appuyant sur ses acquis et sa maturité artistique, il poursuit ses recherches plastiques sur notamment deux thèmes repris sans cesse à travers son œuvre : le nu féminin (p. 102) et ses séries de paysages – de Montmartre ou de Saint-Tropez – rapprochées par Alix Agret du travail de l'architecte et du musicien (p. 138). L'intime ou l'environnement sont autant de prétextes à la composition, à éprouver la qualité spatiale de la couleur par le jeu des différents formats. Aussi, il peint souvent plusieurs toiles sur le même sujet. Néanmoins, ce ne sont pas seulement de simples études mais des tentatives de restitution autre

that his works were diffused and sold in the art salons and the recently established avant-garde galleries.

The Marseilles-born painter was even spotted there by the German dealer from Frankfurt Ludwig Schames, with whom he signed a contract in 1908. His works were sent to be shown at the major avant-garde exhibitions in the United States and Europe, particularly in Germany, where they were noticed by Expressionist painters, such as August Macke. It was at this point that he began an artistic and amorous relationship with the painter Émilie Charmy—whose work was also shown in Berthe Weill's gallery—with whom Camoin shared for a while a studio on the Place de Clichy and visited Corsica in 1910.

The following decade was a more sombre period for the artist, who adopted a more expressionist approach. After breaking up with Charmy, Camoin decided to join Matisse in Tangiers, where he spent the winter of 1912–1913. This stay was a turning point in the career of the artist, who focused on the perception of atmospheres and adopted more luminous colours. His existential crisis came to a head in June 1914 when he destroyed all the canvases stored in his studio in the Rue Lepic (around eighty works), without any distinction regarding their themes or dates. He cut them up and threw the pieces of canvas in a bin, where they were retrieved and then sold in a flea market. Restored and passed from dealer to dealer, Camoin eventually filed a suit in 1925 against Francis Carco, who attempted to sell some of his paintings at the Drouot auction house, and sued him for their return. The lawsuit ended in 1931, establishing the jurisprudence of the moral rights of artists over their works and intellectual property, as the courts sided with the painter. Analysed by Claudine Grammont (p. 76), this case, which was closely linked to the milieu of the dealers working in the district of Montmartre, was a major landmark in the history of French law. This period concluded with his mobilisation during the First World War, at first in the 115th infantry regiment as a stretcher bearer on the front line in the Vosges, then, by January 1916, in the Camouflage Section in the workshops in Amiens, then those of Noyon.

After the war, the centre of artistic life shifted from Montmartre to Montparnasse. His new dealers were Marcel Bernheim in the Madeleine district and Charles Vildrac on the Left Bank. Nonetheless, Camoin stayed faithful to the Butte and returned to his studio on the Rue Lepic, before moving to one in the Avenue Junot. In 1920, he divided his time between two studios, that in Montmartre and his studio in Saint-Tropez. Drawing on his experience and artistic maturity, he continued with his visual experiments, focusing in particular on two themes that were constantly tackled in his oeuvre: the female nude (p. 102) and his series of landscapes—of Montmartre or Saint-Tropez—which in her essay Alix Agret has compared to the work of an architect and musician (p. 138). Intimate scenes and the environment were used as pretexts to create compositions and experiment with the spatial aspects of colour using various formats. And he often painted a number of canvases on the same theme. Nevertheless, they were not simple studies, but rather attempts to find alternative ways to organise the pictorial space of the canvas, like the sketches executed by Georges Seurat and Matisse. For, although Camoin explored his links with the

de l'espace sur la toile, à la manière des pochades de Georges Seurat ou de Matisse. Car, si Camoin interroge son rapport aux maîtres du fauvisme, celui de Manet, de Cézanne ou encore de l'impressionnisme avec Renoir dans une quête d'hédonisme et de sensualisme toute personnelle, ses tableaux demeurent toujours une construction fondée sur l'harmonie colorée. Son but est celui d'une expressivité plastique, une forme de réalisme lyrique, laquelle se place dans la perspective du fauvisme.

En abordant les années parisiennes qui ont permis d'inscrire Camoin dans l'histoire de l'art d'avant-garde, cette exposition permet de présenter autrement son œuvre que par le prisme de son Midi natal en intégrant une centaine de tableaux et dessins, dont certains inédits, à même de dévoiler l'évolution de son processus créatif, et ce à l'emplacement même de l'un de ses anciens ateliers.

Fauve masters, Manet, and Cézanne, and even Impressionism with Renoir, in a very personal quest for hedonism and sensuality, the pictorial space was always a construction of colour harmonies. His goal was to attain a visual expressiveness, a form of lyrical realism, which corresponded with the aims of Fauvism.

By focusing on Camoin's Parisian years, during which he contributed to the history of avant-garde art, this exhibition presents his work from a different angle, rather than through the prism of his native Midi, by including around a hundred paintings and drawings, some of which have never been exhibited, which highlight his creative process on the very site of one of his former studios.

1 Lettre de Paul Cézanne à son fils, 26 septembre 1904, reprod. dans John Rewald (éd.), *Paul Cézanne. Correspondance*, Paris, Grasset, 1978, p. 328.
2 Véronique Serrano et Claudine Grammont (dir.), *Charles Camoin. Rétrospective 1879-1965*, cat. exp. (Fondation de l'Hermitage, Lausanne et musée Cantini, Marseille, 1997-1998), Paris, Réunion des musées nationaux/ Musées de Marseille, 1997 ; Claudine Grammont et Bruno Ely (dir.), *Camoin dans sa lumière*, cat. exp. (musée Granet, Aix-en-Provence, 2016), Paris, Lienart/ Aix-en-Provence, musée Granet, 2016.
3 Jean-Paul Crespelle, *Montmartre vivant*, Paris, Hachette, 1964, p. 91.
4 Sur l'histoire du groupe et notamment son appellation voir Judi Freeman, «Surveying the Terrain. The Fauves and the Landscape», dans *The Fauve Landscape: Matisse, Derain, Braque and their Circle, 1904-1908*, cat. exp. (Los Angeles County Museum of Art, The Metropolitan Museum of Art, New York, Royal Academy of Arts, Londres, 1990-1991), Los Angeles, Los Angeles County Museum of Art/ New York, Abbeville, 1990, p. 13-57.
5 Camoin cité dans J.-P. Crespelle, *op. cit.* note 3, p. 113.
6 Sur l'esthétique fauve, voir notamment Suzanne Pagé, Juliette Laffon, Gérard Audinet et Jacqueline Munck (dir.), *Le fauvisme ou «l'épreuve du feu». Éruption de la modernité en Europe*, cat. exp. (musée d'Art moderne de la Ville de Paris, 1999-2000), Paris, Paris-Musées, 1999, ou encore l'importante synthèse historiographique de Claudine Grammont, «Le fauvisme cent ans après», *Perspective*, n° 4, 4, 2009, p. 512-537.
7 Camoin a tenu un journal de 1942 à 1963, aujourd'hui disparu, mais dont des extraits sont reproduits dans l'ouvrage de référence sur l'artiste, *Camoin. Sa vie, son œuvre*, écrit par Danièle Giraudy (Marseille, La Savoisienne, 1972). La *Correspondance entre Charles Camoin et Henri Matisse* a été publiée sous la direction de Claudine Grammont (Lausanne, La Bibliothèque des arts, 1997).
8 Dont la collection Le Vieux Montmartre conserve, d'ailleurs, une vue de sa maison peinte par Camoin (ill. 74b, p. 164).
9 Camoin cité dans J.-P. Crespelle, *op. cit.* note 3, p. 107.

1 Letter from Paul Cézanne to his son, 26 September 1904, reproduced in John Rewald (ed.), *Paul Cézanne, Correspondance*, Grasset, Paris, 1978, p. 328.
2 Véronique Serrano and Claudine Grammont (ed.), *Charles Camoin. Rétrospective 1879-1965*, exh. cat. (the Hermitage Foundation, Lausanne and the Musée Cantini, Marseilles, 1997–1998), Réunion des Musées Nationaux, Paris/Musées de Marseille, 1997; Claudine Grammont and Bruno Ely (ed.), *Camoin dans sa lumière*, exh. cat. (Musée Granet, Aix-en-Provence, 2016), Lienart, Paris/Musée Granet, Aix-en-Provence, 2016.
3 Jean-Paul Crespelle, *Montmartre vivant*, Hachette, Paris, 1964, p. 91.
4 For a study of the history of the group and in particular its name, see Judi Freeman, 'Surveying the Terrain. The Fauves and the Landscape', in *The Fauve Landscape: Matisse, Derain, Braque and their Circle, 1904-1908*, exh. cat. (Los Angeles County Museum of Art, The Metropolitan Museum of Art, New York, Royal Academy of Arts, London, 1990–1991), Los Angeles County Museum of Art, Los Angeles/ Abbeville Publishing Group, New York, 1990, pp. 13–57.
5 Camoin quoted in J.-P. Crespelle, op. cit. note 3, p. 113.
6 For an analysis of Fauve aesthetics, see in particular Suzanne Pagé, Juliette Laffon, Gérard Audinet and Jacqueline Munck (dir.), *Le fauvisme ou 'l'épreuve du feu'. Éruption de la modernité en Europe*, (Musée d'Art Moderne de la Ville de Paris, 1999–2000), Paris-Musées, Paris, 1999, and Claudine Grammont's major historiographical synthesis, 'Le fauvisme cent ans après', *Perspective*, Issue 4, 2009, pp. 512–537.
7 Camoin kept a diary between 1942 and 1963, which has now vanished, but extracts from the diary were reproduced in the reference work on the artist, *Camoin. Sa vie, son œuvre*, written by Danièle Giraudy (La Savoisienne, Marseilles, 1972). *Correspondance entre Charles Camoin et Henri Matisse* was published under the direction of Claudine Grammont (La Bibliothèque des Arts, Lausanne, 1997).
8 The collection Le Vieux Montmartre possesses a view of his house painted by Camoin (ill. 74b, p. 164).
9 Camoin quoted in J.-P. Crespelle, op. cit. note 3, p. 107.

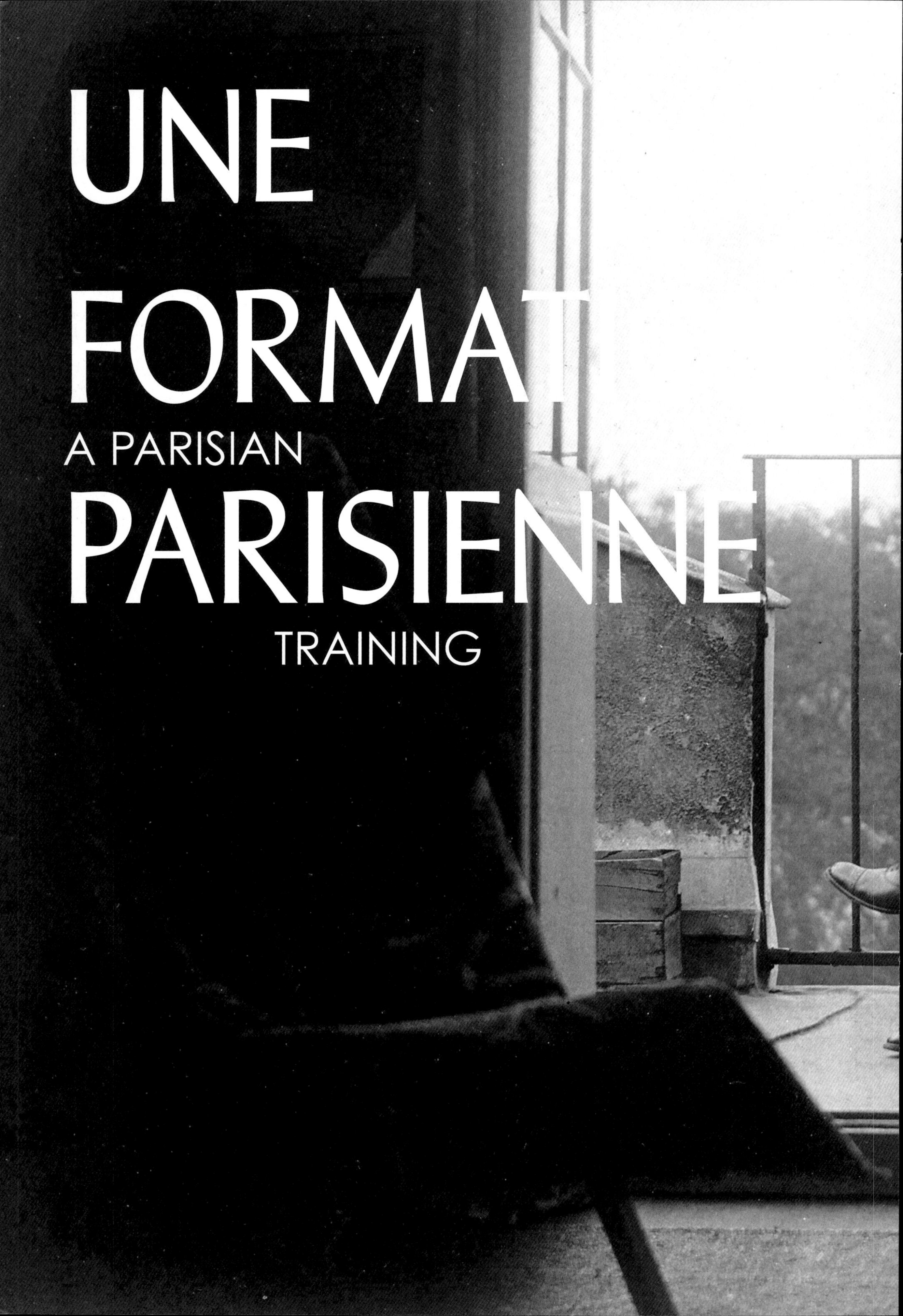
UNE
FORMAT
A PARISIAN
PARISIENNE
TRAINING

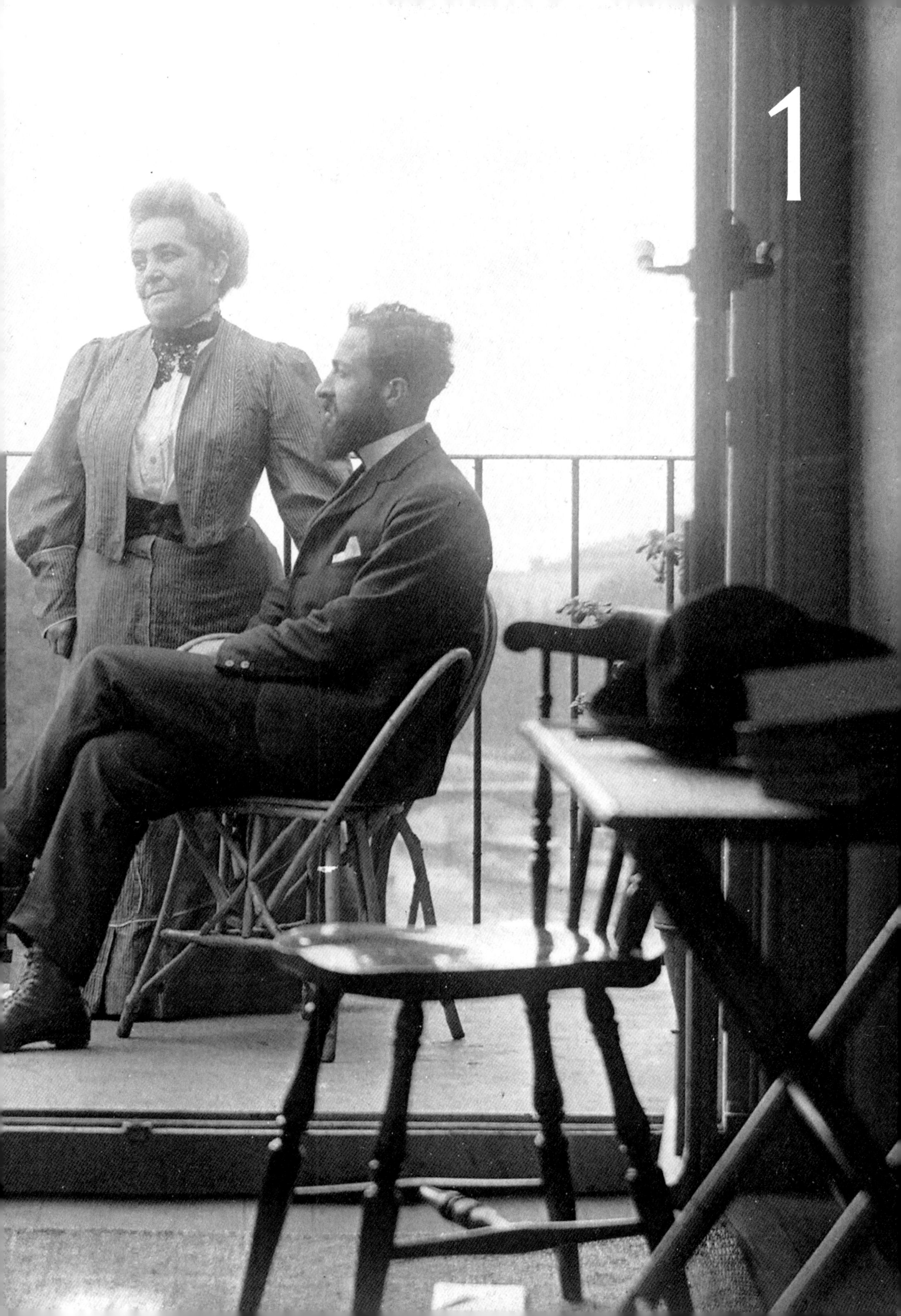
1

L'ATELIER DE MOREAU ET LES DÉBUTS PARISIENS DE CAMOIN (1898-1905)

MOREAU'S STUDIO AND CAMOIN'S BEGINNINGS IN PARIS

Saskia Ooms

« Dans un bain de lumière, Camoin promène un œil jamais rassasié à la poursuite des contrastes d'harmonies, d'architectures[1]. »

Jean Bouret

'In his paintings bathed in light, Camoin, ever dissatisfied, is engaged in a constant quest for contrasts of harmonies and architectures.'[1]

Jean Bouret

C'est à Paris que Charles Camoin assoit véritablement sa carrière. Originaire de la cité phocéenne et réconforté par le premier prix de figure à l'École des beaux-arts de Marseille, Camoin s'inscrit vers janvier 1898 à l'École nationale des beaux-arts de Paris dans l'atelier de Gustave Moreau (1826-1898). Il y rencontre Henri Manguin (1874-1949) et Albert Marquet (1875-1947). Camoin n'a pas encore vingt ans, il habite avec sa mère rue de Châteaudun, puis rue de Courcelles. L'artiste écrit : « Moreau déjà très malade ne me corrigea que deux ou trois fois avant de mourir. Je regrette de l'avoir si peu connu. [...] ce que je sais de lui, c'est surtout par Matisse et Marquet que je l'ai appris[2]. » Dans une lettre au critique d'art Raymond Escholier, il raconte la rencontre avec Matisse : « Je ne suis arrivé à l'atelier Gustave Moreau que quelques semaines avant sa mort et je n'ai donc pas pu profiter de son enseignement. J'y ai fait la connaissance d'Albert Marquet, avec lequel je fus très vite lié d'amitié, et c'est par Marquet que j'ai connu un peu plus tard Matisse qui lui ne venait plus à l'atelier depuis quelque temps. C'est vers 1900 que je l'ai rencontré pour la première fois, présenté à lui par Marquet, il revenait de son voyage de noces en Corse [...]. Nos relations furent interrompues par mon départ pour trois ans de service militaire [...]. Ce n'est qu'à mon retour à Paris en 1904, que je fis plus ample connaissance avec Matisse[3]. » Ses rencontres et les relations qu'il noue dans l'atelier de Gustave Moreau seront déterminantes pour le reste de sa vie de peintre.

L'atelier de Gustave Moreau donnait sur les quais Malaquais, face au Louvre où il encourageait ses

It was in Paris that Charles Camoin truly established his career. Born in Marseilles and awarded the first prize in figure drawing at the city's École des Beaux-Arts, Camoin enrolled at the École Nationale des Beaux-Arts de Paris around January 1898 as a student in the studio of Gustave Moreau (1826–1898). There, he met Henri Manguin (1874–1949) and Albert Marquet (1875–1947). Camoin was not yet twenty, and at first he lived with his mother in the Rue de Châteaudun, and later in the Rue de Courcelles. The artist wrote: 'Moreau was already very ill and only corrected my work two or three times before he died. I regret having known him for such a short time. (...) everything I know about him I learned from Matisse and Marquet.'[2] In a letter to the art critic Raymond Escholier, he described his meeting with Matisse: 'I only joined Gustave Moreau's studio a few weeks before his death, so I was unable to learn much from him. I did meet Albert Marquet and we soon became friends, and it was Marquet who introduced me to Matisse, who had stopped coming to the studio for some time. It was in around 1900 that I first met him, through Marquet, upon his return from his honeymoon in Corsica (...). Our contact was interrupted by my departure for three years to complete my military service (...). It was only when I returned to Paris in 1904 that I got to know Matisse better.'[3] The encounters he made and the relations he established in Gustave Moreau's studio were decisive for the rest of his career as a painter.

Moreau's studio looked out onto the Quais Malaquais, opposite the Louvre, where he encouraged

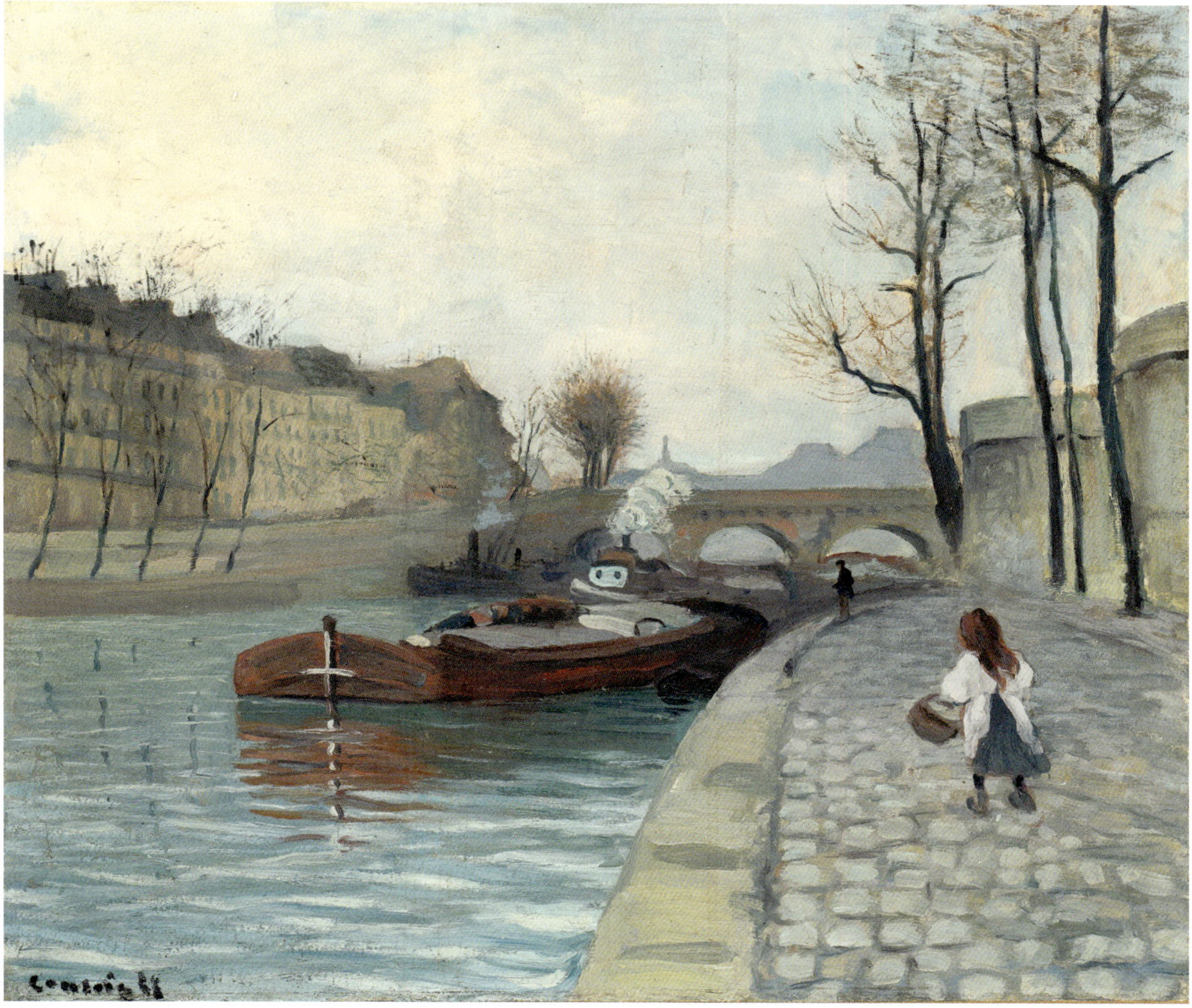

Ill. 1
***La Péniche sur la Seine*, vers 1902,**
huile sur toile, 46 × 55 cm, collection Schröder

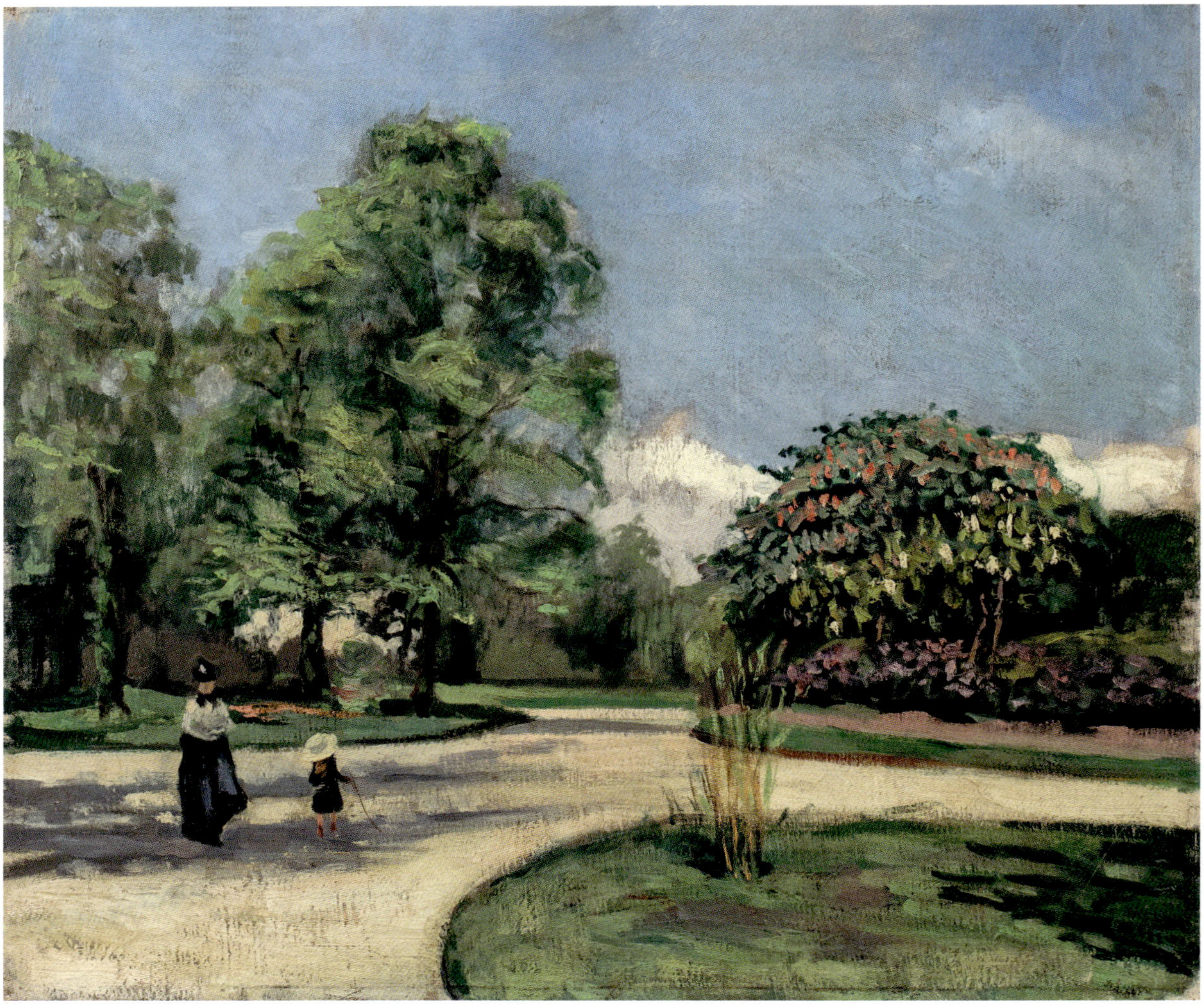

Ill. 2
***La Promenade au parc*, vers 1902,**
huile sur toile, 54 × 65 cm, collection particulière

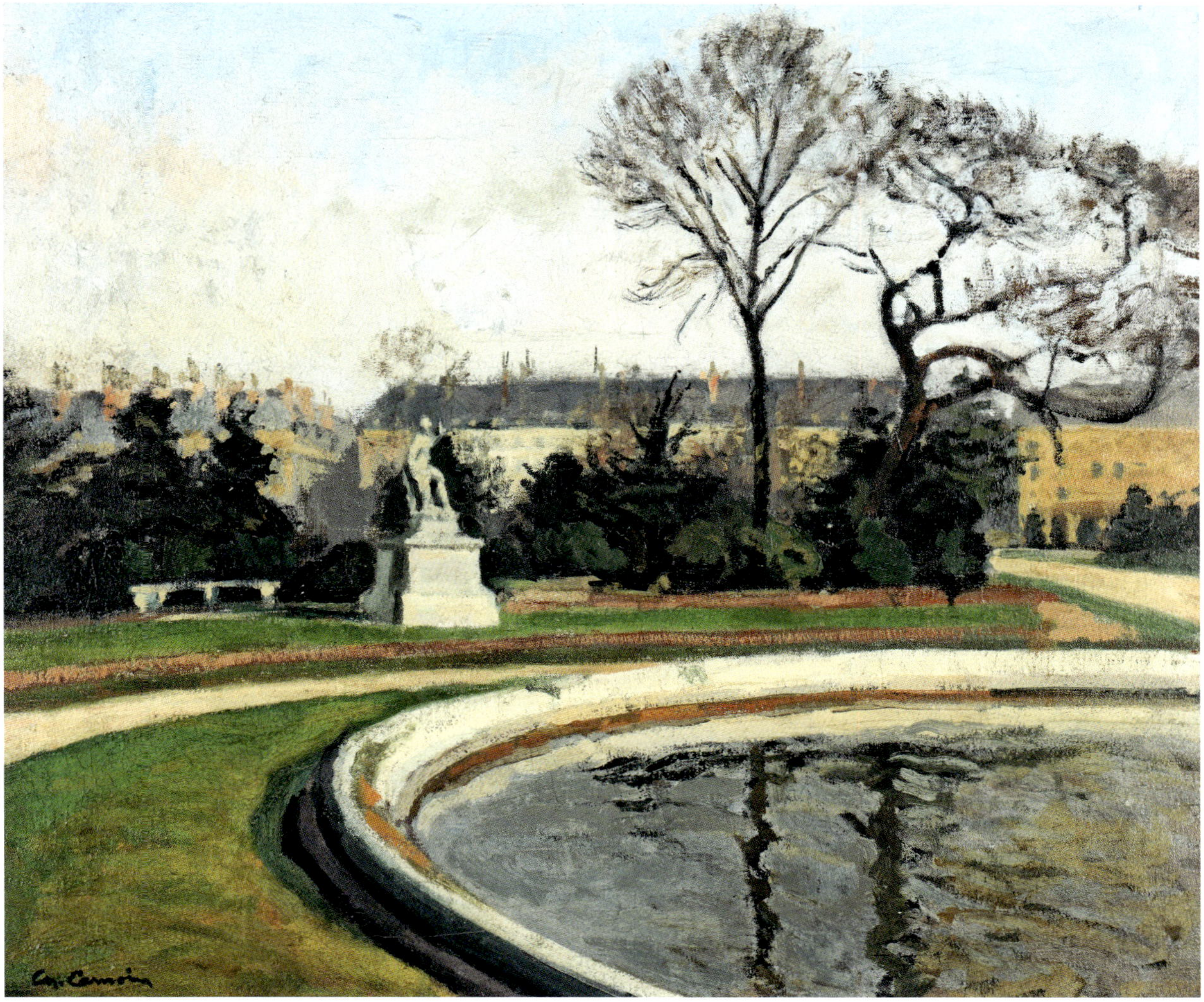

Ill. 3
***Le Bassin des Tuileries*, 1903,**
huile sur toile, 54 × 65 cm, musée des Beaux-Arts, Reims

élèves à aller copier les grands maîtres dans les salles du musée. Matisse (1869-1954), de dix ans son aîné, était inscrit en tant qu'élève libre depuis son admission à vingt-six ans, en mars 1895, et son camarade Marquet était titularisé la même année, à vingt ans. *Le Flûtiste*, dessin au fusain de 1898 **(ill. 13)** créé par Camoin à l'atelier d'après l'antique, porte en marge une correction du maître : « Soyez plus grave. » On peut le mettre en regard avec le dessin *Nu de profil* de Marquet avec des contours plus accentués et dont le visage est à peine esquissé, ce qui le rend moins classique (MNAM-CCI, Centre Pompidou, Paris). Dans les dessins de Camoin de cette période, nous trouvons des esquisses rapides à l'encre de Chine montrant la pose du modèle vivant et d'autres scènes d'atelier. Les artistes réalisaient également des croquis d'autoportraits ou de portraits de leurs camarades, parfois sobres ou bien avec une pointe de dérision **(ill. 14 à 16)**.

Les trois artistes Marquet, Matisse et Camoin vont régulièrement copier au Louvre, puis partent s'installer dans les rues et les jardins pour peindre le motif. Comme Matisse l'explique, ils peignent au jardin du Luxembourg et aux Tuileries[4] car « [...] Moreau nous disait : *Ne vous contentez pas d'aller au Musée, descendez dans la rue*[5] ». Le maître avait donc poussé Matisse, Marquet, Camoin et d'autres à sortir et à croquer dans leurs carnets le mouvement de la vie urbaine **(ill. 12)**. C'est ce qu'ils firent avec enthousiasme. Marquet résume leur attitude quand il déclare qu'il est « bien plus amusant de peindre des omnibus » que de continuer à étudier dans l'atmosphère desséchante de l'École des beaux-arts. Ils ont croqué des chanteurs de cabaret, des balayeurs de rue, des omnibus et eux-mêmes se dessinant[6]. Titularisé le 2 mai 1898, Camoin quitte l'École des beaux-arts à l'arrivée de Cormon. Il travaille par la suite à l'académie Camillo, rue de la Grande-Chaumière, où corrige Eugène Carrière et où il rencontre Jean Puy[7]. Avec les premiers paysages représentant Paris, nous voyons l'évolution de Camoin, de l'impressionnisme au fauvisme, même si, toute sa vie durant, il reste libre de toute doctrine. Si Camoin définit son assimilation au fauvisme comme un fait aléatoire indépendant de sa volonté, dans un entretien avec André Warnod en 1945 : « J'étais fauve sans le faire exprès [...] j'ai dû en être imprégné sans m'en rendre compte[8] », il est pourtant clairement apparenté au fauvisme, pour avoir fait partie du premier groupe constitué autour de Matisse, et avoir exposé dans la salle même où il prit naissance. En effet, Camoin reconnaît qu'ils avaient en commun « un amour exclusif de la couleur[9] ».

Un autre genre pictural prend une place importante dans le travail de l'artiste et dans le mouvement fauve : le portrait. D'inspiration encore nabi et avant sa rencontre avec Matisse, Camoin peint sa mère en 1897 : dans une scène d'intérieur, la représentation de la figure en noir et blanc contraste avec les couleurs chaudes du salon **(ill. 7)**. Il a alors à peine dix-huit ans. Ce portrait rappelle les intérieurs de Vuillard et plus particulièrement ceux où il représente sa mère. *Liseuse en robe violette* de Matisse de 1898 **(ill. 6)** restitue également cette approche intimiste. En effet, au début de leur carrière les peintres du premier groupe fauve sont proches des milieux symbolistes et des nabis.

his students to go and copy the works of the Old Masters in the galleries. Matisse (1869–1954), who was ten years his senior, had been a non-enrolled student since his admission at the age of twenty-six, in March 1895, and his friend Marquet was officially matriculated the same year, at the age of twenty. *Le Flûtiste*, a charcoal drawing dating from 1898 **(ill. 13)** made by Camoin in the studio after a classical work, bears in its margin a comment from the master: 'Be more dramatic.' It is comparable with Marquet's drawing *Nu de profil* with its more accentuated outline and barely sketched face, which makes it less classical (MNAM-CCI, Centre Pompidou, Paris). Camoin's drawings from this period include rapid sketches executed in India ink depicting live models and other works depicting studio scenes. The artists also sketched self-portraits and portraits of their friends, which were sometimes quite understated or slightly mocking **(ill. 14 to 16)**.

The three artists Marquet, Matisse, and Camoin would go regularly to the Louvre to make copies, after which they would set up their easels in the streets and gardens to paint *en plein air*. As Matisse explained, they would paint in the Jardin du Luxembourg and the Tuileries[4] because '(...) Moreau told us: "Don't be content with going to the museum, go out into the streets." '[5] In this way, the master encouraged Matisse, Marquet, Camoin, and others to go into the streets and sketch all the activities of urban life **(ill. 12)**. And they did this enthusiastically. Marquet summed up their attitude when he declared that it was 'far more enjoyable to paint omnibuses than to continue studying in the stale atmosphere of the École des Beaux-Arts.' They sketched cabaret singers, street sweepers, omnibuses, and even themselves in the act of drawing[6]. Matriculated on 2 May 1898, Camoin left the École des Beaux-Arts when Cormon arrived. He subsequently worked at the Académie Camillo, in Rue de la Grande-Chaumière, under the guidance of Eugène Carrière; this is where he met Jean Puy.[7] With his first landscapes of Paris, Camoin's shift from Impressionism to Fauvism is evident, even though, throughout his life, he would never follow a doctrine. Although Camoin described his assimilation of Fauvism as something quite unanticipated that was beyond his control, in a 1945 interview with André Warnod he stated: 'I was a Fauve without meaning to be (...). I must have been imbued with it without realising it.'[8] His association with Fauvism was evident, given that he was part of the first group established around Matisse and exhibited his work in the same gallery where the movement was born. Indeed, Camoin acknowledged that they shared the same 'exclusive love of colour.'[9]

Another pictorial genre played an important role in the artist's work and in the Fauve movement: the portrait. Camoin had painted a portrait of his mother in 1897: set in an interior, the black and white figure contrasts with the warm colours of the salon **(ill. 7)**. This portrait was still Nabi in inspiration and predating his encounter with Matisse. He was barely eighteen at the time. This portrait is reminiscent of Vuillard's interior scenes and more specifically those that included Vuillard's mother. Matisse's *Woman in a Purple Dress, Reading* from 1898 **(ill. 6)** also attests to this intimist approach.

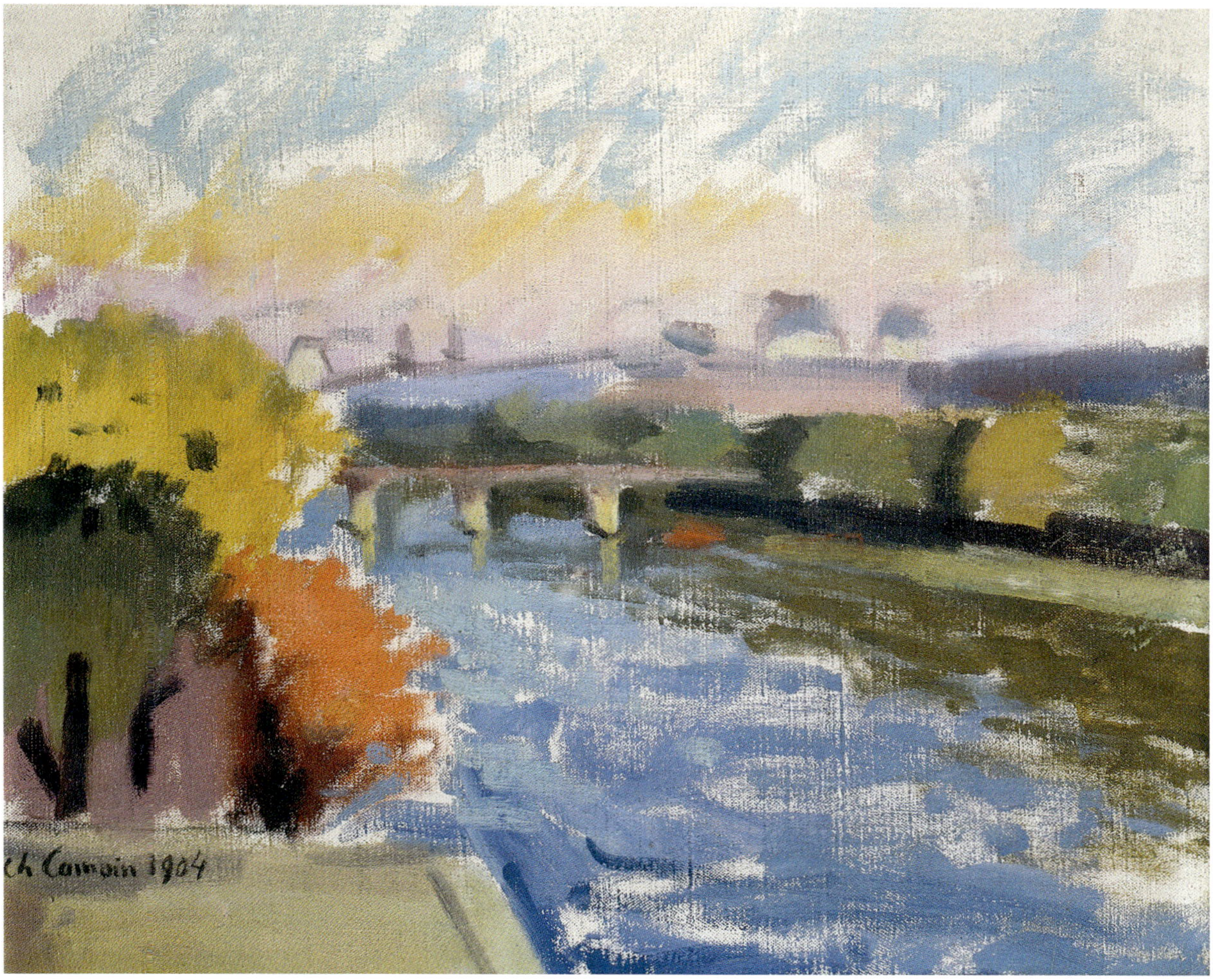

Ill. 4
***Le Pont des Arts vu du Pont-Neuf*, 1904,**
huile sur toile, 33 × 41 cm, collection particulière

Camoin remarque vraisemblablement l'œuvre de Cézanne à la galerie Ambroise Vollard rue Lafitte, qui expose ses œuvres en 1898 et en 1899. Il découvre donc Cézanne presque en même temps qu'il s'inscrit à l'atelier de Gustave Moreau et qu'il rencontre Matisse lequel, en 1899, achète le tableau *Trois baigneuses* de Cézanne (Paris, musée du Petit Palais)[10]. Pendant son service militaire à Arles en 1901, c'est en suivant les traces de Van Gogh qu'il se lie avec le docteur Rey qui avait soigné l'artiste et qu'il voit le portrait du médecin peint par Van Gogh. Toujours pendant son service militaire, de passage à Aix en octobre de la même année, il saisit l'occasion de rencontrer Cézanne: «J'ai eu ce merveilleux privilège de connaître Cézanne qui voulut bien m'honorer de sa bienveillante attention et avec lequel je suis resté en relation jusqu'à ses derniers jours[11].» Ils se voient régulièrement puis, à la suite de sa mutation à Avignon, engagent une correspondance. Cézanne écrit à Camoin: «Mais vous faites bien surtout d'étudier sur nature. D'après ce que j'ai pu voir de vous, vous marcherez rapidement» (lettre de février 1902), et encore «tout est en art surtout, théorie développée et appliquée au contact de la nature [...] Ceci est la lettre la plus juste que je vous ai écrite jusqu'ici» (lettre de février 1903)[12]. Camoin retient de la leçon cézannienne la primauté de la sensation: se saisir d'un moment, fixer des sensations intensément éprouvées qui déjà en elles-mêmes sont des couleurs. Cette saisie est l'affaire de l'instinct comme l'écrit Cézanne dans une autre lettre de septembre 1903: «Après avoir vu les grands maîtres [...], il faut se hâter d'en sortir et vivifier en soi au contact de la nature, les instincts, les sensations d'art qui résident en nous[13].» La leçon de Cézanne imprègne Camoin durant toute sa carrière, comme en témoigne son journal: «Peut-être ne suis-je pas d'une nouveauté extraordinaire du point de vue purement plastique, mais ma vision sera quand même personnelle par la sensation colorée et par la vie qui s'en dégage» (4 septembre 1942), vision qu'il résume en ces mots: «Ne voir en toutes choses de la nature, que les sensations colorées» (26 février 1943)[14].

Libéré de son service militaire en septembre 1903, il retourne à Paris au 3, rue des Pyramides avec sa mère. Sur les conseils de Cézanne et muni d'une lettre d'introduction de sa part, Camoin rend visite à Claude Monet à Giverny. Dans sa lettre, Cézanne écrit: «Je souhaite que l'influence artistique que ce maître ne peut manquer d'exercer sur l'entourage plus ou mieux direct qui l'environne, se fasse sentir dans la mesure strictement nécessaire qu'elle peut et doit avoir sur un artiste jeune et bien disposé au travail[15].» Plus tard, en 1918, il rencontra Renoir au Domaine des Collettes à Cagnes-sur-Mer à la toute fin de sa vie en compagnie de Matisse et George Besson. Leurs échanges furent importants pour Camoin, qui admire les pourpres de la palette des *Baigneuses* de Renoir, la vibration de la lumière, la fusion des tons les uns avec les autres, les touches transparentes d'une peinture optimiste et sensuelle et c'est sur ces principes qu'il orientera ses recherches notamment pour la série des «Baigneuses» **(ill. 60, p. 124-125)**[16].

Indeed, at the outset of their careers the painters of the first Fauve group were close to the Symbolist and Nabi circles.

Camoin probably saw Cézanne's works at the Galerie Ambroise Vollard in the Rue Lafitte, where they were exhibited in 1898 and 1899. Hence, he discovered Cézanne almost at the same time that he enrolled in Gustave Moreau's studio and met Matisse, who, in 1899, bought Cézanne's picture *Trois Baigneuses* (Musée du Petit Palais, Paris).[10] During his military service in Arles in 1901, he followed the traces of Van Gogh and became friends with Dr Rey, who had treated the artist, and he saw Van Gogh's portrait of the doctor. Again, during his military service, on a trip to Aix in October of the same year, he took the chance to meet Cézanne: 'I had the wonderful privilege of meeting Cézanne, who honoured me with his kind attention and with whom I stayed in contact until the end of his life.'[11] They would see each other regularly, then after Camoin's transfer to Avignon, they struck up a correspondence. Cézanne wrote to Camoin: 'But make sure you study from nature. From what I've seen of your work, you'll make rapid progress' (letter from February 1902), and again 'everything is in art above all, a theory developed and applied in contact with nature (...). This is the most pertinent letter that I've written to you yet' (letter from February 1903).[12] From the Cézannian lesson Camoin retained the primacy of sensation: capturing an instant, recording sensations that are intensely felt, which are already themselves colours. This ability to capture sensations should be instinctive, as Cézanne wrote in another letter from September 1903: 'After seeing the works of the Old Masters (...), one must come away and be revitalised in contact with nature, the instincts, the sensations of art that live within us.'[13] The Cézannian lesson was a driving force for Camoin throughout his career, as attested in his diary: 'Maybe I'm not extraordinarily novel from a purely plastic point of view, but my vision will all the same be personal in terms of coloured sensations and the life they convey' (4 September 1942), a vision he summed up in these words: 'Only seeing coloured sensations in everything in nature' (26 February 1943).[14]

Released from his military service in September 1903, he returned to Paris to live at 3, Rue des Pyramides with his mother. On the advice of Cézanne, who wrote a letter of introduction, Camoin went to visit Claude Monet at Giverny. In his letter, Cézanne wrote: 'I wish that the artistic influence which this master cannot fail to have on his more or less immediate circle may make itself felt to the strictly necessary degree, which it can and ought to have on a young artist eager to work.'[15] Later, in 1918, he met Renoir at the Domaine des Collettes at Cagnes-sur-Mer right at the end of his life, accompanied by Matisse and George Besson. Their exchanges were important for Camoin, who admired the purple tones of the palette used for Renoir's *Bathers*, the vibration of the light, the merging of the tones, the transparent strokes of an optimistic and sensual painting; and it was on the basis of these principles that he directed his approach, especially for the 'Baigneuses' series **(ill. 60, p. 124-125)**.[16]

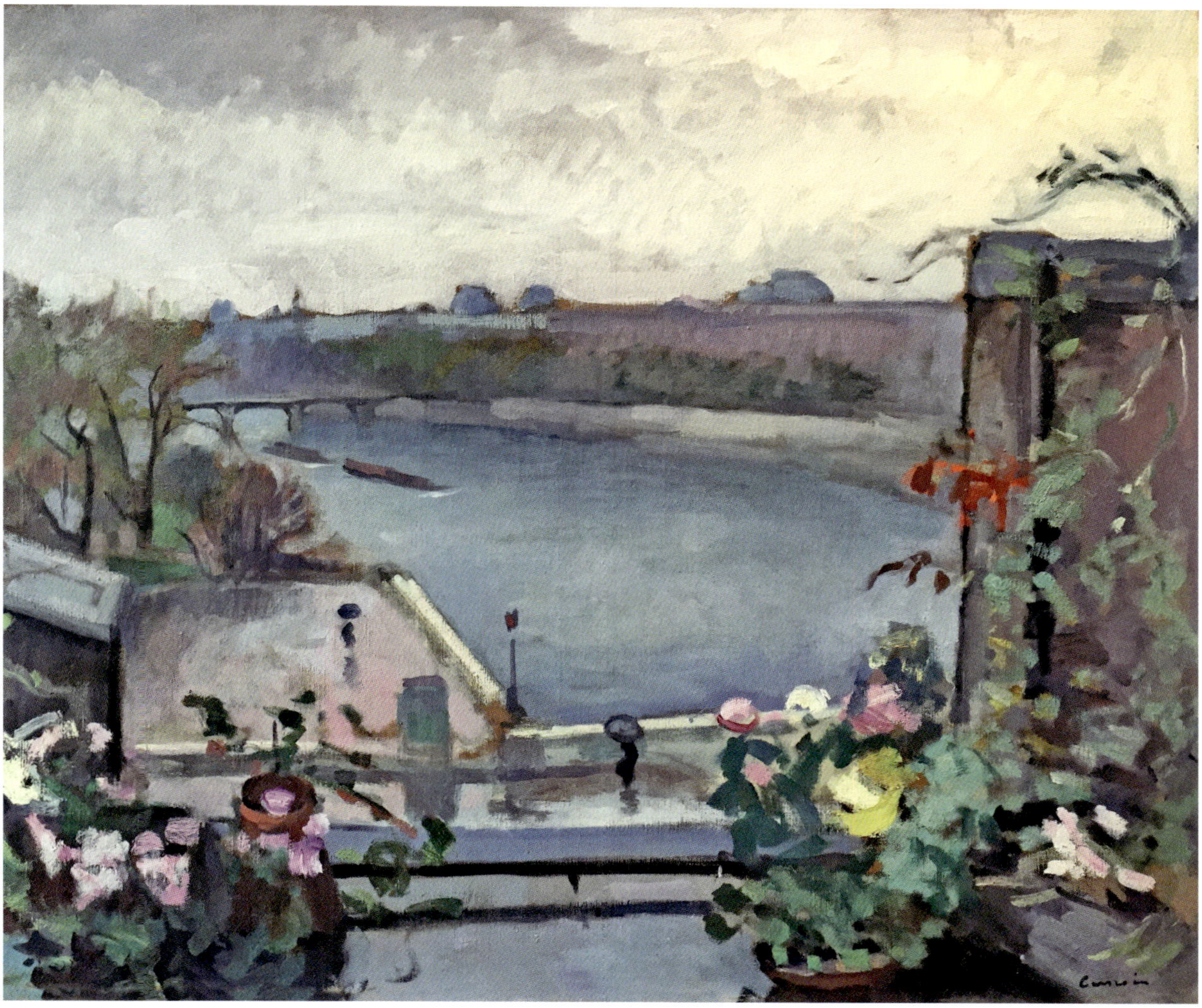

Ill. 5
***La Seine, le Louvre et le pont des Arts vus du Pont-Neuf*, 1904-1905,**
huile sur toile, 65 × 81 cm, collection privée, Paris, courtesy Benjamin Sebban

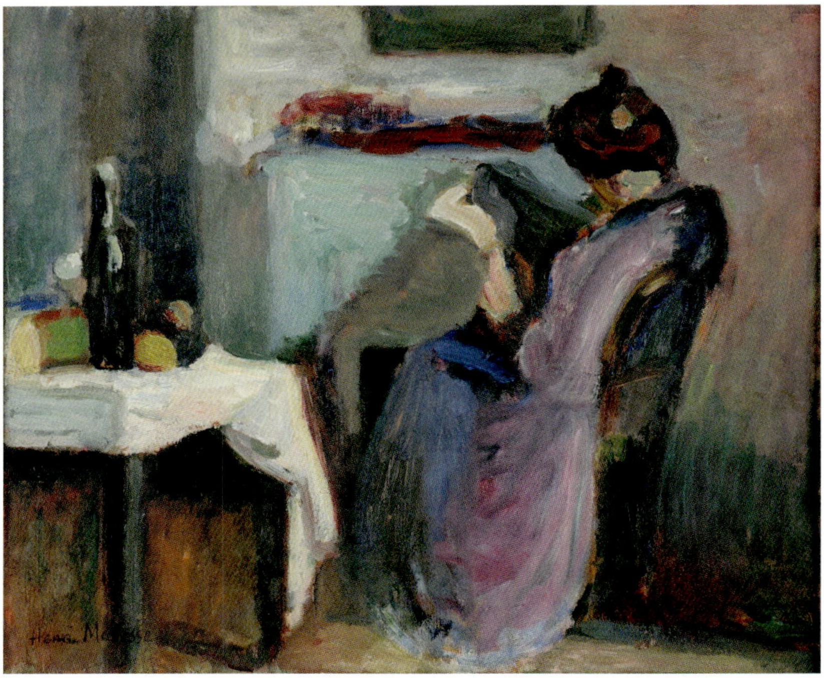

Ill. 6
Henri Matisse, *Liseuse en robe violette*, 1898,
huile sur toile, 38 × 46 cm, musée des Beaux-Arts, Reims

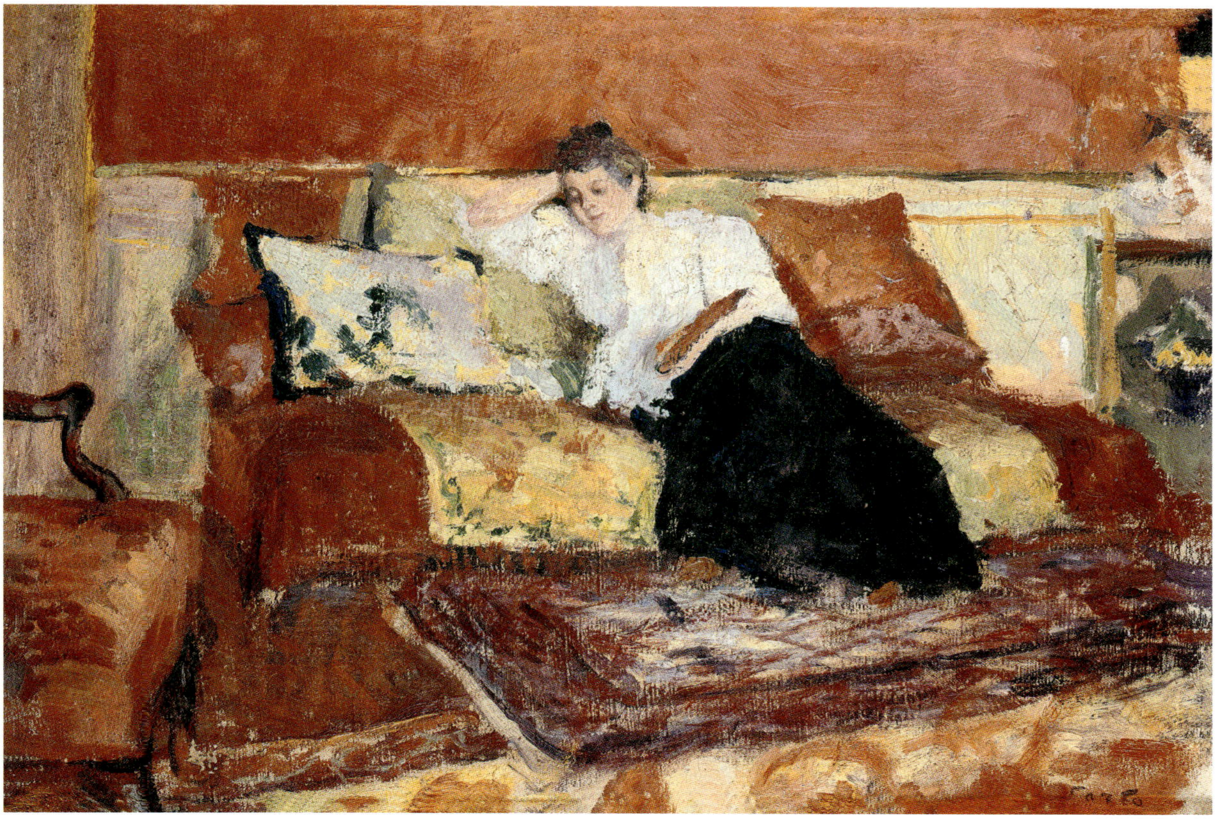

Ill. 7
***La Mère de l'artiste sur le divan*, 1897,**
huile sur toile, 46 × 65 cm, musée d'Art moderne de Paris

En 1903, Camoin continue de peindre les Tuileries et crée notamment *La Promenade au parc* **(ill. 2)** et *Le Bassin des Tuileries* **(ill. 3)**. Tout comme Marquet ou Matisse au même moment, les paysages révèlent l'engouement des artistes pour des motifs souvent très similaires, caractérisés par une organisation précise des plans et des axes : allées et bassins des jardins publics, ou perspectives pénétrantes et affirmées des vues des quais. Camoin construit les paysages avec rigueur. Comme Marquet, il approfondit l'organisation spatiale du tableau : la réconciliation de la surface et de la profondeur est toujours dynamique, comme si l'image était un champ magnétique entre les deux. Son art amplifie l'expérience de l'espace en tant que lieu défini et les sensations de la lumière sur les sites qu'il représente fréquemment notamment les Tuileries, les ponts et les quais de Seine. L'échange des regards entre artistes se manifeste parfois dans des similarités subtiles, telle cette palette mauve, vert et orange provenant des toiles de Moreau, que tous partagent durant cette période d'évolution du fauvisme[17]. *Le Bassin des Tuileries*, acquis par Paul Jamot en 1910, est comparable à l'esthétique et la lumière des œuvres de la fin du XIXe siècle. Le cadrage révèle un nouveau comportement face au motif : le bassin, élément directeur du premier plan, décentré par rapport à l'ensemble, permet d'attirer le regard dans l'oblique et d'aller jusqu'aux batiments de la rue de Rivoli. L'irisation de la lumière sur le plan d'eau fait référence au traitement impressionniste[18]. Matisse disait dans ses conversations avec Courthion : « L'été, nous n'avions pas d'argent pour aller à la campagne. Nous allions aux environs de Paris faire du paysage[19]. »

Du 20 mars au 25 avril 1903, Camoin expose pour la première fois au XIXe Salon des indépendants, où il présente *Un paysage des bords de la Seine* et des portraits. En 1904, Camoin habite avec sa mère place Dauphine et, de son balcon, il continue à peindre les quais de Seine, notamment, *Le Pont des Arts vu du Pont-Neuf* **(ill. 4)**, à l'instar de Pissarro qui a peint des points de vue très proches. Ce dernier représente un vrai talisman du style fauve : la couleur domine, construite sur des complémentaires de vert et d'orangé, les formes sont réduites à l'essentiel avec un certain aplatissement de l'espace et une fluidité des fonds par le traitement de la peinture, proche de certains paysages de Marquet et de Matisse. *La Seine, le Louvre et le pont des Arts vus du Pont-Neuf* **(ill. 5)** est peint dans des tons bleus et verts, sous un temps gris ; Camoin y applique également la simplification de la touche ainsi qu'une géométrisation de l'espace. Dans l'œuvre de Camoin, il s'opère une filiation « naturelle » entre l'impressionnisme et le fauvisme, par le traitement de la lumière pour l'un et l'expression de l'émotion pour l'autre[20]. Bernard Dorival soulignait ainsi : « Réaliser la synthèse de l'impressionnisme et du fauvisme, telle a été sans doute, en dernière analyse, l'ambition suprême de l'artiste parvenu à sa maturité et [...] sa réussite[21]. » Néanmoins, l'œuvre de Camoin ne rejoint pas les spécificités et les enjeux de l'impressionnisme en tous points : il introduit dans ses œuvres l'organisation spatiale de Cézanne et la primauté des sensations et de l'instinct. L'autonomie de la couleur prend également une place importante dans l'art de Camoin,

In 1903, Camoin continued to paint the Tuileries and executed *La Promenade au parc* **(ill. 2)** and *Le Bassin des Tuileries* **(ill. 3)**. Just like Marquet and Matisse during the same period, the landscapes highlighted the artists' love of motifs that were often very similar, characterised by a precise organisation of planes and axes: the alleys and basins in public gardens, and the penetrating and incisive perspectives of the quays. Camoin constructed his landscapes carefully. Like Marquet, he added depth to the spatial organisation of the picture: the reconciliation between the surface and depth was ever dynamic, as though the image were a magnetic field between the two. His art amplified the experience of space as a clearly defined area and the sensations of light on the locations he represented often, particularly the Tuileries, the bridges, and the banks of the Seine. The interchange of ideas between the artists was sometimes evident in subtle similarities, like the mauve, green, and orange palette influenced by Moreau's works, which many artists used during this period of the development of Fauvism.[17] *Le Bassin des Tuileries*, acquired by Paul Jamot in 1910, is comparable to the aesthetics and light in works from the end of the nineteenth century. The framing attests to a new approach to the motif: the basin, a primary element in the foreground, off-centre compared with the ensemble, draws in the eye obliquely, to the buildings of the Rue de Rivoli. The shimmer of the light on the water is Impressionistic in its treatment.[18] Matisse used to say in his conversations with Courthion: 'In the summer, we didn't have enough money to go to the countryside, so we stayed near Paris to paint landscapes.'[19]

Between 20 March and 25 April 1903, Camoin exhibited his work for the first time in the nineteenth Salon des Indépendants, where he presented *Un paysage des bords de la Seine* and portraits. In 1904, Camoin was living with his mother in the Place Dauphine and, from his balcony, he continued to paint the banks of the Seine, in particular *Le Pont des Arts vu du Pont-Neuf* **(ill. 4)**, like Pissarro, who had painted very similar views. The latter represented a true talisman of the Fauve style: colour predominates, constructed on the basis of the complements orange and green, and the forms are reduced to the essential with some flattening of space and a fluidity of the background via the treatment of the paint, similar to certain landscapes by Marquet and Matisse. *La Seine, le Louvre et le pont des Arts vus du Pont-Neuf* **(ill. 5)** is painted in blue and green tones with an overcast sky; Camoin also used simplified strokes and geometricized the pictorial space. In Camoin's oeuvre there is a 'natural' filiation between Impressionism and Fauvism, via the treatment of the light for the first and the expression of emotion for the second.[20] Hence, Bernard Dorival stated that: 'Creating a synthesis between Impressionism and Fauvism was without a doubt, in the final analysis, the supreme ambition of the artist, who has attained some maturity in his work and (...) success'.[21] Nevertheless, Camoin's oeuvre did not correspond with the specificities and aims of Impressionism in every way: he introduced into his works Cézanne's spatial organisation and the primacy of sensations and instinct. The autonomous role of colour also played an important role in Camoin's art, an intuitive

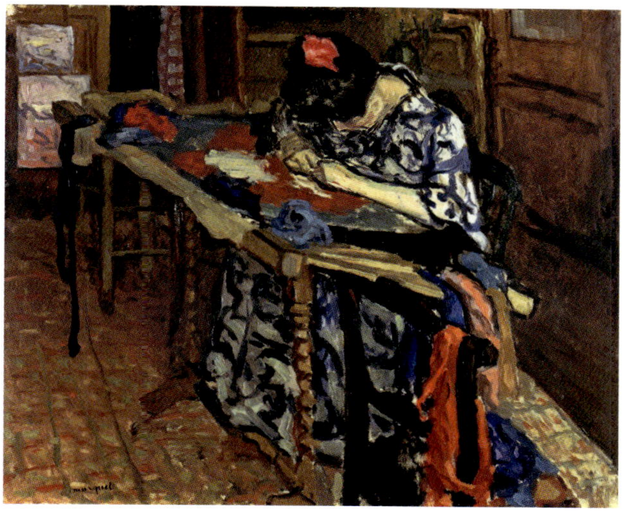

Fig. 1
Albert Marquet, *Madame Matisse à la tapisserie*, 1904,
huile sur toile, 65 × 81 cm, collection particulière

approche intuitive qu'il a acquise auprès de Moreau et en regardant l'œuvre de Van Gogh.

Camoin retrouve ses amis à Paris en 1904 et se rapproche de Matisse dont il peint l'épouse en japonaise portant un kimono dans *Madame Matisse faisant de la tapisserie* **(ill. 9)**[22]. Marquet a peint la même scène, vue de l'angle opposé **(fig. 1)**. L'épouse d'Henri Matisse est plongée dans ses occupations. La composition du tableau est structurée par une organisation spatiale et colorée très complexe. Matisse traite à plusieurs reprises l'élégance de sa femme dans ce riche habit japonais dans des dessins et des peintures **(ill. 8)**. Ces portraits évoquent la manière de Manet, source d'inspiration commune à Derain, Matisse, Camoin et Marquet, en ce qu'ils portent l'attention sur le large et somptueux peignoir japonais de Madame Matisse dans la continuité de la vogue japoniste, par ailleurs, Camoin et ses camarades collectionnaient des estampes japonaises[23]. « Autour de Matisse évolue toute cette jeunesse de la peinture et de la littérature, tous ses camarades de chez Moreau, attirés par ce créateur, ce rénovateur dont les recherches bouleversent les officiels[24]. »

En février 1904, Camoin expose trois tableaux au XXe Salon des indépendants, dont *Jeune Créole* **(ill. 18, p. 53)**. Son regard se tourne vers les femmes des marges, des classes populaires et originaires de pays colonisés par la France. Ce portrait compose, par le traitement des couleurs, une véritable approche fauve avant même que le terme ne soit employé. Camoin représente la jeune femme les yeux baissés, le port de tête majestueux, inspirant beaucoup de dignité et d'intériorité. Le portrait constitue d'ailleurs un thème majeur du fauvisme en tant que forme artistique, où se déploie une certaine frénésie colorée, contenue par un cadrage resserré sur l'expression du visage. Dans *L'Indochinoise* **(ill. 28, p. 77)**, Camoin utilise l'arrière-plan coloré pour faire ressortir le personnage. Le costume noir et la frontalité de la pose y contribuent également

approach that he had learned from Moreau and from studying the work of Van Gogh.

Camoin joined his friends in Paris in 1904 and joined Matisse, whose wife he painted as a Japanese lady wearing a kimono in *Madame Matisse faisant de la tapisserie* ('Madame Matisse at her tapestry') **(ill. 9)**.[22] Marquet painted the same scene, viewed from the opposite corner **(fig. 1)**. In this work, Henri Matisse's wife is engrossed in weaving her tapestry. The picture's composition is structured by a very complex organisation of space and colour. On several occasions, Matisse depicted his wife dressed elegantly in sumptuous Japanese clothing in many drawings and paintings **(ill. 8)**. These portraits were influenced by Manet's style, a source of inspiration shared by Derain, Matisse, Camoin, and Marquet, in that they focus on the large and luxurious Japanese bathrobe worn by Madame Matisse—in keeping with the vogue for all things Japanese—and, incidentally, Camoin and his fellow artists collected Japanese prints.[23] 'Young painters and writers began to congregate around Matisse, all his fellow artists from Moreau's atelier, attracted by this creator, this renovator of painting, who pulled the rug out from under the officials'.[24]

In February 1904, Camoin exhibited three pictures at the twentieth Salon des Indépendants, including *Jeune Créole* **(ill. 18, p. 53)**. He began to focus on more 'marginal' women from the working classes who came from the countries colonised by France. This portrait adopted, via the treatment of the colours, a veritable Fauvist approach, even before the term had been coined. Camoin depicted the young woman gazing down, with her head held majestically, inspiring a great deal of dignity and interiority. In fact, the portrait was a major theme of Fauvism as an artistic form, with its frenetic use of colour, restrained by a focus on the facial expression. In *L'Indochinoise* **(ill. 28, p. 77)**, Camoin used the colourful background to highlight the figure. The black costume and the frontality of the pose also contribute to

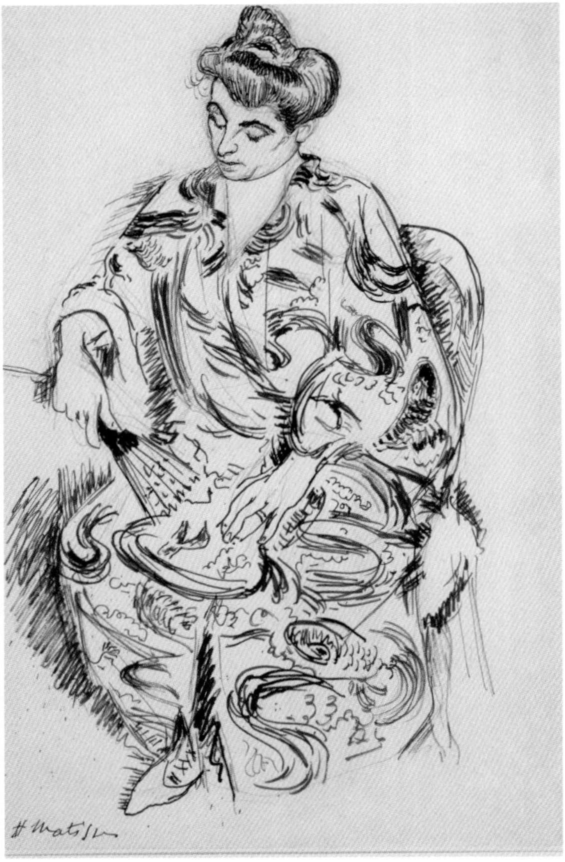

Ill. 8
Henri Matisse, *Madame Matisse en kimono*, 1905,
encre de Chine et crayon sur papier, 45,7 × 30 cm, collection particulière

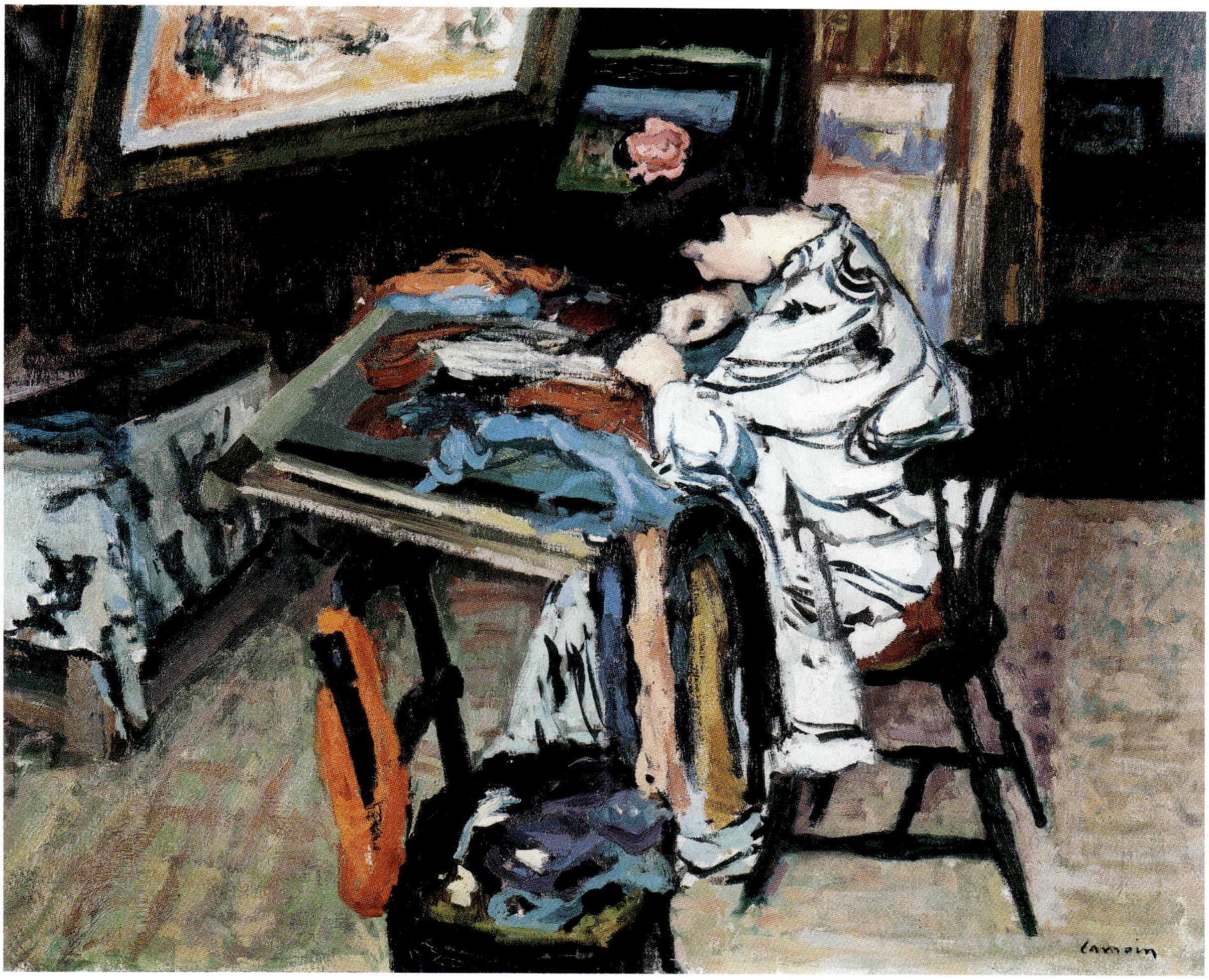

Ill. 9
***Madame Matisse faisant de la tapisserie*, 1904,**
huile sur toile, 65 × 81 cm, musée d'Art moderne et contemporain, Strasbourg

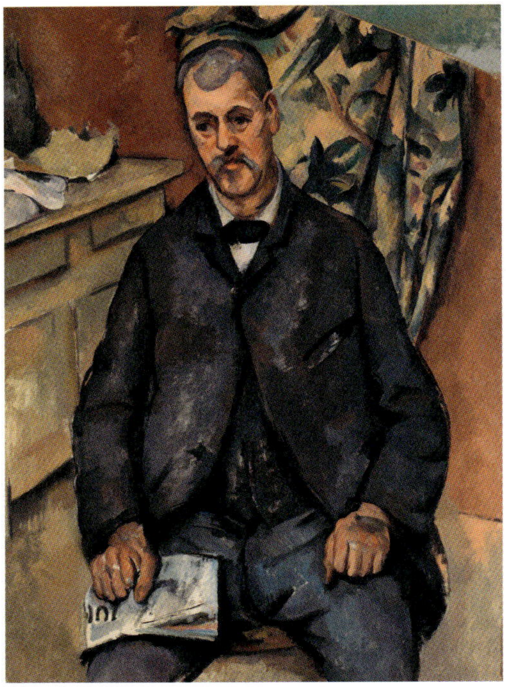

Fig. 2
Paul Cézanne, *Homme assis*, 1898-1900,
huile sur toile, 102,5 × 75,5 cm, Nasjonalgalleriet, Oslo

et soulignent les qualités de la composition. Ces deux portraits excellent par cette même expression tendre et retenue où les personnages féminins pensifs détournent le regard avec une certaine mélancolie. L'artiste fait preuve d'une grande maîtrise de son sujet tout en laissant éclater les couleurs.

Le portrait de Marquet que Camoin réalise en 1904 est une œuvre unique dans sa production en cela qu'elle est un double hommage à son ami qui a posé et à Cézanne **(ill. 10)**. Le tableau renvoie à ses portraits de paysans que Camoin a probablement vu chez Ambroise Vollard ou à l'atelier du peintre à Aix. Au jeu des ressemblances, on relève la composition sobre et la figuration quelque peu abrupte du personnage, tandis que la position des mains, aux proportions étonnantes, fait penser à certains portraits de Madame Cézanne[25]. On peut également rapprocher la toile de Camoin de l'*Homme assis* de Cézanne **(fig. 2)** : les portraits ont en commun la pose frontale du personnage, assis sur un siège invisible, et le traitement pictural de sa veste. Ces éléments font de ce portrait l'œuvre la plus cézannienne de Camoin. D'autre part, l'hommage à Marquet est appuyé dans la façon de représenter l'artiste : réservé et pénétrant. Ce portrait rapide, vif, a su saisir l'instant ténu de leur complicité et célèbre l'amitié qui le lie à Marquet. L'influence de Cézanne perce encore une fois dans la fluidité bleutée qui forme l'arrière-plan du portrait, entourant les masses solidement simplifiées du buste. Marquet a également peint un portrait de Camoin à son chevalet, *Charles Camoin peignant*, 1905 **(ill. 19, p. 54)**, dans une touche fluide et colorée. Camoin est alors en train de peindre *La Petite Lina* (musée Cantini, Marseille) qui pose pour lui et apparaît à droite de la toile. Il s'agit d'un portrait sur le vif où la

this and underline the qualities of the composition. Both portraits are striking, with the same tender and modest expressions the pensive female subjects look away with a certain melancholy. The artist demonstrated his very real mastery of his subject, while giving full rein to the expressive power of the vibrant colours.

The portrait of Marquet that Camoin executed in 1904 was unique in his oeuvre, in that it was a dual tribute to his friend and to Cézanne **(ill. 10)**. It echoes Marquet's portraits of peasants, which Camoin probably saw at Ambroise Vollard's or Cézanne's studio. Complementing these resemblances are the understated composition and the slightly abrupt representation of the figure, while the position of the hands, with their striking proportions, is reminiscent of certain portraits of Madame Cézanne.[25] There are also some similarities between Camoin's canvas and Cézanne's *Seated Man* **(fig. 2)**: the portraits both show the figure in a frontal pose, sitting on an invisible chair, and the pictorial treatment of the jacket is similar. These elements make this portrait the most Cézannian of Camoin's works. Also, the tribute to Marquet is evident in the way he depicts the artist's reserve, with a penetrating gaze. This rapidly executed, dynamic portrait succeeded in capturing the tenuous instant of their personal connection and celebrated his friendship with Marquet. Cézanne's influence is evident once again in the bluish fluidity that forms the portrait's background, surrounding the solidly simplified masses of the bust. Marquet also painted a portrait of Camoin at his easel, *Charles Camoin peignant*, 1905 **(ill. 19, p. 54)**, with fluid and colourful strokes. Camoin is shown painting *La Petite Lina* (Musée Cantini, Marseille), who posed for him and appears on the right of the canvas. This was a

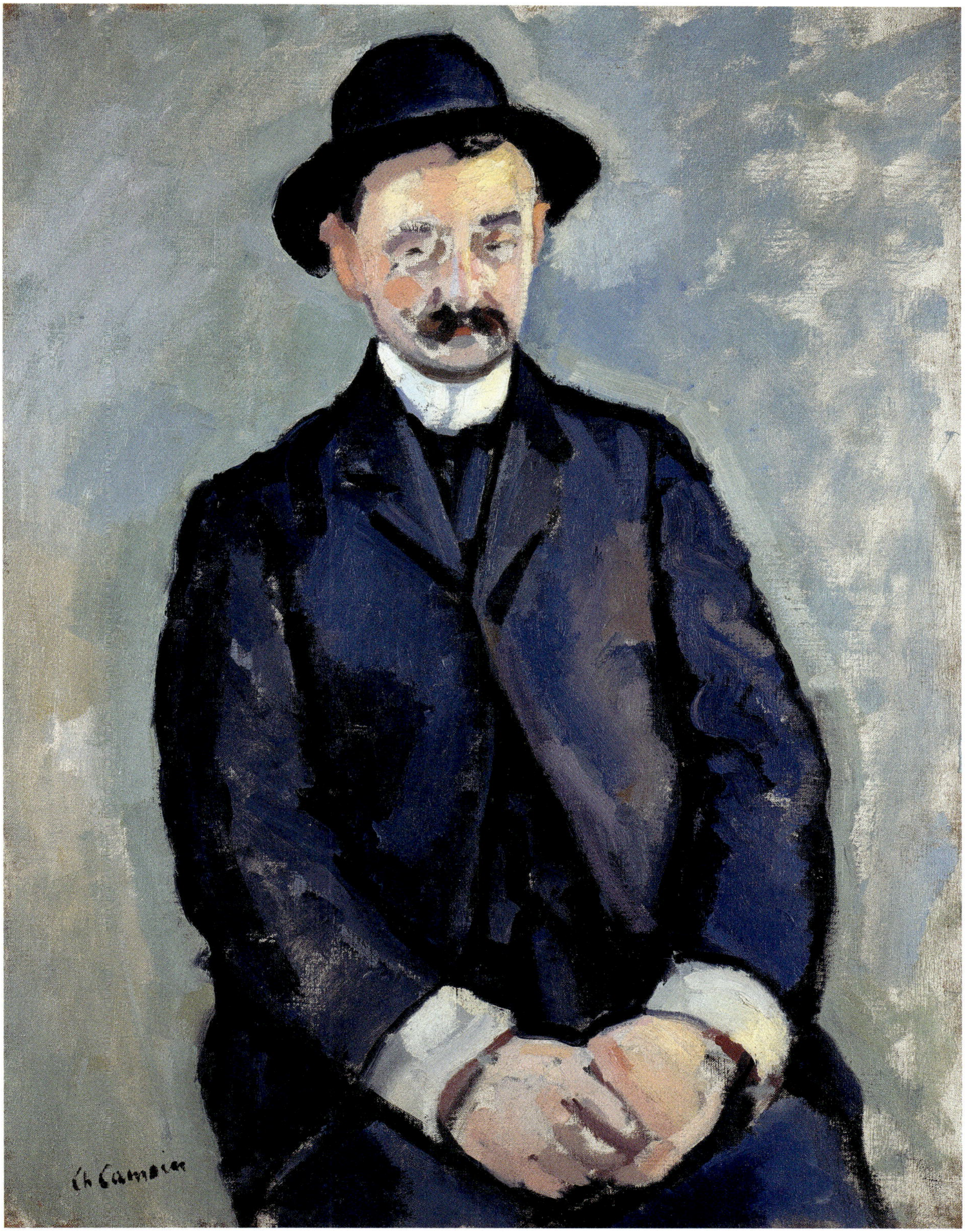

Ill. 10
***Portrait d'Albert Marquet*, 1904-1905,**
huile sur toile, 92 × 72,5 cm,
Musée national d'art moderne/Centre de création industrielle, Centre Pompidou, Paris

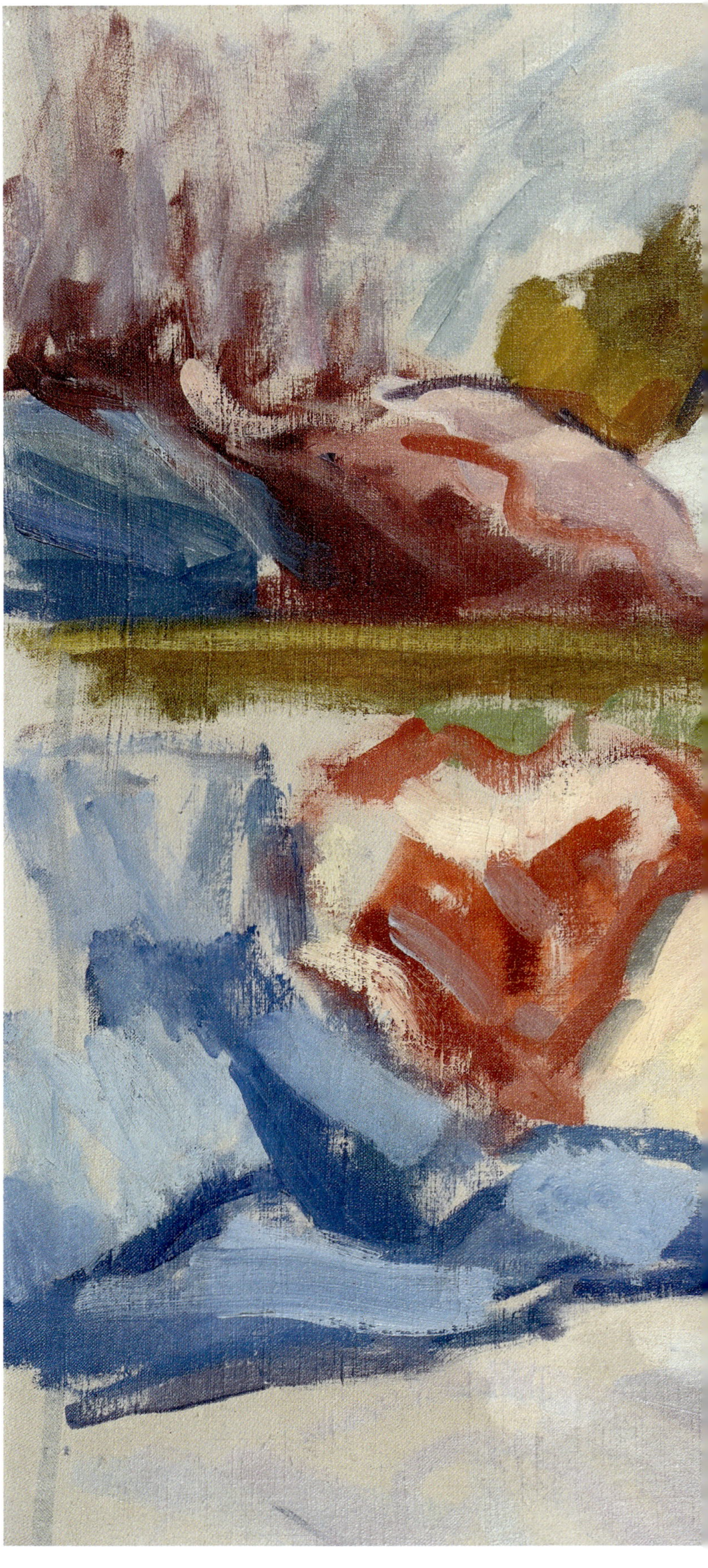

Ill. 11
***La Belle Endormie*, 1904,**
huile sur toile, 54 × 65 cm, collection Schröder

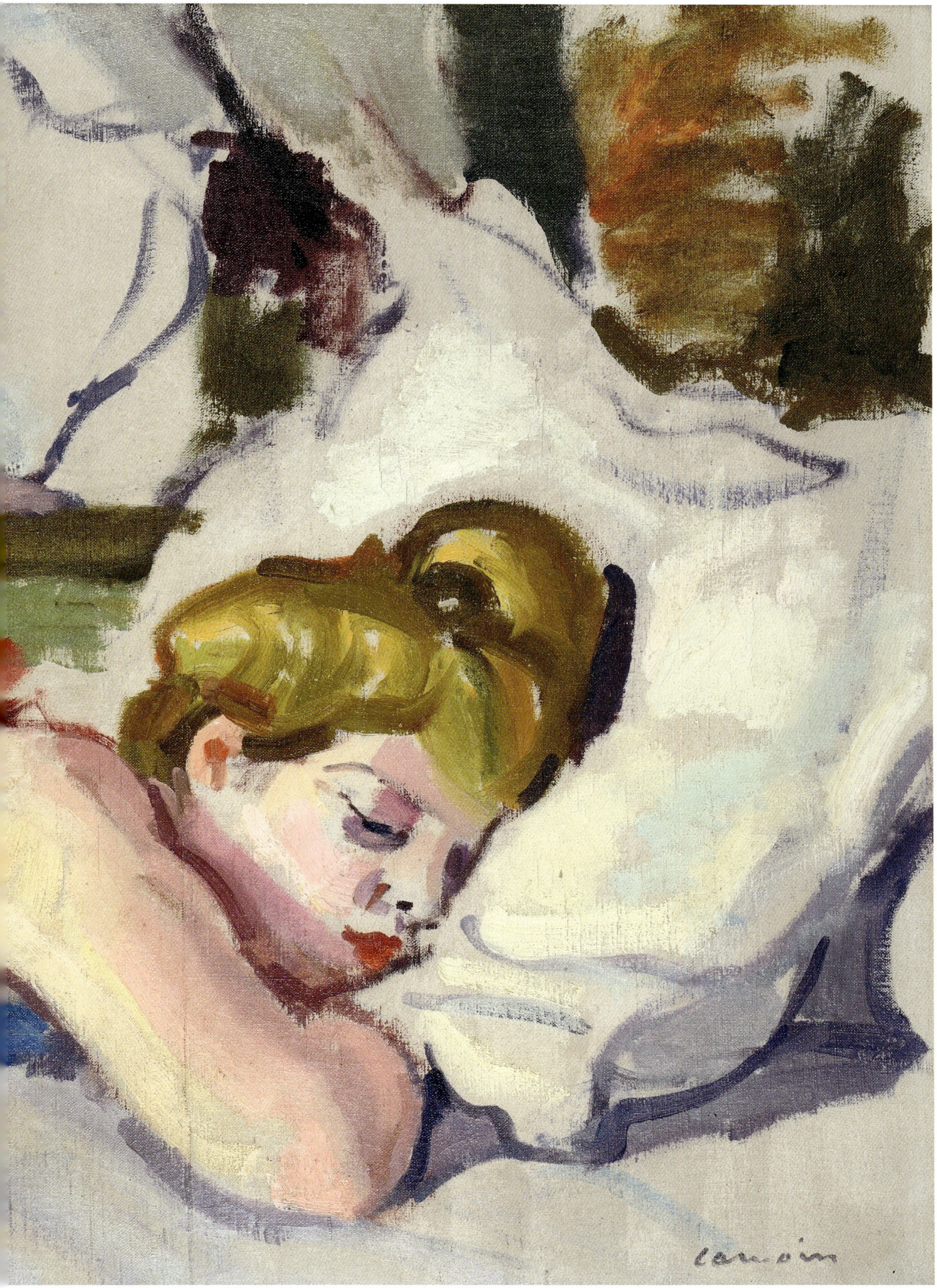

complicité des amis est encore une fois évidente. La pratique de se portraiturer entre eux était courante parmi les peintres fauves.

Ainsi, dès le début de la carrière de Camoin, un premier groupe d'artistes se forme: Matisse, Marquet, Camoin, Puy et Manguin travaillent et exposent ensemble, au point que leur groupe sera identifié par Berthe Weill comme le «groupe Matisse». Critique et marchande d'art, Weill les révèle au public avec une première exposition de groupe tenue dans sa galerie en 1904. Plusieurs suivront jusqu'en 1909. Le critique d'art Roger Marx est le premier à remarquer la cohésion qui règne au sein de cette petite assemblée promue par Berthe Weill: il évoque le «groupe d'anciens élèves de Moreau [...] qui tendent parallèlement au style[26]».

Camoin fait allusion à l'émulation du groupe où les artistes s'influencent mutuellement et concourent au même but, tout en conservant leur propre style: «Quelqu'un a dit (Stendhal je crois): il y a autant d'expressions du Beau que de manières de rechercher le bonheur. Vue sous ce jour si vrai, notre tâche se précise agréablement, et il est évident que ce serait folie de vouloir le trouver avec l'instrument d'un autre ou sa manière de s'en servir; non, non, un seul pour Marquet et moi ne suffirait pas, tout ce que nous pouvons faire, c'est en jouer de concert, et puisque tu goûtes ce spectacle je suis prêt à le renouveler mais je t'assure que ton propre instrument n'enlèverait rien de l'harmonie de l'ensemble, et, je te l'assure, ma satisfaction y gagnerait» (lettre de Camoin à Matisse du 22 février 1911)[27].

En 1905, il expose quatre tableaux dans la fameuse salle VII du Salon d'automne que Louis Vauxcelles décrit dans le supplément du *Gil Blas* du 17 octobre: «Il construit des tableaux d'où déborde une vigueur saine et drue [...], des oppositions hardies et sûres, une franchise nette, directe d'un coloris qui ne triche pas[28].» La réponse de Camoin à l'«Enquête sur les tendances actuelles des arts plastiques» de Charles Morice en 1905 précise sa position. Il admet que l'artiste de la génération fauve doit se dégager des contraintes du système impressionniste, néanmoins, en partant du principe qu'il ne «peut être absolument fini[29]». Camoin recherche l'harmonie colorée, cette expressivité issue de l'équilibre entre composition et couleur. Cet attachement est ressenti par André Warnod qui remarque: «Quant à Camoin, les paysages, les portraits qu'il expose sont brillamment enlevés dans une éclatante symphonie de couleurs vives[30].»

portrait painted on the spot, in which the connection with his friends is evident once again. The practice of painting one another's portrait was common amongst the Fauve painters.

Hence, right from the outset of Camoin's career, an initial group of artists formed: Matisse, Marquet, Camoin, Puy, and Manguin all worked and exhibited together, to such an extent that their group would be identified by Berthe Weill as the 'Matisse group'. An art critic and dealer, Weill unveiled their work to the general public with a first group exhibition held in her gallery in 1904. This was followed by several others before 1909. The art critic Roger Marx was the first to point out the cohesion that reigned within this small group promoted by Berthe Weill, writing of the 'group of former students of Gustave Moreau (...) who all paint in the style.'[26]

Camoin was alluding to group emulation artists mutually influenced one another and had the same objectives while having their own style: 'Someone said (Stendhal, I think): "There are as many styles of beauty as there are visions of happiness." From this perspective, which is so true, our task becomes much clearer, and it is clear that it would be crazy to try and find it with someone else's instrument or their way of using it; no, no, just one for Marquet and me would not suffice; all we can do is to play together, and as you enjoy this show I am ready to renew it, but I assure you that your own instrument would in no way affect the harmony of the ensemble, and I assure you that my satisfaction would be greater' (letter from Camoin to Matisse dated 22 February 1911).[27]

In 1905, he exhibited four pictures in the famous Room VII of the Salon d'Automne, which Louis Vauxcelles described in the supplement of the *Gil Blas* of 17 October: 'he constructs pictures overflowing with a healthy and abundant vigour (...), with bold and clear oppositions, with the simple and direct sincerity of colours that do not lie.'[28] Camoin's response in 1905 to the survey by Charles Morice about current trends in the plastic arts set out his stance. He declared that the artist of the Fauve generation should free himself from the constraints of the Impressionist system, while accepting the principle that it could not be 'completely finished'.[29] Camoin was aiming for coloured harmony as a form of expression that resulted from the balance between composition and colour. This quest was understood by André Warnod, who remarked: 'As for Camoin, the landscapes and portraits he shows are brilliantly executed in a bright symphony of vibrant colours.'[30]

1 Cité dans Jean-Albert Cartier, *Charles Camoin*, Genève, Cailler, 1958, p. 13.
2 Cité dans J.-P. Crespelle, *Montmartre vivant*, Paris, Hachette, 1964, p. 92.
3 Lettre de Camoin à Raymond Escholier, janvier 1955, citée dans *Correspondance entre Charles Camoin et Henri Matisse*, Claudine Grammont (éd.), Lausanne, La Bibliothèque des arts, 1997, p. 6.
4 Danièle Giraudy, *Camoin. Sa vie, son œuvre*, Marseille, La Savoisienne, 1972, p. 31-33.
5 Jacques Guenne, «Entretien avec Henri Matisse», *L'Art vivant*, n° 18, 1925, repr. dans Dominique Fourcade (éd.), *Henri Matisse. Écrits et propos sur l'art*, Paris, Hermann, 1972, rééd. 2009, p. 81.
6 Dominique Szymusiak (dir.), *Henri Matisse, autoportraits*, cat. exp. (musée Matisse, Le Cateau-Cambrésis, 1988), Le Cateau-Cambresis, 1988, p. 12.
7 C. Grammont, *op. cit.* note 3, p. 183.
8 Véronique Serrano et Claudine Grammont (dir.), *Charles Camoin. Rétrospective 1879-1965*, cat. exp. (Fondation de l'Hermitage, Lausanne et musée Cantini, Marseille, 1997-1998), Paris, Réunion des musées nationaux/Musées de Marseille, 1997, p. 42.
9 *Ibid*.
10 Bruno Ely et Claudine Grammont (dir.), *Camoin dans sa lumière*, cat. exp. (musée Granet, Aix-en-Provence, 2016), Paris, Lienart/Aix-en-Provence, musée Granet, 2016, p. 19.
11 Lettre de Camoin à Raymond Escholier, janvier 1955, citée dans D. Giraudy, *op. cit.* note 4, p. 38.
12 Lettre de Cézanne à Camoin du 3 février 1902, publiée dans B. Ely et C. Grammont, *op. cit.* note 10, p. 52 et Lettre de Cézanne du 22 février 1903, publiée dans B. Ely et C. Grammont, *op. cit.* note 10, p. 56.
13 Lettre de Cézanne à Camoin du 13 septembre 1903, publiée dans B. Ely et C. Grammont, *op. cit.* note 10, p. 58.
14 Cité dans V. Serrano et C. Grammont, *op. cit.* note 8, p. 33.
15 Lettre de Cézanne à Camoin du 13 septembre 1903, publiée dans B. Ely et C. Grammont, *op. cit.* note 10, p. 58.
16 Danièle Giraudy, «Camoin, Matisse, une amitié de peintres», dans V. Serrano et C. Grammont, *op. cit.* note 8, p. 56. Voir aussi l'essai d'Assia Quesnel dans le présent ouvrage, p. 102.
17 B. Ely et C. Grammont (dir.), *op. cit.* note 10, p. 65.
18 Gilberte Martin-Méry (dir.), *Les Années fauves*, 1904-1908, cat. exp. (Centre cultural Caixa Catalunya, Barcelone, 2000-2001), Paris, Somogy/Barcelone, Fundacio Caixa Catalunya, 2000.
19 Serge Guilbaut (éd.), *Chatting with Henri Matisse : The Lost 1941 interview. Henri Matisse with Pierre Courthion*, Los Angeles, Getty Research Institute, 2013, p. 336.
20 V. Serrano et C. Grammont, *op. cit.* note 8, p. 33.
21 Bernard Dorival, préface dans D. Giraudy, *op. cit.* note 4, p. 12.
22 D. Giraudy, *op. cit.* note 4, p. 47.
23 V. Serrano et C. Grammont, *op. cit.* note 8, p. 49.
24 Berthe Weill, citée dans D. Giraudy, *op. cit.* note 4, p. 48.
25 B. Ely et C. Grammont (dir.), *op. cit.* note 10, p. 46.
26 Roger Marx cité dans Nicolas Zmelty «Devenir Camoin», dans B. Ely et C. Grammont (dir.), *op. cit.* note 10, p. 27.
27 Lettre de Camoin à Matisse du 22 février 1911, publiée dans C. Grammont, *op. cit.* note 3, p. 22-23.
28 C. Grammont, «Fauve sur nature», dans V. Serrano et C. Grammont (dir.), *op. cit.* note 8, p. 42.
29 N. Zmelty dans B. Ely et C. Grammont (dir.), *op. cit.* note 10, p. 29.
30 Cité dans J.-A. Cartier, *op. cit.* note 1, p. 13.

1 Quoted in Jean-Albert Cartier, 'Charles Camoin', *Geneva*, Cailler, 1958, p. 13.
2 Quoted in J.-P. Crespelle, *Montmartre vivant*, Hachette, Paris, 1964, p. 92.
3 Letter from Camoin to Raymond Escholier, January 1955, quoted in *Correspondance entre Charles Camoin et Henri Matisse*, Claudine Grammont (ed.), La Bibliothèque des Arts, Lausanne, 1997, p. 6.
4 Danièle Giraudy, *Camoin. Sa vie, son œuvre*, La Savoisienne, Marseilles, 1972, pp. 31–33.
5 Jacques Guenne, 'Entretien with Henri Matisse', *L'Art vivant*, n° 1925 ,18, reproduced in Dominique Fourcade (ed.), *Henri Matisse. Écrits et propos sur l'art*, Hermann, Paris, 1972, republished in 2009, p. 81.
6 Dominique Szymusiak (ed.), *Henri Matisse : autoportraits*, exh. cat. (musée Matisse, Le Cateau-Cambrésis, 1988), Le Cateau-Cambrésis, 1988, p. 12.
7 C. Grammont, op. cit. note 3, p. 183.
8 Véronique Serrano and Claudine Grammont (ed.), *Charles Camoin. Rétrospective 1879-1965*, exhibition catalogue (The Hermitage Foundation, Lausanne and Musée Cantini, Marseille, 1997–1998), Réunion des Musées Nationaux, Paris/ Musées de Marseille, 1997, p. 42.
9 Ibid.
10 Bruno Ely and Claudine Grammont (ed.), *Camoin dans sa lumière*, exh. cat. (Musée Granet, Aix-en-Provence, 2016), Lienart, Paris/Musée Granet, Aix-en-Provence, 2016, p. 19.
11 Letter from Camoin to Raymond Escholier, January 1955, quoted in D. Giraudy, op. cit. note 4, p. 38.
12 Letter from Cézanne to Camoin dated 3 February 1902, published in B. Ely and C. Grammont, op. cit. note 10, p. 52 and letter from Cézanne dated 22 February 1903, published in B. Ely and C. Grammont, op. cit. note 10, p. 56.
13 Letter from Cézanne to Camoin dated 13 September 1903, published in B. Ely and C. Grammont, op. cit. note 10, p. 58.
14 Quoted in V. Serrano and C. Grammont, op. cit. note 8, p. 33.
15 Letter from Cézanne to Camoin dated 13 September 1903, published in B. Ely and C. Grammont, op. cit. note 10, p. 58.
16 Danièle Giraudy in «Camoin, Matisse, une amitié de peintres», in V. Serrano and C. Grammont, op. cit. note 8, p. 56. See also the essay by Assia Quesnel, p. 102.
17 B. Ely and C. Grammont (ed.), op. cit. note 10, p. 65.
18 Gilberte Martin-Méry (ed.), *Les Années fauves*, 1904-1908, exh. cat. (Centre cultural Caixa Catalunya, Barcelone, 2000–2001), Paris, Somogy/Barcelone, Fundacio Caixa Catalunya, 2000.
19 Serge Guilbaut (ed.), *Chatting with Henri Matisse: The Lost 1941 interview. Henri Matisse with Pierre Courthion*, Los Angeles, Getty Research Institute, 2013, p. 336.
20 V. Serrano and C. Grammont, op. cit. note 8, p. 33.
21 Bernard Dorival, preface in D. Giraudy, op. cit. note 4, p. 12.
22 D. Giraudy, op. cit. note 4, p. 47.
23 V. Serrano and C. Grammont, op. cit. note 8, p. 49.
24 Berthe Weill, quoted in D. Giraudy, op. cit. note 4, p. 48.
25 B. Ely and C. Grammont (ed.), op. cit. note 10, p. 46.
26 Roger Marx quoted in Nicolas Zmelty 'Devenir Camoin', in B. Ely and C. Grammont, op. cit. note 10, p. 27.
27 Letter from Camoin to Matisse dated 22 February 1911, published in C. Grammont, op. cit. note 3, pp. 22–23.
28 C. Grammont, 'Fauve sur nature', in V. Serrano and C. Grammont (ed.), op. cit. note 8, p. 42.
29 N. Zmelty in B. Ely and C. Grammont (ed.), op. cit. note 10, p. 29.
30 Quoted in J.-A. Cartier, op. cit. note 1, p. 13.

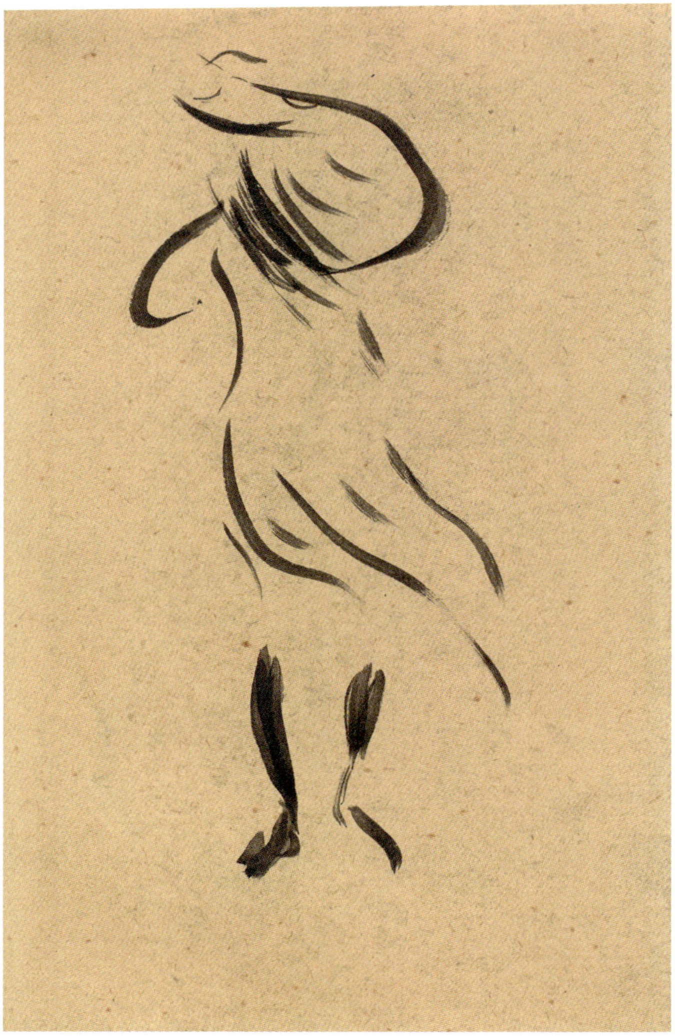

Ill. 12
***Silhouette de femme*, vers 1900,**
encre de Chine sur papier beige (recto), 12 × 7,5 cm,
Musée national d'art moderne/Centre de création industrielle, Centre Pompidou, Paris

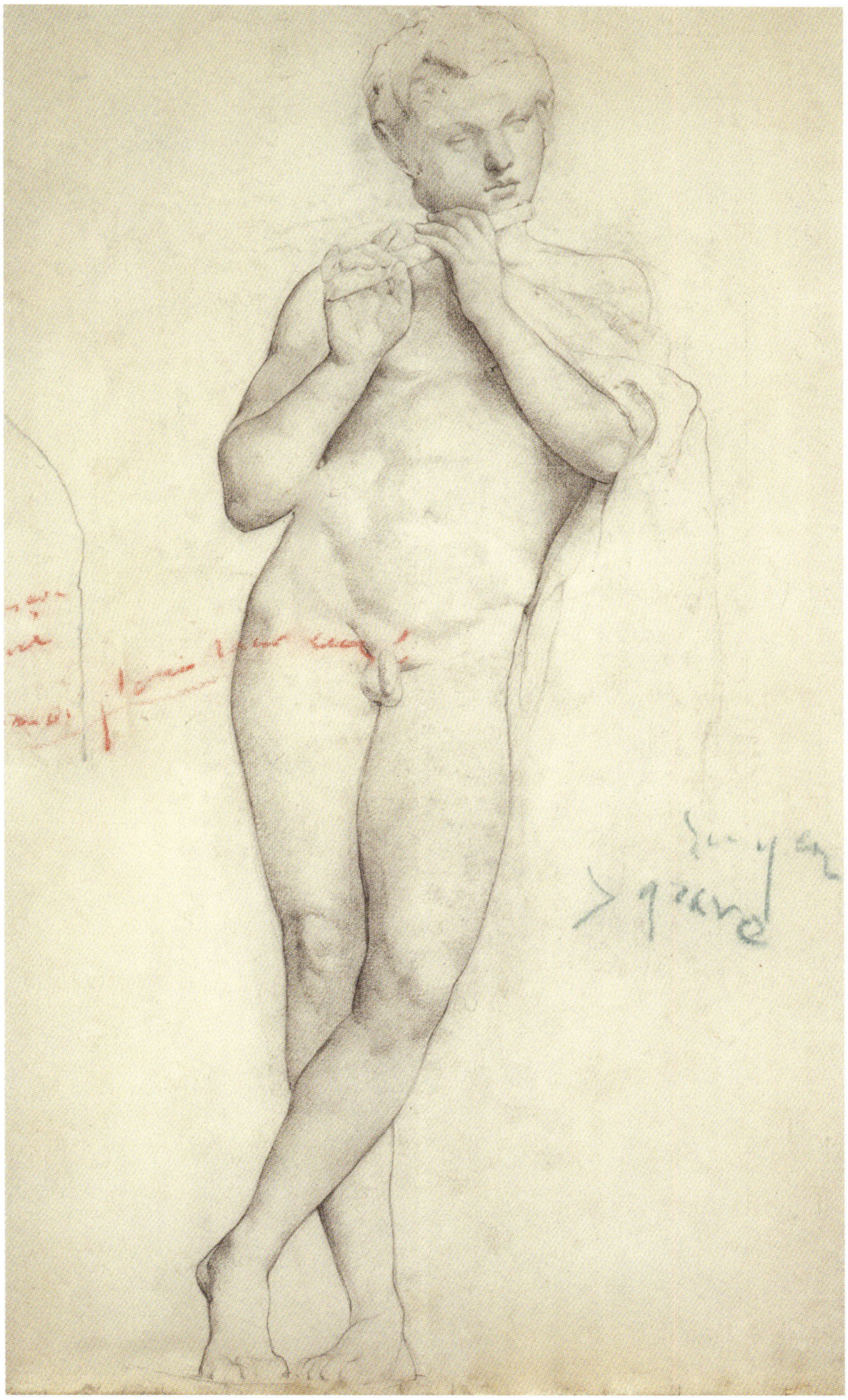

Ill. 13
***Le Flûtiste, soyez plus grave*, 1898,**
fusain sur papier, 65 × 50 cm, collection particulière,
commentaire de Gustave Moreau

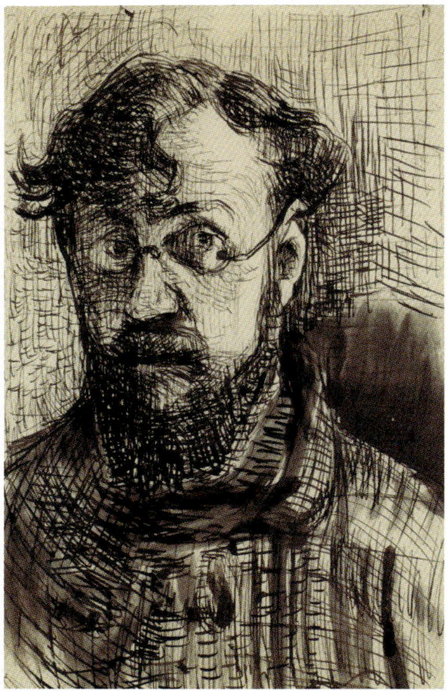

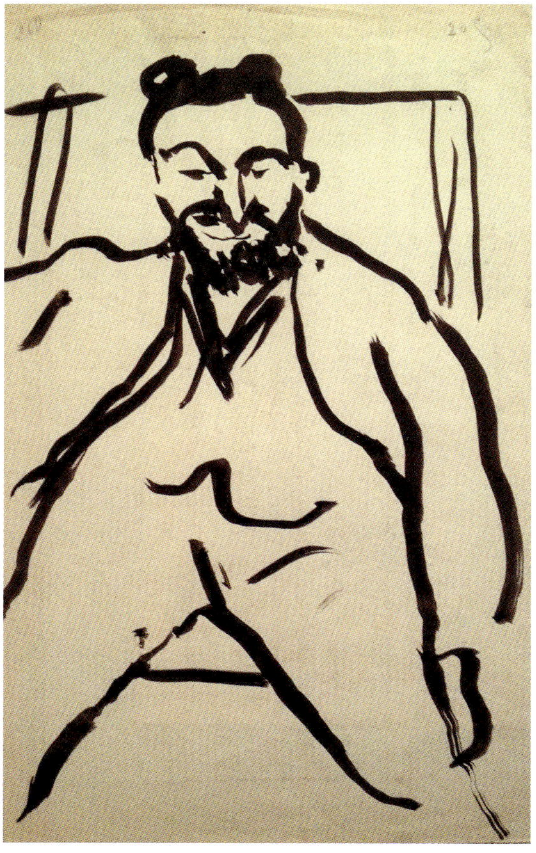

Ill. 14
Henri Matisse, *Autoportrait*, 1898-1899,
encre de Chine, plume et pinceau sur papier,
30,2 × 20 cm, collection particulière

Ill. 15
Albert Marquet, *Charles Camoin*, vers 1905,
encre de Chine sur papier, 31 × 20 cm, collection particulière

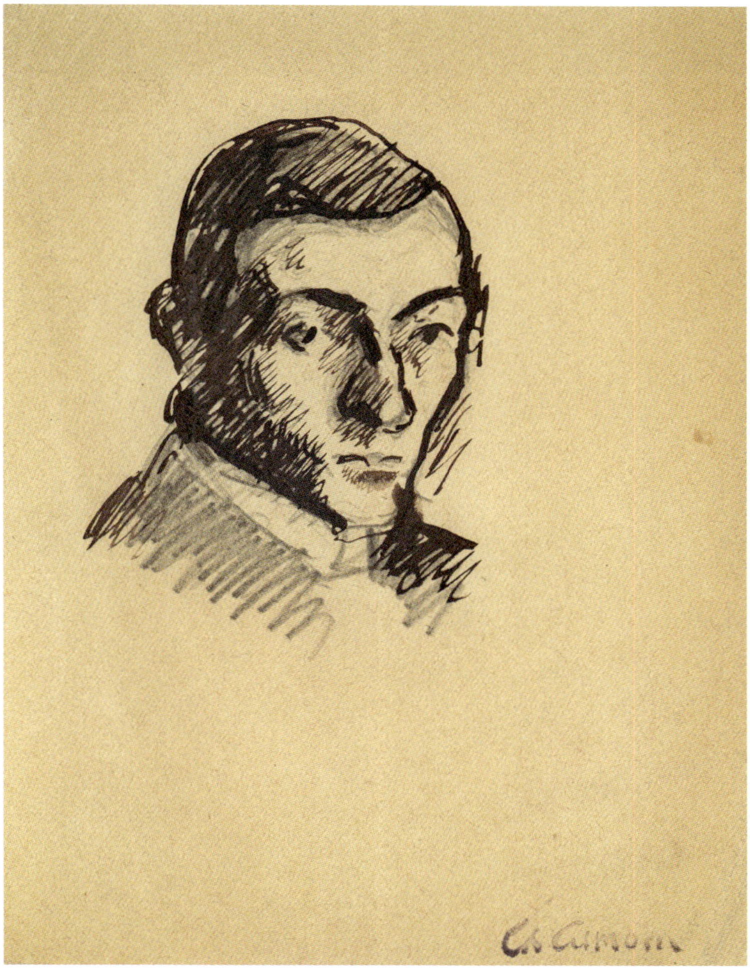

Ill. 16
***Autoportrait*, vers 1898,**
crayon et encre sur papier, 12,5 × 10 cm, collection particulière

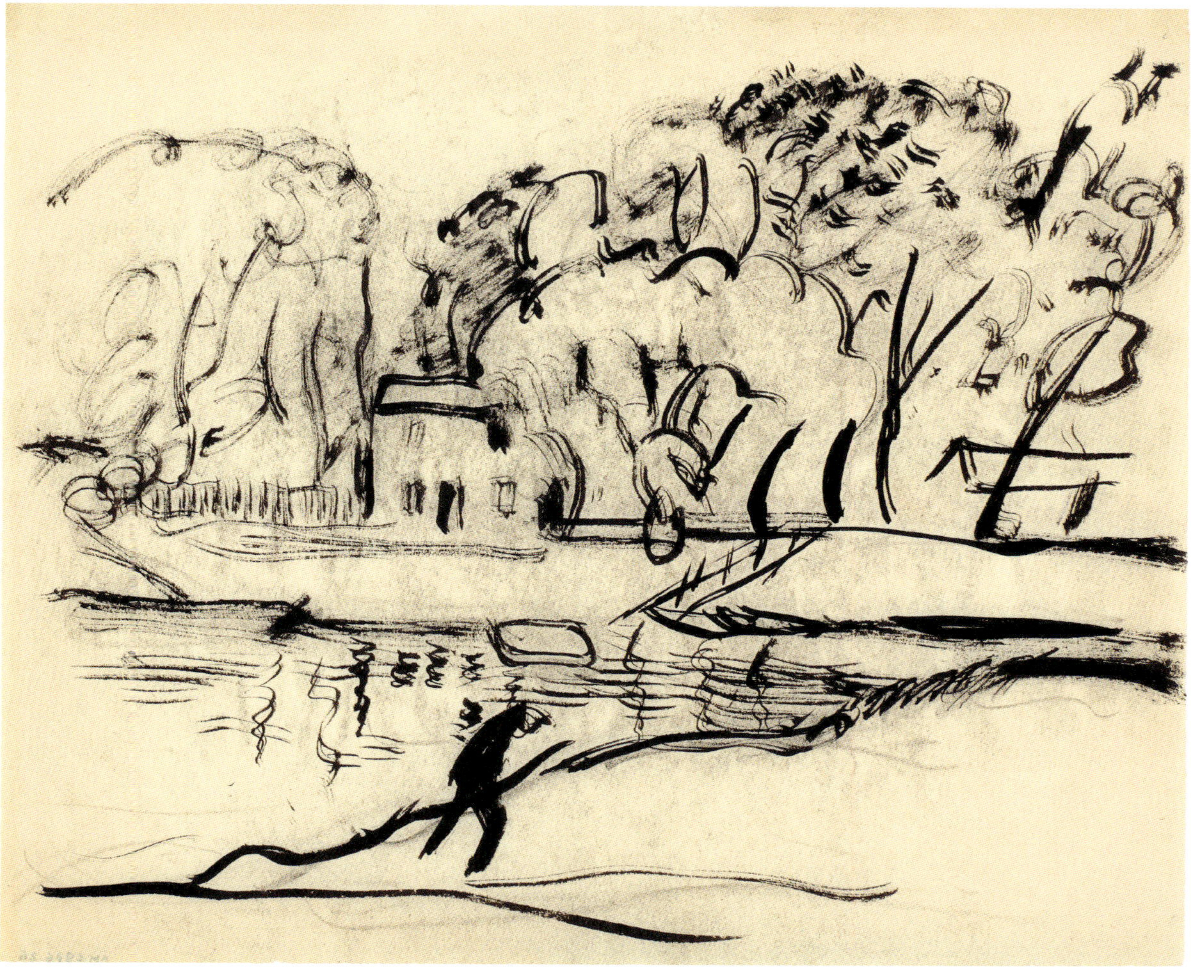

Ill. 17
***Bord de rivière*, 1901,**
mine graphite et encre de Chine sur papier, 21,5 × 27 cm,
Musée national d'art moderne/Centre de création industrielle, Centre Pompidou, Paris

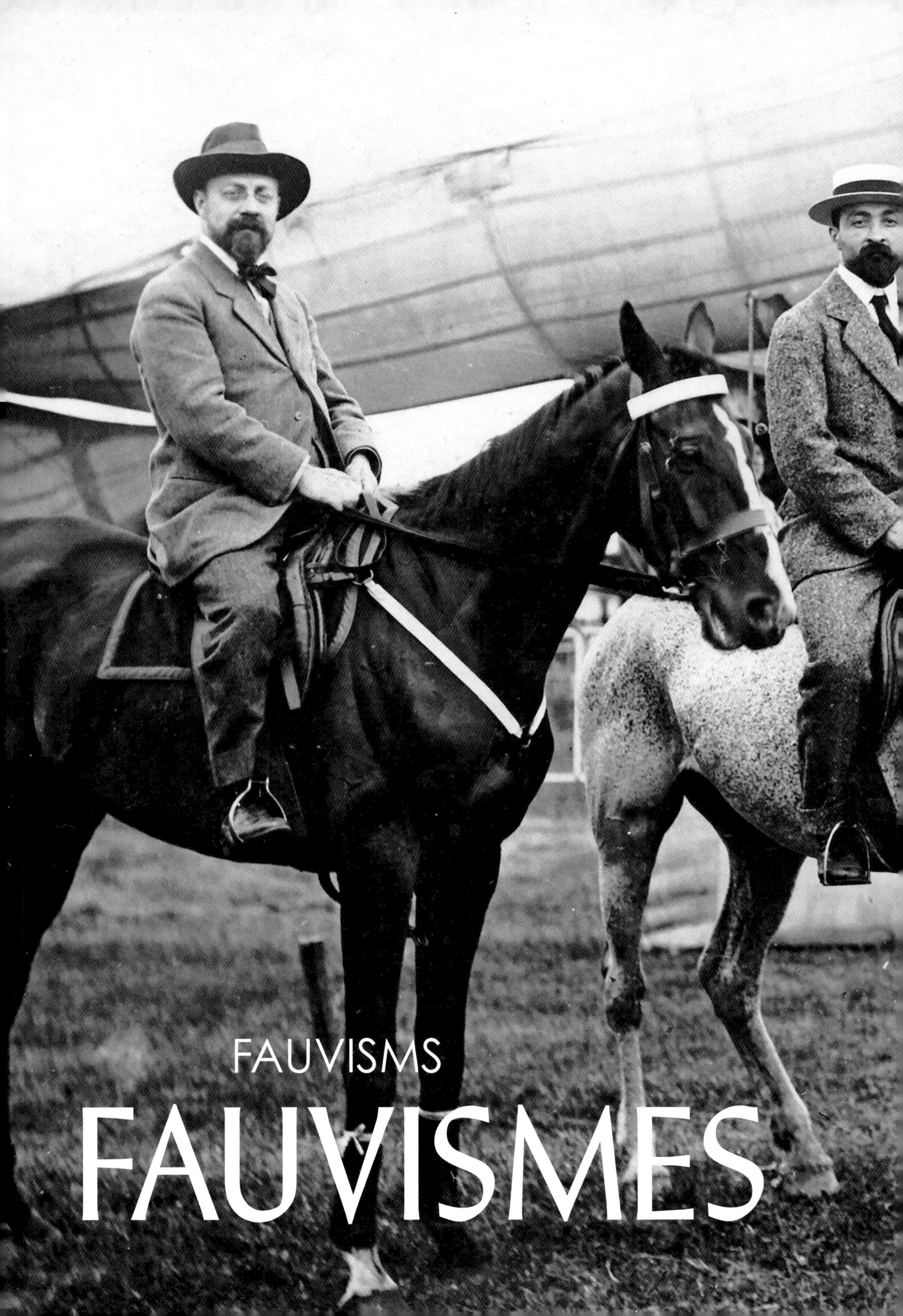
FAUVISMS
FAUVISMES

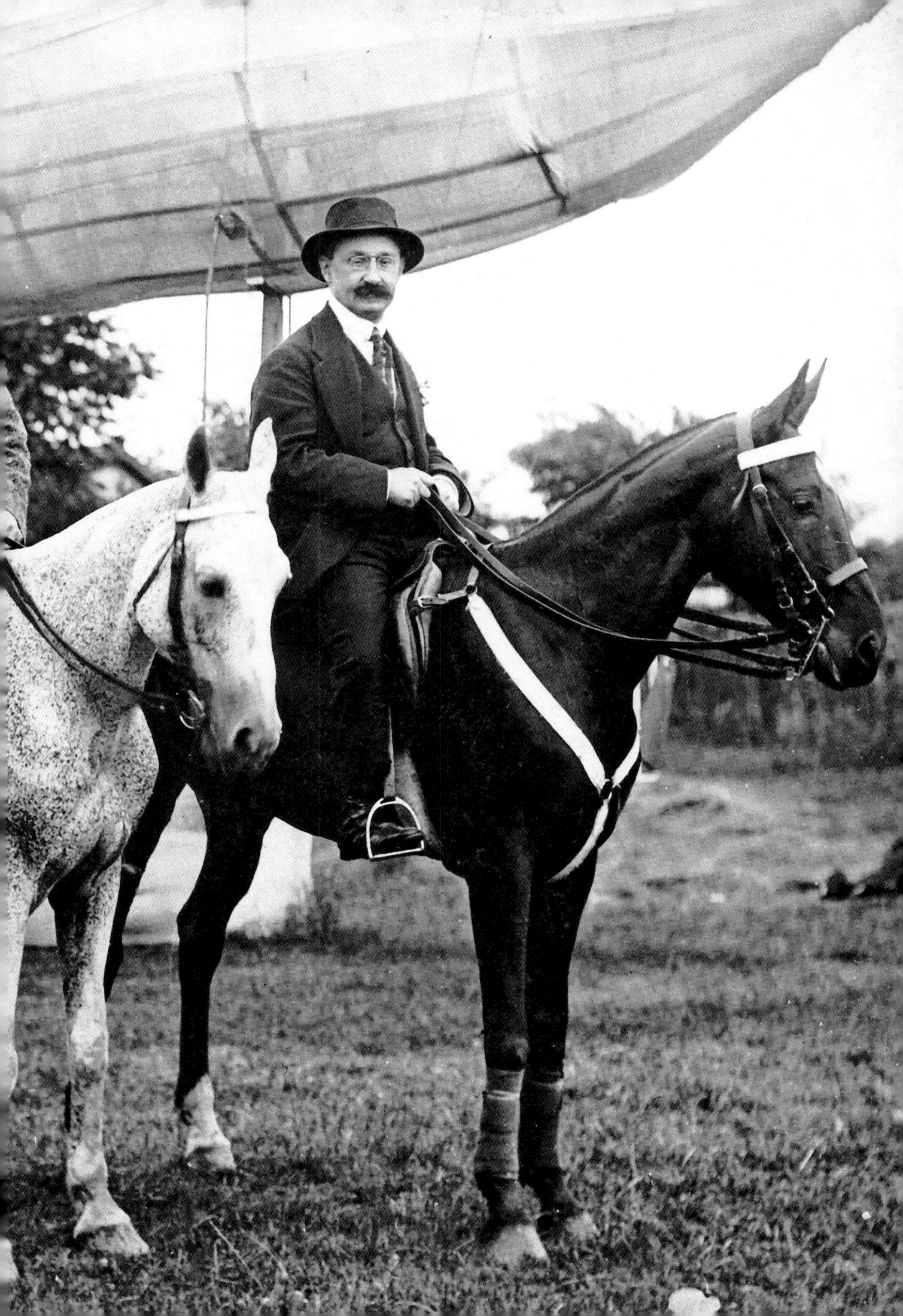

LA GALERIE BERTHE WEILL, LABORATOIRE DES AVANT-GARDES

A LABORATORY FOR THE AVANT-GARDE MOVEMENTS

Marianne Le Morvan

Pour les manuels d'histoire de l'art, la naissance du fauvisme est chevillée à la formulation habile[1] du critique d'art Louis Vauxcelles. Dans sa description des œuvres chatoyantes peintes l'été précédent, exposées dans la salle VII du Salon d'automne de 1905, il ose la comparaison avec des fauves, baptisant aussitôt le mouvement. Cette révélation publique retentissante réitère un phénomène métronomique dans l'histoire de l'art : les grands changements suscitent souvent l'incompréhension, voire la violence de la part du public. Avec une tribune publiée dans le journal *L'Illustration* en date du 4 novembre 1905 s'ouvre une indignation immédiate, générale et nationale à leur encontre. Quel que soit le bord politique des rédactions, cette même rumeur lancinante s'instille : celle d'une corruption du bon goût français par un outrage manigancé, abusant de la vulnérabilité des amateurs naïfs, progressivement rivetée à la peinture bientôt dite moderne. Ce n'est pas qu'une guerre de principe d'académiques réactionnaires refusant tout ce qui s'écarte de l'art officiel, ce sont des jalons idéologiques que nourrit une xénophobie rampante.

Des critiques d'art favorables aux postimpressionnistes, sensibles à Gauguin et Van Gogh, ne proviendront pas davantage de soutien. Lire ces mots, inscrits dans le temps long, révèle combien l'acceptation du talent demande de la patience. À mesure des semaines qui s'écoulent se diffusent les mêmes haine et cynisme jubilatoire, tant l'on peut deviner la détresse des artistes concernés et la difficulté de plaider pour leur procureur. De cette agressivité se traduit la torpeur dans laquelle l'art naviguait depuis le scandale qu'avait créé le choc de l'Impressionnisme dans des circonstances analogues[2].

L'embrasement des couleurs d'une poignée de peintres sera donc un pivot, une rupture pour toute une nouvelle génération d'artistes concentrée alors dans la

In manuals of art history, the birth of Fauvism is closely linked with the clever term coined by the art critic Louis Vauxcelles.[1] In his description of the highly colourful works painted the previous summer, exhibited in Room VII of the 1905 Salon d'Automne, he boldly compared them to *fauves* ('wild beasts'), thereby baptising the movement. This momentous public revelation led to an oft repeated phenomenon in the history of art: major changes are greeted with incomprehension, even hostility by the general public. An article published in the weekly newspaper *L'Illustration*, dated 4 November 1905, provoked an immediate, widespread, and national indignation toward these artists. No matter what the political affiliation of the editors, the same unrelenting message was repeated: that of the corruption of good French taste by an engineered affront, taking advantage of the vulnerability of naïve collectors, who were being gradually drawn to painting that was soon described as 'modern'. This was not a battle of principles waged by reactionary academics who rejected everything that broke with official art, but rather ideological landmarks that nourished rampant xenophobia.

Art critics favourable to the post-Impressionists, and backers of Gauguin and Van Gogh, were hardly more supportive. Reading these words in hindsight highlights the extent to which the acceptance of talent requires patience. With the passing weeks, the same hate and jubilant cynicism was disseminated, and we can only imagine the distress of the artists involved, and the difficulty of arguing their case. The hostile reaction attests to the torpor into which art had fallen since the similar scandal created by the shock of Impressionism.[2]

The explosion of colours applied by a handful of painters was therefore a turning point, a shift for an entire new generation of artists concentrated in the French capital. In just two years, between 1905 and

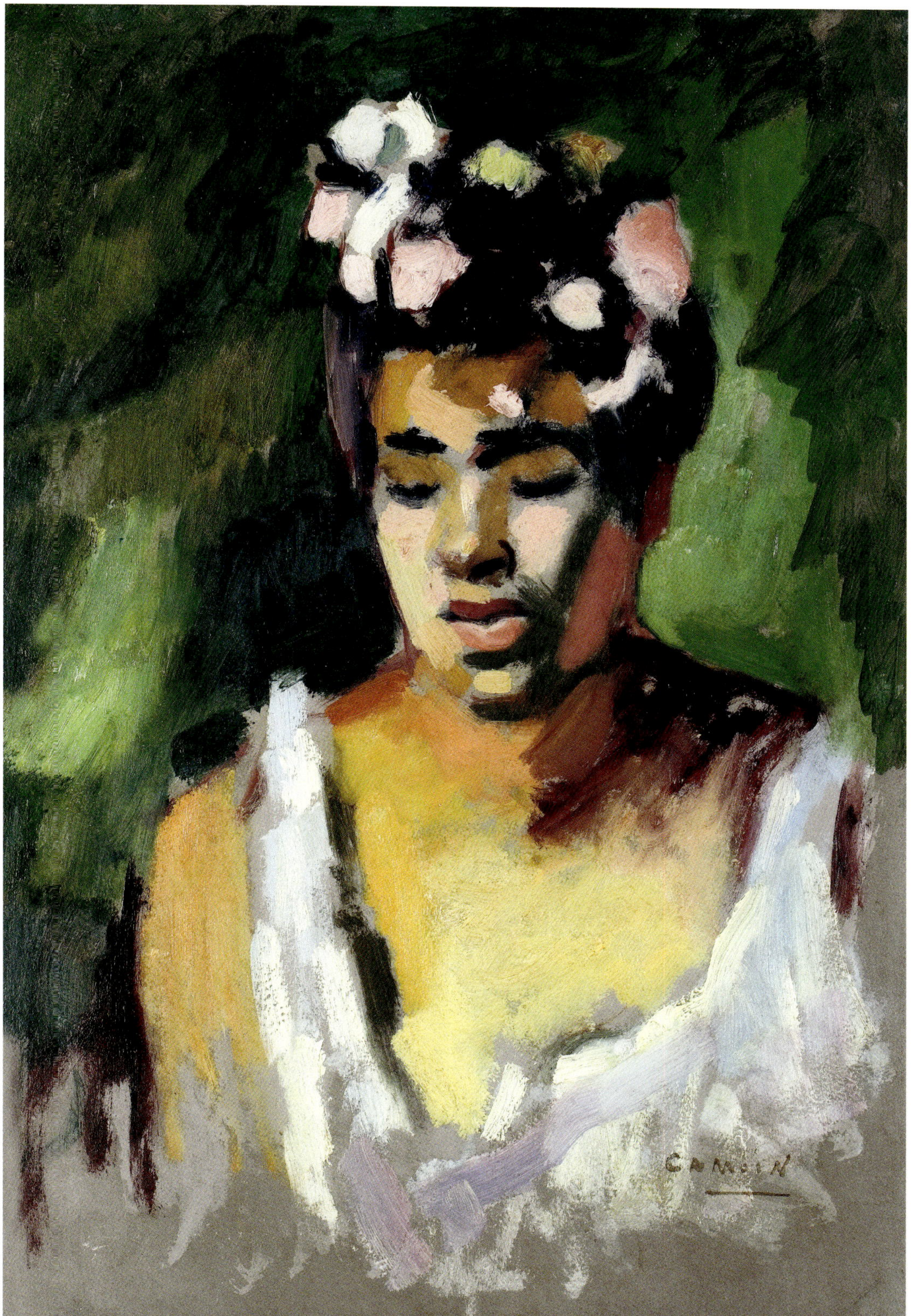

Ill. 18
***Jeune Créole*, 1904,**
huile sur toile, 39 × 27 cm, musée d'Art moderne André-Malraux, Le Havre

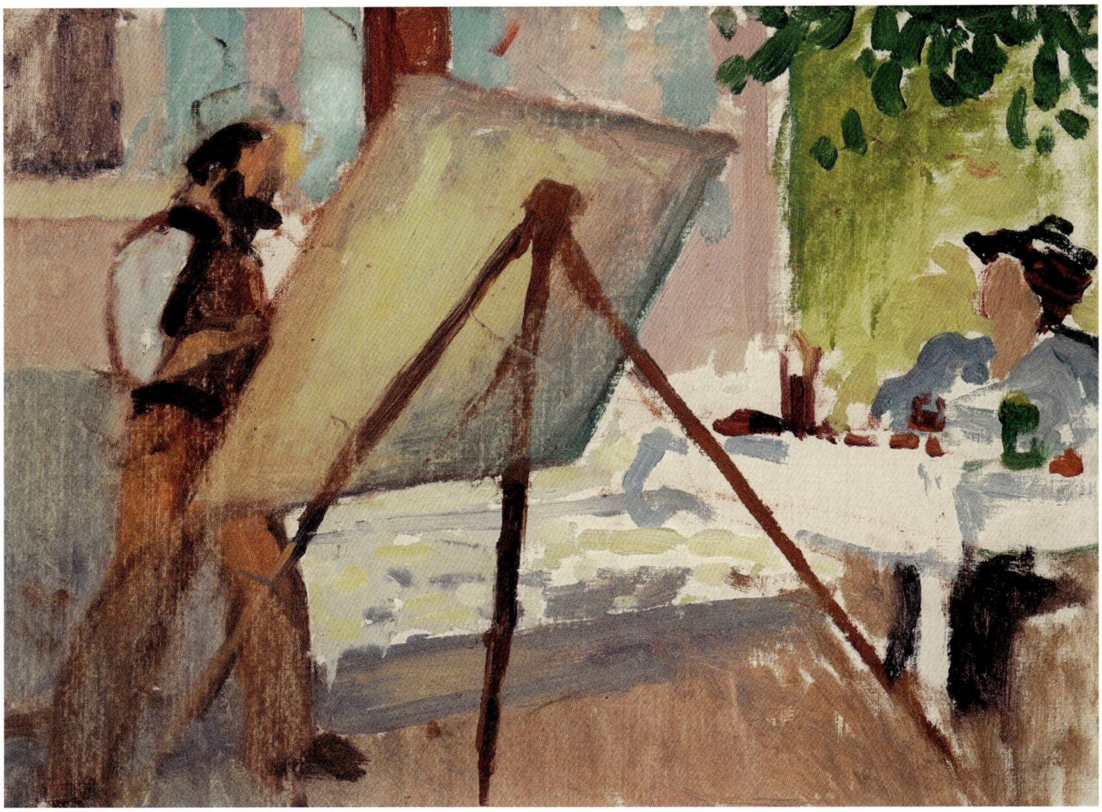

Ill. 19
Albert Marquet, *Charles Camoin peignant*, 1905,
huile sur toile, 24 × 35 cm, collection particulière

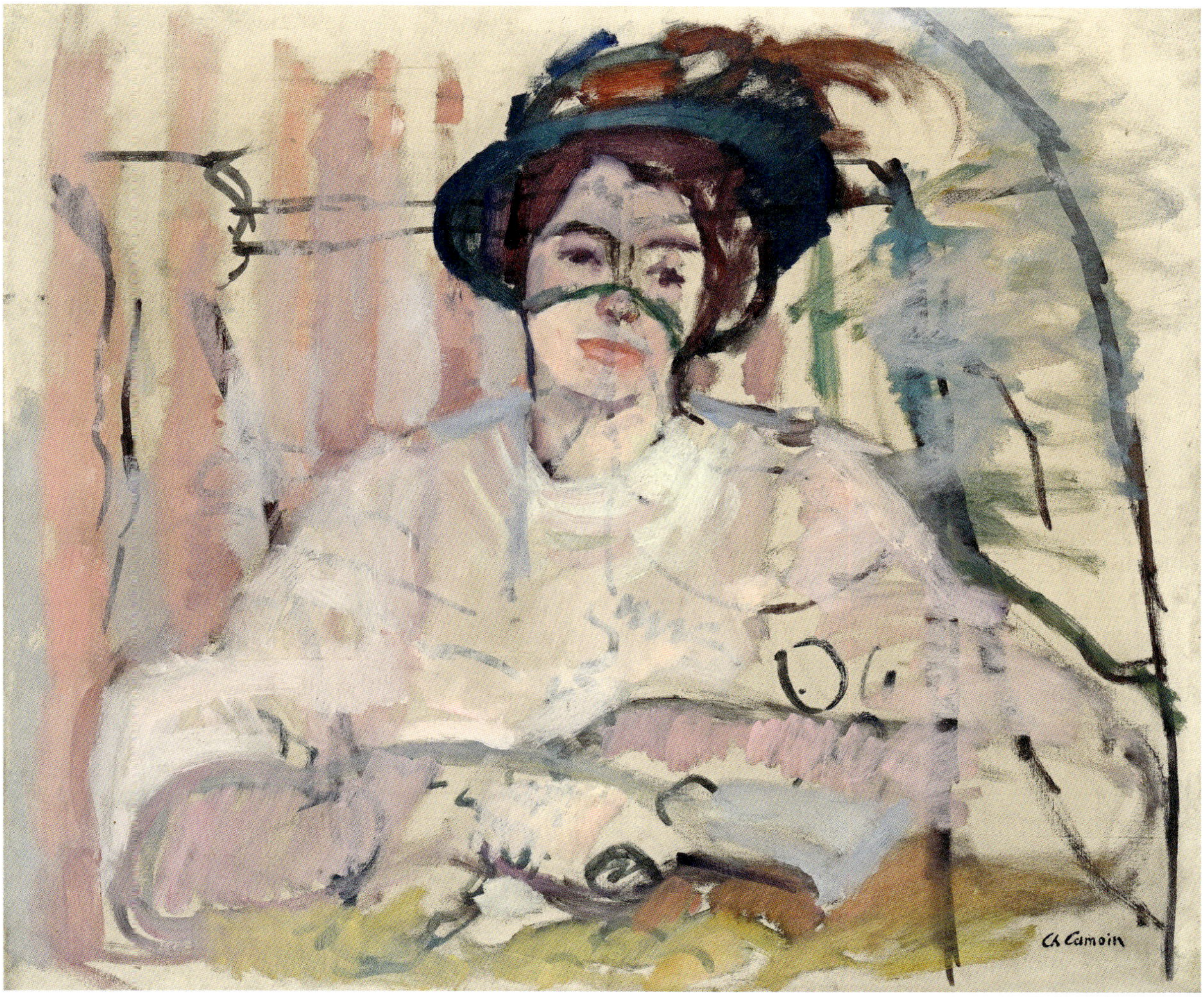

Ill. 20
***Femme à la voilette*, 1905,**
huile sur toile, 54 × 65 cm, collection particulière

capitale française. En deux ans seulement, entre 1905 et 1907, le fauvisme prélude la modernité parisienne. Là où les néo- puis post- ne suscitaient pas l'émoi que les impressionnistes avaient provoqué, le mouvement fauve amorce la révolution.

Sous cette étiquette s'amalgament cependant des personnalités très différentes, n'ayant pas toutes le même usage de la couleur. Dans ce groupe se distinguent trois branches : les Havrais, Raoul Dufy, Othon Friesz et Georges Braque ; les anarchistes de Chatou, Maurice de Vlaminck et André Derain ; et les élèves de l'atelier de Gustave Moreau, Henri Matisse, Albert Marquet, Henri Manguin, Jean Puy et Charles Camoin. Chacun, avec son itinéraire, constitue une part de ce groupe hétérogène, qui a trouvé dans la lumière incandescente du Midi la même source. Leurs liens s'entremêlent **(fig. 1)**, se distendent parfois aussi, avec comme déclencheur l'été 1905 que Matisse et Derain passent ensemble à Collioure. Les voyages seront nombreux et fédérateurs : Camoin se rend à Capri, Naples et Rome durant l'été 1904, et partage plus tard avec Matisse un séjour à Tanger. Il arpente Marseille, Cassis, et rejoint Marquet et Manguin à Saint-Tropez au début du mois de juin 1905, avant de partir avec Marquet pour Agay. Comme Matisse, il visite la Corse en 1906, puis de nouveau en 1908 en compagnie d'Émilie Charmy. Dans l'intervalle, il se rend à Londres en mai 1907 avec Marquet et Friesz, puis en juin Camoin séjourne à Séville et Grenade. Il retourne à Collioure en 1910. De la même manière, Derain et Vlaminck partagent une amitié solide depuis 1901. Derain et Matisse se lient à la période estivale de 1905, avant de s'éloigner au début de l'année suivante. 1906 rapproche Braque et Friesz en parallèle à Delaunay et Metzinger. On ne saurait non plus sous-estimer le magnétisme de Matisse, qui fédère autour de lui des élèves de l'atelier de Gustave Moreau, au point que la critique englobe Camoin, Manguin et Marquet sous l'appellation générique de «groupe Matisse[3]». Si le statut de chef de file est accordé à Matisse par la presse[4], son autorité véritable ne déborde finalement pas cette phalange. Les amitiés cimentent les dialogues et diffusent le mouvement, sans épaissir pour autant sa structure. Les fauves ne sont pas habités par une idée politique de leur expérimentation, ni ne produisent de manifeste énonçant des grands principes ou une méthode. Le fauvisme demeure à part, il existe par l'insatisfaction d'une définition trop limitante, celui d'un emploi commun et synchrone de couleurs sans cohérence avec la réalité, et de l'exaltation d'une palette embrasée. Finalement, cette désignation correspond davantage à la simplification qu'en font les détracteurs qu'aux véritables évolutions des artistes concernés. Sans progression linéaire, avec beaucoup d'hésitations, il établit un moment de l'histoire de l'art, furtif et non moins détonateur, qui connaît à la même période des filiations dans d'autres pays comme le fauvisme hongrois[5] et l'expressionnisme allemand. Le fauvisme, mouvement sans école, est bien nommé pour les rugissements qu'il provoque, sacralisant symboliquement l'autodafé public des dernières leçons de l'impressionnisme.

La compréhension du fauvisme passe également par les personnalités qui hantent tous ces artistes. Chez

1907, Fauvism foreshadowed Parisian modernism. While the neo- and post-Impressionist artists did not provoke the same reactions as the Impressionists, the Fauve movement managed to initiate the revolution.

However, this label covered very different figures, whose approach to the use of colour was highly diverse. There were three branches in this group: the artists from Le Havre: Raoul Dufy, Othon Friesz, and Georges Braque; the anarchists of the School of Chatou: Maurice de Vlaminck and André Derain; and the pupils of the studio of Gustave Moreau: Henri Matisse, Albert Marquet, Henri Manguin, Jean Puy, and Charles Camoin. Each artist, with his own path, was a part of this heterogeneous group, who nonetheless found the same inspiration in the incandescent light of the Midi. Their relations were interwoven **(fig. 1)** and were sometimes also extended, driven by the summer of 1905, which Matisse and Derain spent together at Collioure. Many trips were made, consolidating the movement: Camoin travelled to Capri, Naples, and Rome during the summer of 1904, and later stayed with Matisse in Tangiers. He visited Marseilles and Cassis and joined Marquet and Manguin in Saint-Tropez at the beginning of June 1905, before travelling to Agay with Marquet. Like Matisse, he visited Corsica in 1906, and again in 1908 with Émilie Charmy. In the meantime, he went to London in May 1907 with Marquet and Friesz, and in June Camoin stayed in Seville and Granada. He returned to Collioure in 1910. Likewise, Derain and Vlaminck had been good friends since 1901. Derain and Matisse became friends during the summer of 1905, but drifted apart at the beginning of the following year. In 1906, Braque and Friesz established a friendship, as did Delaunay and Metzinger. Matisse's magnetism should not be underestimated, as he brought together the pupils from the studio of Gustave Moreau, to such an extent that the critics applied the generic name of the 'Matisse group' to Camoin, Manguin, and Marquet.[3] Although the press readily acknowledged Matisse's status as the leader,[4] his real authority did not ultimately extend beyond this group. The friendships cemented the dialogue between the paintings and diffused the movement, without necessarily consolidating its structure. The Fauves were not invested with a political idea for their experimentation, nor did they produce a manifesto setting out fundamental principles or a defined method. Fauvism remained apart, existing out of the dissatisfaction with an overly restrictive definition, that of a shared practice and a synchronous use of colours that lacked coherence with reality, and the exaltation of a highly colourful palette. Ultimately, this description was due more to the simplification of its detractors than to the actual developments of the artists themselves. With no linear progression, and in a very halting way, it generated a phase in the history of art that was discreet but no less revolutionary, which at the same time had filiations in other countries, such as Hungarian Fauvism[5] and German Expressionism. Fauvism, a schoolless movement, was appropriately named because of the 'roars' it provoked, symbolically enshrining the public expiation of the last lessons of Impressionism.

Fauvism was also closely connected with these artist's personalities. Camoin had a real need for

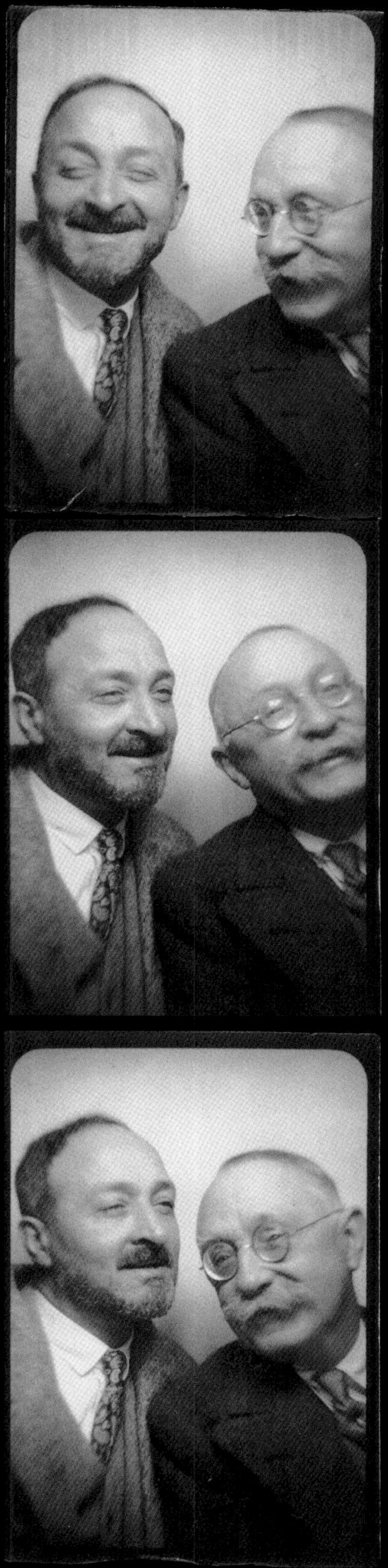

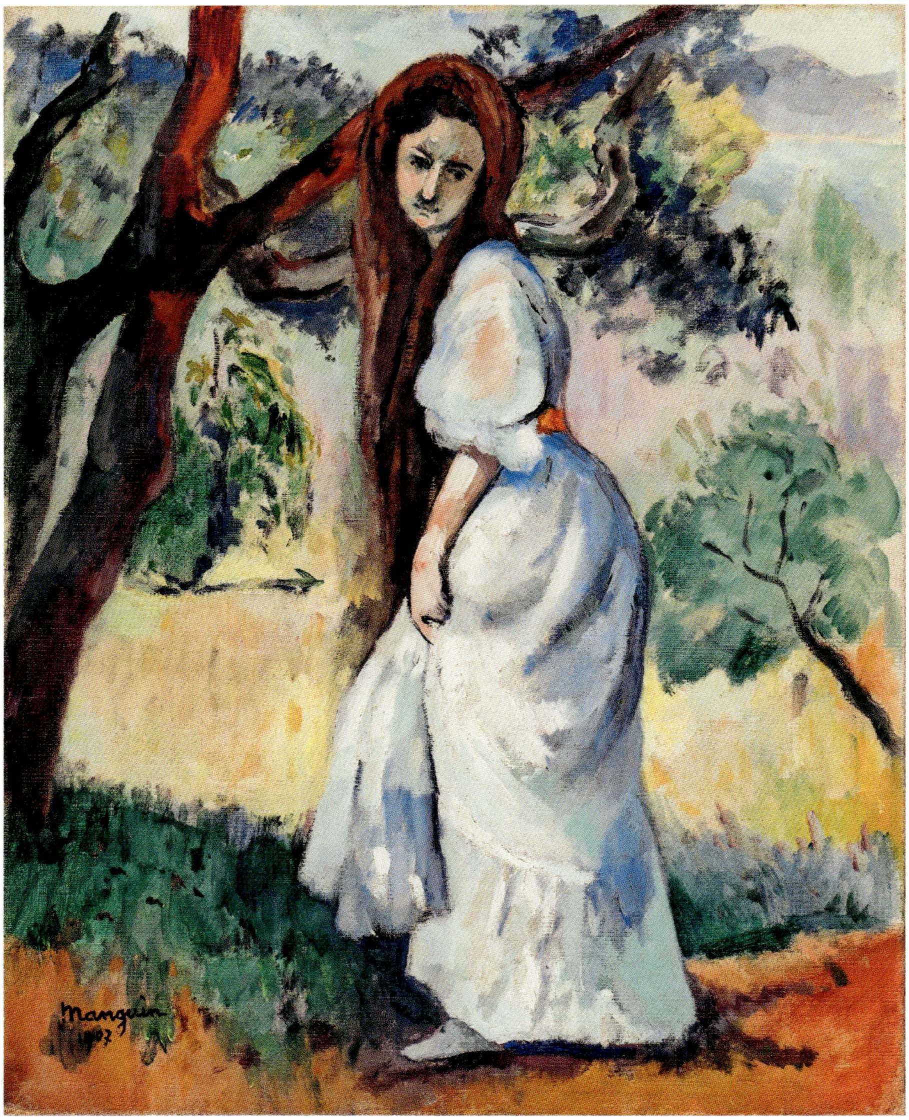

Ill. 21
Henri Manguin, *La Promenade*, 1907,
huile sur toile, 61 × 50 cm, collection particulière

Fig. 2
Catalogue de l'exposition «Peintures, pastels et dessins de Camoin, Manguin, Marquet, Mathan, Matisse, Puy» à la Galerie B. Weill, du 2 au 30 avril 1904 (Collection Marianne Le Morvan)

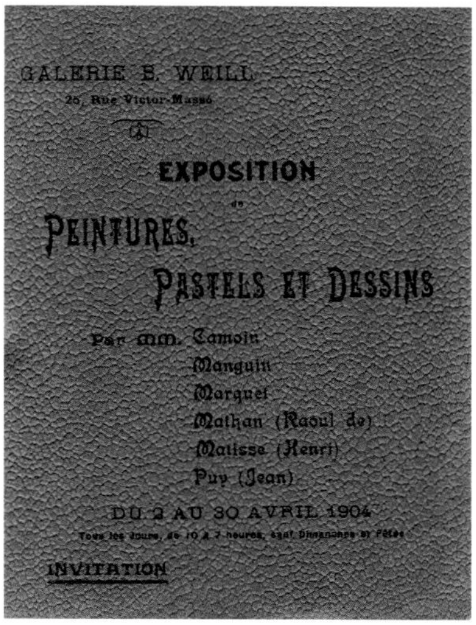

Camoin transparaît un besoin prégnant de validation qui esquisse un paradoxe : lui qui exalte la beauté apaisée et la douceur de vivre dans sa peinture se révèle d'un tempérament anxieux. Le 7 avril 1947, il confesse d'ailleurs dans ses écrits : «J'ai besoin d'amitié et d'affection. J'ai hélas besoin d'être encouragé, je perds trop vite confiance en moi[6].» En grandissant, il infuse dans l'École provençale du XIXe siècle, à «l'atmosphère de cobalt» et aux formes simplifiées par la lumière du soleil. Issu d'une famille de peintre-décorateurs dans le bâtiment[7], Camoin n'eut pas à lutter pour imposer sa vocation d'artiste. C'est d'ailleurs à l'initiative de sa mère, en 1896 alors qu'il a dix-sept ans, qu'il se présente à l'atelier de Gustave Moreau. En garnison en Arles durant son service militaire, il découvre Van Gogh chez le docteur Rey, puis, muté à Aix-en-Provence en 1901, il frappe le soir même de son arrivée à la porte de Paul Cézanne. Les lettres qu'ils échangent entre 1902 et 1905 sont devenues son «évangile de la peinture[8]». Paul Signac possédait son œuvre *La Rue Bouterie*, cohabitant avec un nu de Kees van Dongen dans sa demeure de Saint-Tropez. En 1903, Claude Monet qui travaille à ses *Nymphéas* le reçoit à Giverny, avant qu'Auguste Renoir en fasse de même en 1918. La visite aux maîtres était une pratique courante. Ces rencontres polarisent l'œuvre de Camoin et soulignent également son fort besoin d'approbation, sous peine devant le doute de céder à la tentation de détruire ses propres œuvres.

Encouragés par leurs pairs, mais torpillés par une partie de la presse, les artistes fauves ont eu besoin d'un catalyseur. Berthe Weill sera une défenderesse inlassable de l'avant-garde moderne, à une époque où plus qu'incomprise, elle est refusée. Avant même l'ouverture de sa galerie, elle est la première à vendre les toiles de Picasso à Paris. Lors de son inauguration, en décembre 1901, sont déjà présentés pour la première fois Pierre Girieud et Raoul de Mathan. Lors de la troisième exposition en février 1902 sont découverts Albert Marquet, Jacqueline Marval et Henri Matisse. En janvier 1903, Jean Metzinger et Raoul Dufy sont pour la première fois exposés en galerie. Dès avril 1904 sont programmés Camoin, Manguin, Marquet, Mathan, Matisse et Puy au sein d'une même exposition **(fig. 2)** :

approval that was a paradox in itself: it seems that the very person who extolled a quiet beauty and the softness of life in his paintings had an anxious temperament. On 7 April 1947, he confessed in writing: 'I need friendship and affection. Unfortunately, I need to be encouraged, as I lose my self-confidence too quickly.'[6] Growing up, he was inspired by the nineteenth-century Provençal School, by what he termed 'the cobalt of the atmosphere' and by forms simplified by the sunlight. Born into a family of painters and decorators who worked in the building sector,[7] Camoin did not have to struggle to pursue his vocation as an artist. He was in fact prompted by his mother, in 1896, when he was seventeen, to visit Gustave Moreau's studio. Stationed in Arles during his military service, he discovered the work of Van Gogh at the home of Dr Rey, then when he was transferred to Aix-en-Provence in 1901, he went to see Paul Cézanne on the very evening of his arrival in the city. The letters they sent one another between 1902 and 1905 became his 'gospel of painting'.[8] Paul Signac owned Camoin's painting *La Rue Bouterie*, along with a nude by Kees van Dongen in his home at Saint-Tropez. In 1903, Claude Monet, who was working on his *Nymphéas* (*Water Lilies*), invited him to Giverny, and Auguste Renoir invited him to his home in 1918. Visits to the homes of the masters were common practice. These encounters polarised Camoin's oeuvre and also highlight his need for approval, as any doubts he entertained might have led him to give in to the temptation of destroying his own works.

Encouraged by their peers, but attacked by some of the press, the Fauve artists needed a catalyst. Berthe Weill was an ardent defender of the avant-garde artists at a time when they were not only misunderstood, but rejected. Even before her gallery opened, she was the first to sell Picasso's works in Paris. During the gallery's inauguration, in December 1901, the works of Pierre Girieud and Raoul de Mathan were already exhibited for the first time. The third exhibition in 1902 featured the works of Albert Marquet, Jacqueline Marval, and Henri Matisse. In January 1903, the works of Jean Metzinger and Raoul Dufy were shown for the first time in a gallery. In April 1904, Camoin, Manguin, Marquet, Mathan, Matisse, and Puy were scheduled to feature in the

un an et demi avant le scandale, Berthe Weill avait déjà identifié leur talent et construit le groupe. Toutefois, force est de constater que les collectionneurs ne se manifestent pas encore et que les ventes sont jusqu'alors pratiquement nulles. Mais, progressivement, ses artistes commencent à se faire remarquer. En avril 1905, Berthe Weill récidive malgré l'échec commercial, persuadée qu'une évolution, «révolution serait plus exact peut-être[9]», se joue parmi ce bouillonnement dont elle s'autoproclame représentante. À l'annonce de l'ajout de Raoul Dufy à l'exposition, Matisse s'écrie, furieux: «Ah! non! ce petit jeune homme qui veut se faufiler parmi nous, nous n'en voulons pas! mettez-le dans l'autre salle si vous voulez[10].» Raoul Dufy, jamais tout à fait fauve, déjà à part, bénéficie d'une pièce distincte pour lui seul. La marchande commente ainsi dans ses mémoires: «Fin octobre, outre Matisse, Marquet, Manguin, Camoin et Dufy, exposants déjà plusieurs fois nommés, s'ajoutent Derain et Vlaminck: ces deux géants sont impressionnants. Le groupe, ainsi complété, devient, tout à coup, très couru: les fauves commencent à apprivoiser les amateurs. Vlaminck joue du violon dans les cafés pour nourrir ses "cinques-enfants[11]"; la vie est dure mais son air jovial, sa bonne humeur sont de bon augure: c'est un gros "rigolo"!! Derain qui, lui, est seul, a bien du mal à y arriver, cependant[12].»

Berthe Weill occupe ainsi une place à part dans le marché, en opérant un défrichage parmi les talents de la nouvelle génération. Elle se focalise exclusivement sur les jeunes inconnus qui n'ont pas encore été exposés en galerie. Bien vite, ses concurrents se positionnent sur les mêmes artistes: Ambroise Vollard, lui aussi, expose quelques-uns de ces émergents; mais à la différence de Berthe Weill, le risque est calculé, car il les programme peu et en alternance avec la génération précédente, dont la notoriété est déjà acquise. Cette stratégie s'avère plus pragmatique et fructueuse. Lorsqu'un artiste ne se vend pas, il ne réitère pas l'essai et ne le propose plus à la vente. Eugène Druet, pour sa part, bénéficie d'une assise prospère grâce à un procédé photographique qu'il a mis au point et qui a fait sa notoriété. Lui aussi peut atténuer les risques commerciaux encourus par sa galerie lorsqu'il présente des artistes en voie de reconnaissance. Il constitue des groupes (souvent déjà exposés précédemment à la Galerie B. Weill) auxquels il adjoint chaque année un ou deux nouveaux contributeurs. Ainsi, malgré une forte mésentente, Camoin intègre le troisième groupe à partir de 1911 et fait même l'objet d'une importante exposition avec une soixantaine de tableaux exposés en 1914. L'élan de ceux déjà reconnus aide alors à promouvoir ces poulains, qui, s'ils ne sont pas assez rentables, ne sont pas reconduits l'année suivante. Quant à Daniel-Henry Kahnweiler, plus jeune et plus dynamique, il a une approche différente. Initiateur de la première exposition particulière de Camoin en avril 1908 avec vingt-neuf toiles présentées, il s'est ensuite concentré sur les artistes cubistes, Gris, Picasso, Braque, Derain (ces trois derniers ont déjà été présentés plus tôt chez la marchande) dont il tire d'importants bénéfices, car le marché a déjà évolué lorsqu'il installe sa galerie au 28, rue Vignon (9e arr.) en 1907. Un décalage significatif s'inscrit donc dans le temps:

same exhibition **(fig. 2)**: a year and a half before the scandal, Berthe Weill had already spotted their talent and established the group. All the same, it must be said that the collectors were not yet enthusiastic about these artists and that sales up to that point were practically non-existent. But, gradually, 'her artists' began to be noticed. In April 1905, Berthe Weill continued in spite of commercial failure, convinced that an evolution—'revolution would perhaps be more precise'[9]—was underway in this creative effervescence, of which she was the self-proclaimed representative. When it was announced that Raoul Dufy's work would also feature in the exhibition, Matisse told Weill: 'Ah! No! This young man who would like to find a way in among us, we would not like to have him! Put him in another room if you want!'[10] Raoul Dufy, who was never entirely a Fauve, and already apart from the group, was given his very own room. Hence, the dealer commented in her memoirs: 'at the end of October, aside from Matisse, Marquet, Manguin, Camoin, and Dufy, exhibitors who have been nominated several times, there are Derain and Vlaminck: these two giants are impressive. This group, which has now grown, has suddenly become very popular: the Fauves are starting to tame the collectors. Vlaminck plays the violin in cafés to feed his "cinques-enfants";[11] life is hard, but his jovial demeanour and good humour bode well: he's really very amusing!! But Derain, who is alone, finds things more difficult.'[12]

Berthe Weill was thus a unique actor in this market, as she carefully selected the talented artists of the new generation. She concentrated exclusively on unknown young artists who had not yet exhibited their works in a gallery. Very soon, her competitors began to focus on the same artists: Ambroise Vollard, too, exhibited the works of some of these emerging artists; but unlike Berthe Weill, he took a calculated risk, because he rarely programmed their exhibitions, alternating them with the previous generation, whose fame had already been established. This strategy was more pragmatic and fruitful. When an artist's work did not sell, he would not give them a second try, no longer putting their works up for sale. And Eugène Druet had a thriving business thanks to a photographic process which he had developed, making him famous. He too was able to attenuate the commercial risks taken by his gallery when he presented artists in quest of recognition. He established groups (who had often already exhibited their work at the Galerie B. Weill), to which he added one or two new contributors each year. Despite strong differences, Camoin joined the third group in 1911 and even held a major exhibition in 1914 that comprised sixty exhibited pictures. The impetus of these already-recognised artists helped to promote the less well-known artists; if their work was not profitable enough it was not exhibited the following year. Daniel-Henry Kahnweiler, who was younger and more dynamic, adopted a different approach. The initiator of the first solo exhibition of Camoin's work in April 1908, with twenty-nine canvases exhibited, he subsequently focused on the cubist artists Gris, Picasso, Braque, and Derain (the latter three had already exhibited their works in the dealer's gallery), from whom he made a significant profit, because the market had already shifted when he established his gallery at 28, Rue Vignon (in the ninth arrondissement of

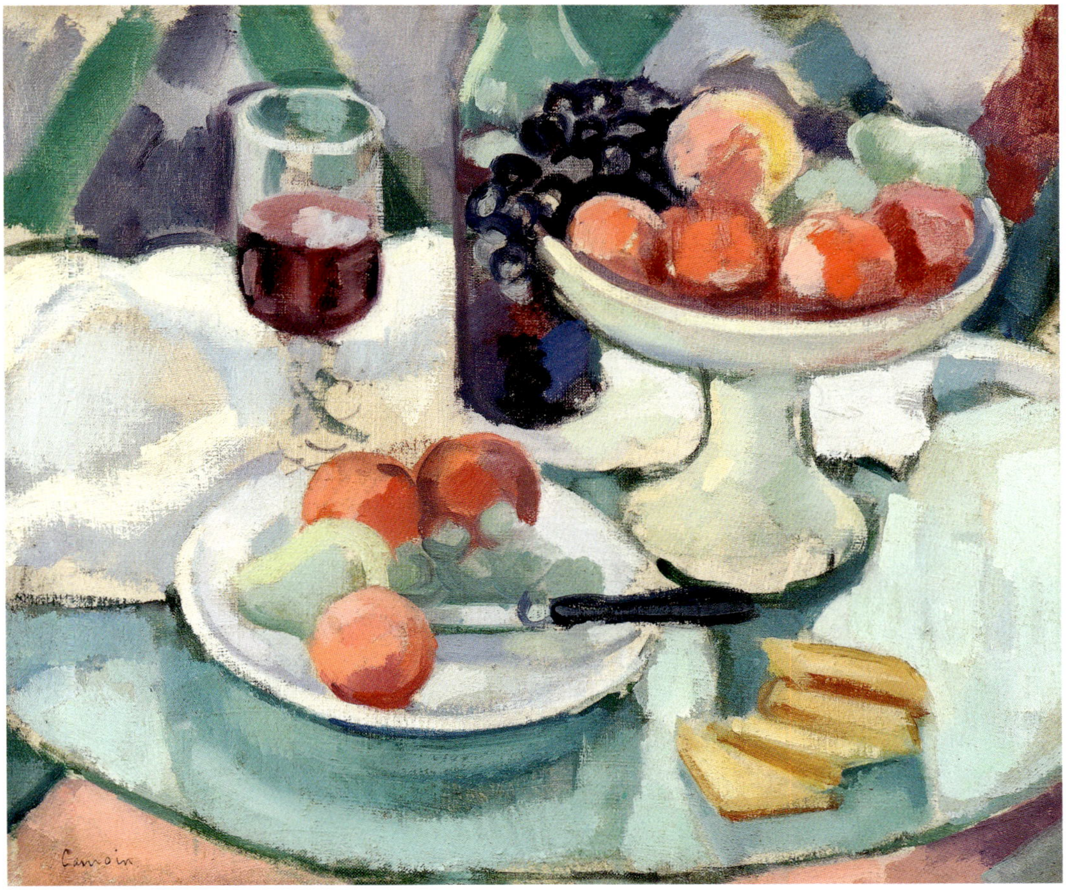

Ill. 22
***Compotier de fruits au verre de vin rouge*, vers 1905,**
huile sur toile, 38 × 46 cm, collection Marc Stammegna

Berthe Weill est une sourcière, dont les découvertes sont ensuite disséminées parmi les autres acteurs du marché.

Une parfaite illustration en est la symétrie entre le groupe présenté au Salon d'automne de 1905 et l'ensemble constitué par Berthe Weill : les organisateurs, qui comptent certains des artistes, ont stratégiquement mimétisé le groupe rassemblé par la marchande[13]. Ainsi s'explique la présence du sculpteur Albert Marque dont deux bustes sages trônent au milieu des toiles flamboyantes lors de l'événement polémique. En effet, Marque leur était déjà associé chez Berthe Weill lors d'une exposition en avril 1905. Devant l'inexistence d'une sculpture fauve, la participation de Marque demeurait bien mystérieuse lors de ce Salon. L'explication devient plus logique lorsque l'on appréhende la nécessité commerciale pour la galeriste de diversifier ses propositions, afin de toucher un maximum d'amateurs potentiels.

L'hypothèse d'une construction soigneusement orchestrée par les organisateurs du Salon d'automne se profile. L'artisan notoire de leur découverte publique, le déjà cité Louis Vauxcelles, n'était pas apprécié par Berthe Weill. Elle lui reprochait d'écarter de ses critiques certains de ses artistes (les femmes notamment) et rapportait qu'il monnayait ses encarts[14]. En 1917, elle restituait ainsi leurs échanges : « Vous avez vu, je vous ai fait des petits articles ; et puis, quand vous le désirerez, le carnet des artistes ou de la semaine est à votre disposition. – Merci, trop aimable. – Mes petites notes sont tout de même payables contre espèces[15]. »

Dans son texte devenu célèbre, il semble découvrir les artistes de la manifestation. En réalité, on constate qu'il appartenait au jury de sélection et avait tout intérêt à en favoriser la publicité en attisant le débat. Il connaît d'ailleurs bien le chemin de la Galerie B. Weill et le travail des artistes qui y étaient défendus, il avait même déjà félicité Matisse lors d'une exposition antérieure chez la marchande[16]. Vauxcelles occupe ainsi une position ambivalente dans l'histoire de l'art, tout en ayant sensiblement contribué à sa taxinomie[17].

Il n'est pas simple de faire reconnaître le talent, qui ne saurait tenir non plus qu'à un opportunisme chanceux. Gouailleuse et impertinente, Berthe Weill partageait l'incompréhension de la leçon fauve, auprès même d'autres peintres. Devant la mévente des toiles, elle fut plusieurs fois découragée, quand un jour : « Qu'entends-je ? qu'aspers-je ? serait-ce le sauveur ? un artiste-peintre, prix de Rome, est hanté par la peinture des Jeunes ; il habite en la cité Frochot, face à ma Galerie, et vient tous les jours s'y rincer l'œil et me tenir des propos abracadabrants sur cette peinture. Très patiente, j'écoute… il me dit, un jour : "J'y suis ! ça y est ! venez voir ça !" Je vais voir ; il me montre son propre portrait : les yeux rouges, les sourcils verts, les cheveux jaunes, le nez violet, les lèvres bleues… une carte

Paris) in 1907. A significant mismatch was thus established over time: Berthe Weill was a 'sorceress', whose discoveries were subsequently disseminated amongst the other market actors.

A perfect illustration of this was the symmetry between the group presented at the 1905 Salon d'Automne and Berthe Weill's group: the organisers, who included some of the artists, strategically mimicked the dealer's group.[13] This explains the presence of the sculptor Albert Marque, whose two unprovocative busts were placed amidst the colourful canvases during the polemical event. Indeed, Marque had already joined them at Berthe Weill's gallery during an exhibition held in April 1905. Given the non-existence of Fauvist sculpture, Marque's participation was quite curious in this Salon. The explanation becomes more logical when one understands the commercial necessity for gallerists to diversify their exhibitions, in order to appeal to a maximum of potential collectors.

The hypothesis of a carefully orchestrated show by the organisers of the Salon d'Automne seems plausible. As the well-known instigator of their public discovery, the above-mentioned Louis Vauxcelles was not liked by Berthe Weill. She reproached him for excluding some of her artists (the female artists in particular) from his critiques and recounted that he made money from his inserts.[14] In 1917, she recalled their exchanges: 'As you saw, I write small articles for you; and then, when you need it, the artists' book or weekly book is available. – Thank you, you're too kind. – All the same, my short notes are payable in cash'.[15]

In his text, which became famous, he seemed to have just discovered the artists who took part in the event. In reality, he was a member of the selection panel and it was in his best interests to generate publicity by encouraging debate. He was very familiar with the Galerie B. Weill and the artists whose work was featured there, and he had even congratulated Matisse during a previous exhibition in the dealer's gallery.[16] Hence, Vauxcelles' place in art history is somewhat ambivalent, while having considerably contributed to its taxonomy.[17]

It is not easy to ensure that talent is recognised, since it is not merely dependent on lucky opportunism. Outspoken and impertinent, Berthe Weill shared her incomprehension of the Fauve lesson, even with other painters. Given the lack of sales of the Fauve paintings, she was discouraged on a number of occasions, until one day: 'What do I hear? What can I hope for? Could this be a saviour? A painter, a winner of the Prix de Rome, is haunted by the paintings of the young artists; he lives in Frochot, opposite my gallery, and turns up every day to look at the works and make far-fetched statements about these paintings. I listen to him very patiently … One day, he said to me: "I've done it! That's it! Come and see this!", so I went to have a look and he showed me a self-portrait: the eyes were red, the

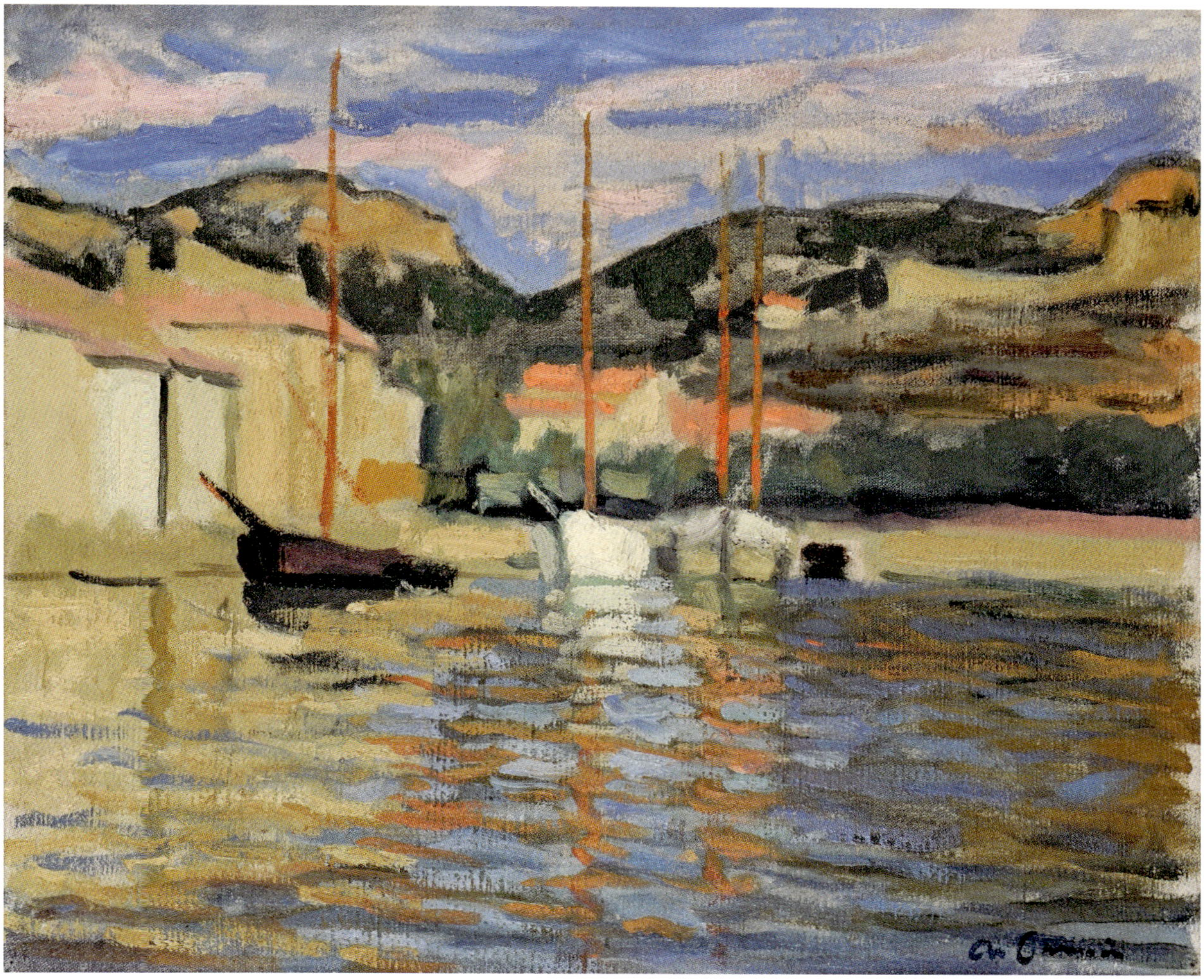

Ill. 23
***Port de Cassis*, 1904,**
huile sur toile, 33 × 41 cm, collection particulière

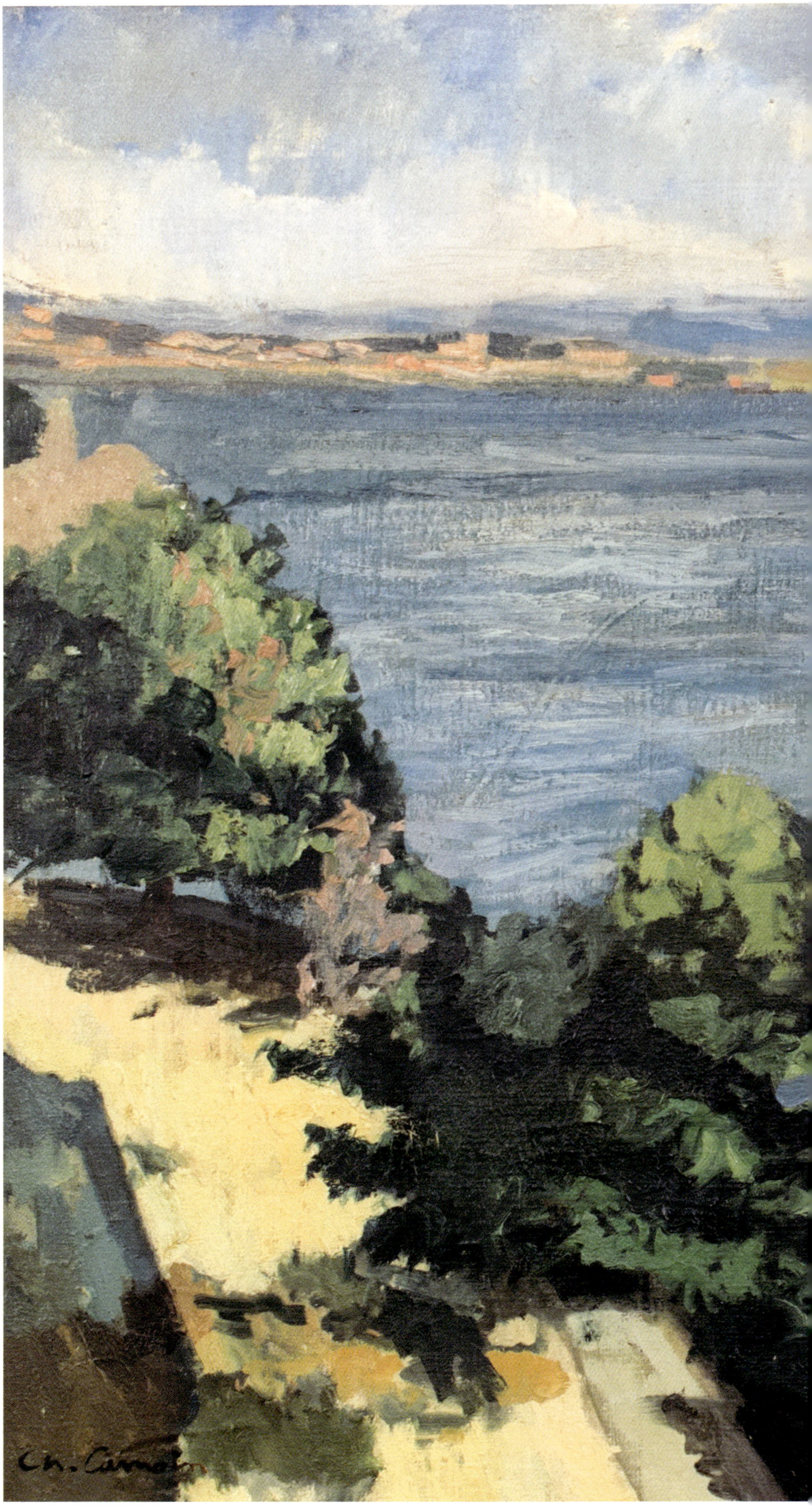

Ill. 24
Naples, le Vésuve
***vu de la Villa Capella*, 1904,**
huile sur toile, 65 × 81 cm,
musée des Beaux-Arts
de Draguignan,
en dépôt provisoire
au musée Fabre, Montpellier

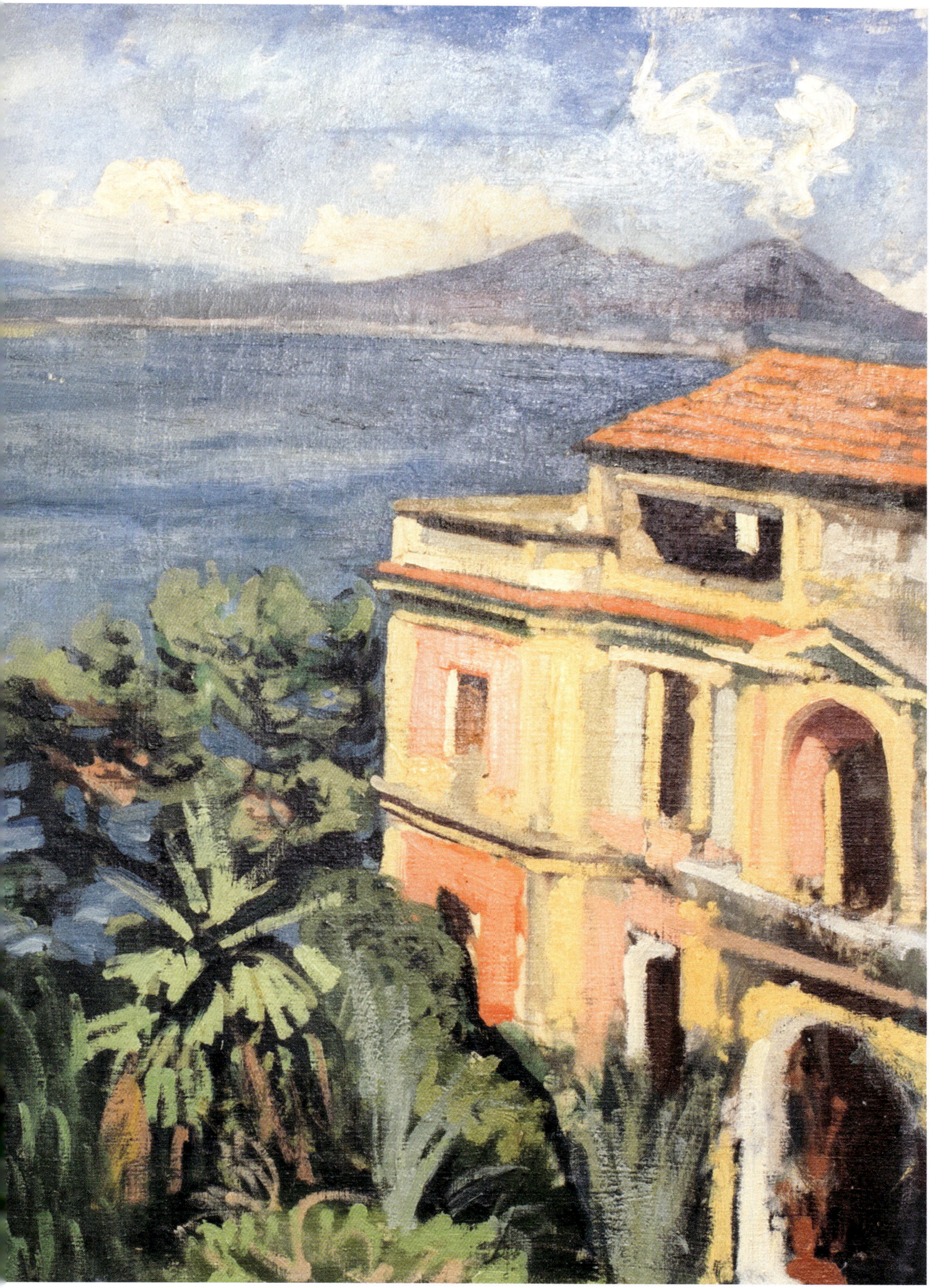

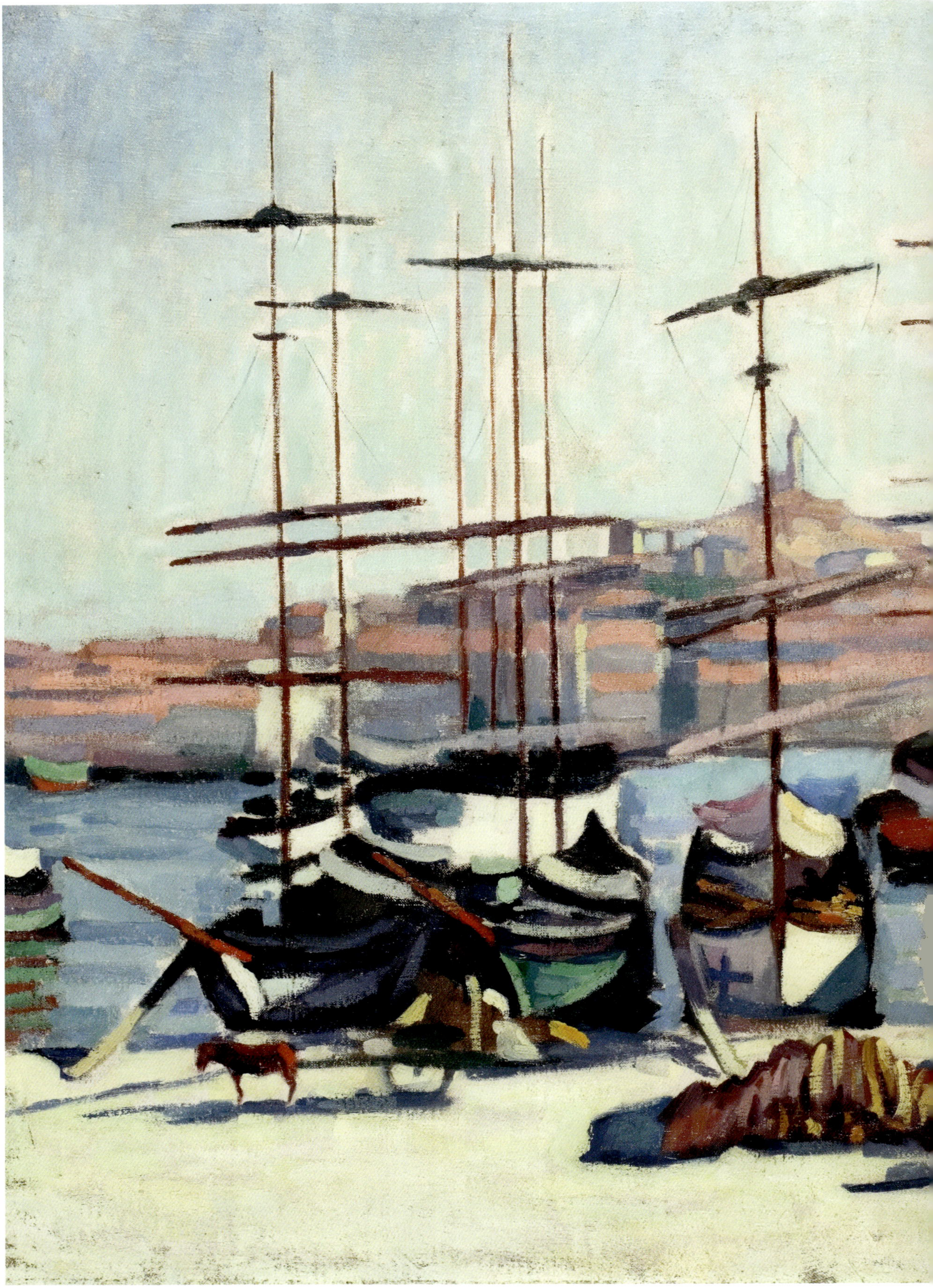

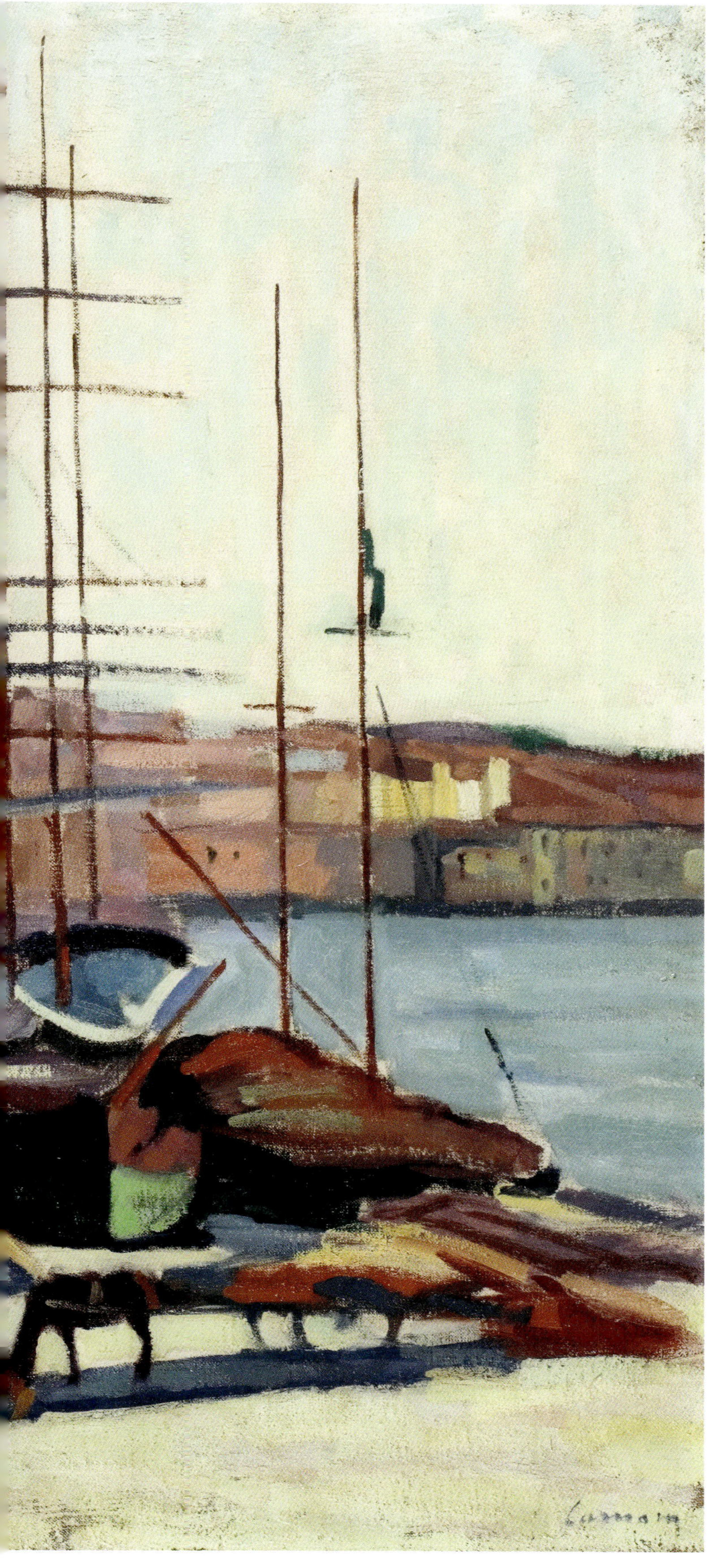

Ill. 25
***Port de Marseille, Notre-Dame-de-la-Garde à travers les mâts*, 1904-1905,**
huile sur toile, 65,5 × 81,5 cm, musée d'Art moderne André-Malraux, Le Havre

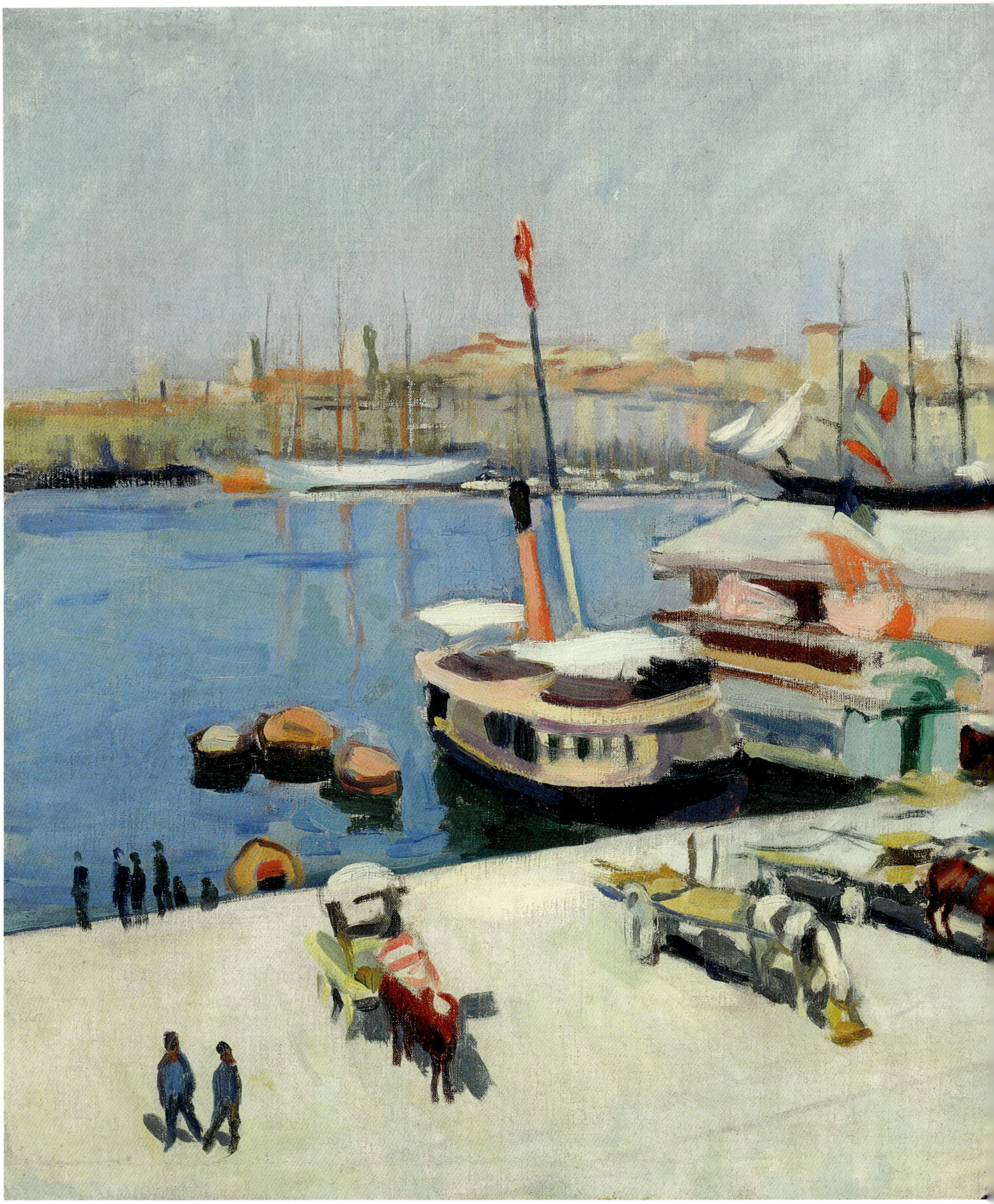

Ill. 26
***Vieux-Port aux charrettes*, 1906,**
huile sur toile, 48 × 80,5 cm, collection particulière, courtesy galerie Fleury, Paris

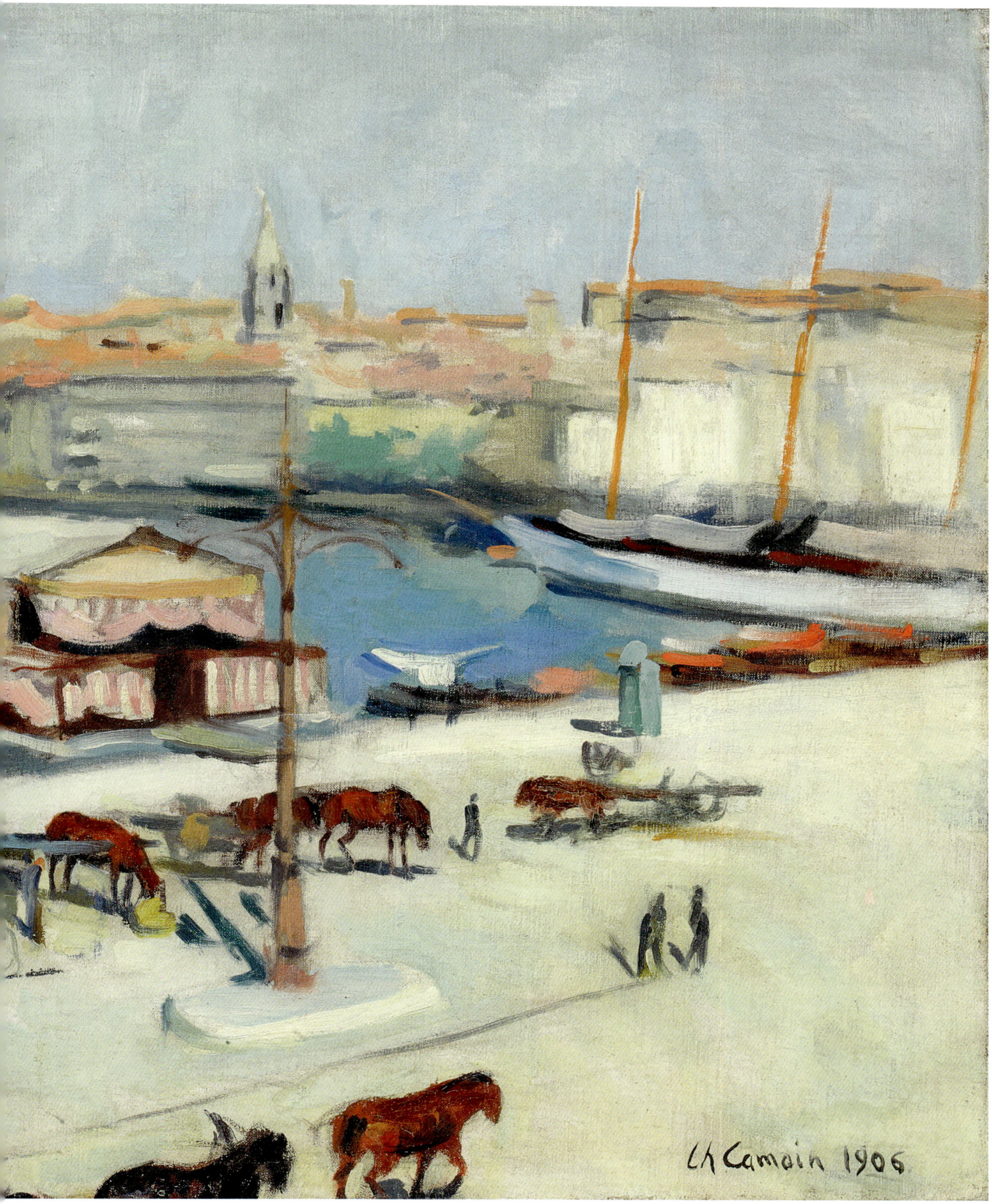
Ch Camoin 1906

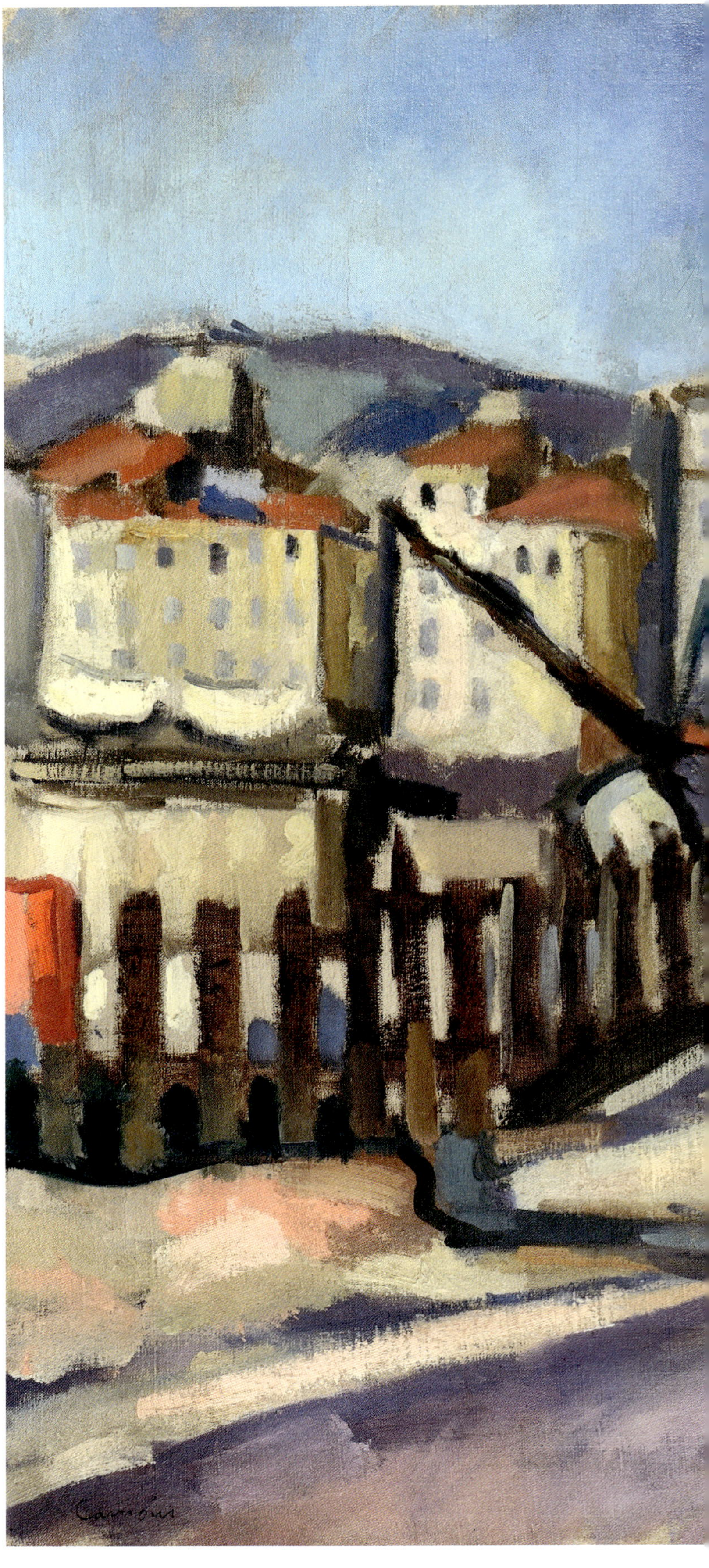

Ill. 27
***Port de Toulon à la barrière*, 1904-1905,**
huile sur toile, 65 × 81 cm, collection Pierre Bastid

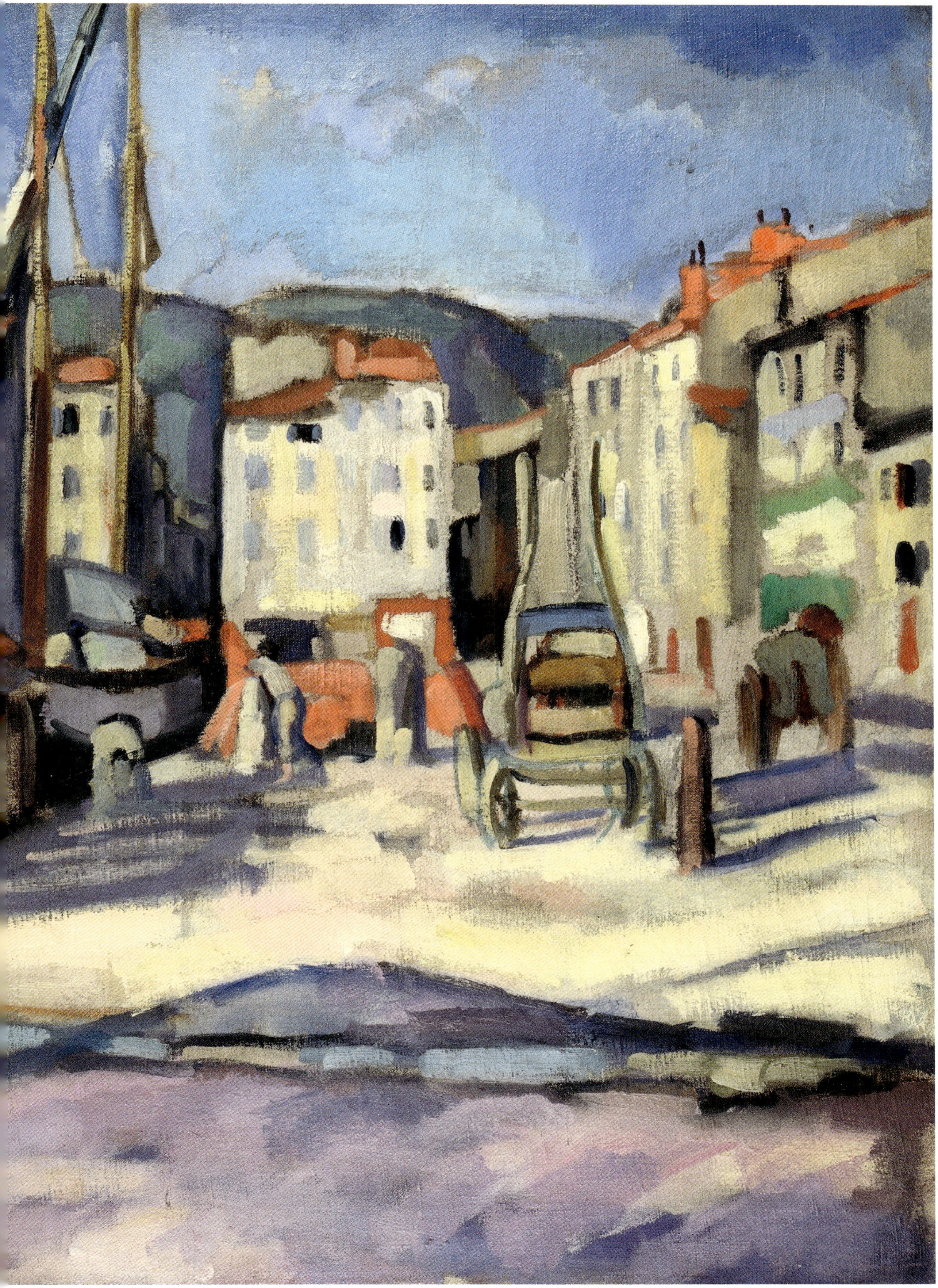

d'échantillons, quoi! Hein? c'en est! (oh! oui! c'en était, de la.....)[18].»

Faire accepter et comprendre ces nouvelles manières de peindre des «Jeunes» a nécessité bien des batailles. Berthe Weill, découvreuse et mécène de cette génération en ébullition, a été le sacrifice nécessaire à leur réussite. En effet, si Braque, Camoin, Robert Delaunay, Derain, les frères Dufy, Friesz, Girieud, Mathan, Manguin, Marquet, Marval, Matisse, Metzinger, Puy, Rouault, Van Dongen et Vlaminck ont en commun de tous l'avoir eue comme première galeriste et d'avoir été consacrés par la suite par le marché, elle, en revanche, n'a jamais fait fortune. Elle a poursuivi malgré tout au-delà des fauves, en promouvant des cubistes exposés pour la première fois chez elle, notamment Fernand Léger, Alfred Reth et Diego Rivera, puis Albert Gleizes, Jean Metzinger dans sa nouvelle voie, et André Lhote. Elle est la seule à exposer Amedeo Modigliani de son vivant, la première à présenter Ossip Zadkine, et milite pour la promotion des artistes femmes comme Émilie Charmy[19], Alice Halicka, Jacqueline Marval et Suzanne Valadon. Puis, à la veille de la Seconde Guerre mondiale, elle s'oriente vers l'abstraction, avant que les lois antisémites ne la contraignent à fermer définitivement sa galerie, après quarante ans d'activité.

Dans la trajectoire de Camoin, Berthe Weill a un rôle de tremplin, au moment le plus fécond de son épanouissement artistique[20]. Elle l'expose onze fois entre 1904 et 1913, contribuant sensiblement à sa découverte. «Le Benjamin Camoin est, pour l'instant, celui qui, pour la vente, vient en tête», écrit-elle en 1905[21]. Elle lui apporte un soutien indispensable durant les années cruciales de maturation de son style, de 1904 à 1908, date à laquelle il rejoint alors l'écurie de Daniel-Henry Kahnweiler. Dans l'incapacité de retenir ses talents, Berthe Weill a assisté à la désertion de ceux qu'elle avait fait découvrir, au profit d'autres enseignes pouvant constituer des stocks et proposer de meilleures marges. Ce n'est ni l'appât du gain, ni l'attrait de la notoriété qui l'animait, mais un combat nécessaire pour soutenir des artistes dont elle était convaincue du talent. Parce que c'était une femme et qu'elle était la première sur le marché moderne, parce qu'elle était juive en pleine affaire Dreyfus, parce qu'elle a continué, téméraire, à présenter des inconnus explorateurs malgré l'échec commercial, Berthe Weill essuya bien plus que le désordre du Salon d'automne de 1905 qui fit tant parler de lui. Dans ses mémoires publiées en 1933, elle conclut, sans amertume: «Cette vie, je me la suis faite ainsi parce que je l'aime ainsi; j'y ai trouvé des déceptions, mais aussi, bien des joies et, en dépit de toute entrave, je me suis créé une occupation qui me plaît infiniment et je dois m'estimer heureuse... je le suis[22].»

eyebrows green, the hair yellow, the nose violet, and the lips blue ... just like a card of samples! Right? That's it! (oh yes! That was it, what-do-you-call-it ...).'[18]

Ensuring that these new ways of painting of the 'young artists' would be accepted and understood was quite a struggle. Berthe Weill, the discoverer and patron of this revolutionary generation, was the necessary sacrifice for their success. Indeed, while she was the first gallerist for Braque, Camoin, Robert Delaunay, Derain, the Dufy brothers, Friesz, Girieud, Mathan, Manguin, Marquet, Marval, Matisse, Metzinger, Puy, Rouault, Van Dongen, and Vlaminck, all of whom were subsequently consecrated by the art market, she never made a fortune. Despite everything, she continued to support other artists aside from the Fauves, promoting the cubists, who exhibited their work for the first time in her gallery, in particular Fernand Léger, Alfred Reth, and Diego Rivera, and then Albert Gleizes, Jean Metzinger in his change of direction, and André Lhote. She was the only one to exhibit the work of Amedeo Modigliani during his lifetime, the first to present the work of Ossip Zadkine, and promote female artists such as Émilie Charmy,[19] Alice Halicka, Jacqueline Marval, and Suzanne Valadon. Eventually, on the eve of the Second World War, she shifted towards abstraction, before the anti-Semitic laws forced her to permanently close her gallery, after forty years of activity.

Berthe Weill played a truly decisive role in Camoin's career, during the most prolific phase of his artistic fulfilment.[20] She exhibited his work eleven times between 1904 and 1913, thereby significantly contributing to his discovery by the public and critics. 'The young Camoin is, right now, the only one who really comes to mind when it comes to selling works,' she wrote in 1905.[21] She gave him vital support during the crucial years in which his style developed, between 1904 and 1908, when he became involved with the famous gallerist Daniel-Henry Kahnweiler. Unable to hold onto the talented artists she had supported, Berthe Weill was deserted by those she had promoted, who went to other galleries, which had storage facilities and could offer better profits. She was not interested in making profits or becoming famous; what really motivated her was the necessary combat to support artists whose talent she was convinced of. Because she was a woman and the first on the modern market, because she was Jewish during the Dreyfus affair, and because she boldly continued to exhibit the works of unknown artistic adventurers despite their commercial failure, Berthe Weill underwent far more than the chaos of the 1905 Salon d'Automne, where the Fauves had caused such an uproar. In her memoirs published in 1933, she concluded without bitterness: 'This is the life I have made for myself, because this is how I like it; I have been disappointed, but I have had many joyous experiences, and despite setbacks I have created an occupation that I dearly love and I believe that I'm happy ... I am.'[22]

1 «La candeur de ces bustes surprend au milieu de l'orgie des tons purs : Donatello chez les Fauves», Louis Vauxcelles, «Le Salon d'automne», supplément du *Gil Blas*, 17 octobre 1905.

2 Dominique Lobstein et Cyrille Sciama, *Nantes, 1886, le scandale impressionniste*, Paris, Le Passage, 2018.

3 Claudine Grammont, *Tout Matisse*, Paris, Robert Laffont, 2018.

4 Louis Vauxcelles, «Le Salon des Indépendants», *Gil Blas*, 23 mars 1905, p. 1.

5 Sophie Barthélemy, Joséphine Matamoros, Dominique Szymusiak et Krisztina Passuth, *Fauves hongrois (1904-1914)*, Paris, Adam Biro, 2008 ; Zoltán Rockenbauer et Gergely Barki, *Dialogue de Fauves. Hungarian Fauvism (1904-1914)*, Bruxelles/ Milan, Silvana, 2010 ; Sophie Barthélemy et Valérie Dupont (dir.), *Les Migrations fauves. La diffusion du fauvisme et des expressionnismes en Europe centrale et orientale*, Dijon, EUD, 2012.

6 Journal du 7 avril 1947, cité par Danièle Giraudy, *Camoin. Sa vie, son œuvre*, Marseille, La Savoisienne, 1972, p. 132.

7 «Camoin jeune, peinture, dorure, tenture et vitrerie», *Annuaire-almanach du commerce, de l'industrie, de la magistrature des 500 000 adresses de Paris, des départements et des pays étrangers, Firmin Didot et Bottin réunis*, 1er janvier 1857, p. 1457.

8 Véronique Serrano et Claudine Grammont (dir.), *Charles Camoin. Rétrospective 1879-1965*, cat. exp. (Fondation de l'Hermitage Lausanne, musée Cantini, Marseille, 1997-1998), Paris, Réunion des musées nationaux/ Musées de Marseille, 1997.

9 Berthe Weill, *Pan !... dans l'œil. Trente ans dans les coulisses de la peinture contemporaine, 1900-1930*, Paris, Librairie Lipschutz, 1933, p. 71.

10 Berthe Weill, *op. cit.* note 9, p. 119.

11 Une orthographe inventive et inclusive avant l'heure pour souligner que le peintre était père de cinq filles.

12 Berthe Weill, *op. cit.* note 9, p. 119.

13 Exposition de peintures, pastels et sculptures du 6 au 29 avril 1905 à la Galerie B. Weill : Charles Camoin, Gussow, Samuel Halpert, Henri Manguin, Albert Marque, Albert Marquet, Henri Matisse et Henri Pailler.

14 Selon l'usage du milieu à l'époque (voir par exemple le roman d'Honoré de Balzac, *Illusions perdues*, 1837-1843).

15 Berthe Weill, Journal quotidien manuscrit du 11 août 1917, collection Bernard Bouche.

16 Berthe Weill, Journal quotidien manuscrit, n. d., collection privée.

17 Citons également sa contribution au cubisme : Louis Vauxcelles, «Exposition Braque», *Gil Blas*, 14 novembre 1908.

18 Berthe Weill, *op. cit.* note 9, p. 146.

19 Compagne éphémère de Camoin et artiste la plus exposée à la Galerie B. Weill.

20 Fabien Accominotti, «Marché et hiérarchie», *Histoire & Mesure*, 2008, XXIII-n° 2.

21 Berthe Weill, *op. cit.* note 9, p. 115.

22 *Ibid.*, p. 111.

1 'The candor of these Marque busts is surprising in the midst of the orgy of pure color: Donatello among the wild beasts', Louis Vauxcelles, 'Le Salon d'Automne', *Gil Blas*, supplement, 17 October 1905.

2 Dominique Lobstein and Cyrille Sciama, *Nantes, 1886, le scandale impressionniste*, Le Passage, Paris, 2018.

3 Claudine Grammont, *Tout Matisse*, Robert Laffont, Paris, 2018.

4 Louis Vauxcelles, 'Le Salon des Indépendants', *Gil Blas*, 23 March 1905, p. 1.

5 Sophie Barthélemy, Joséphine Matamoros, Dominique Szymusiak, and Krisztina Passuth, *Fauves hongrois (1904-1914)*, Adam Biro, Paris, 2008; Zoltán Rockenbauer and Gergely Barki, *Dialogue de Fauves. Hungarian Fauvism (1904-1914)*, Silvana, Brussels/Milan, 2010; Sophie Barthélemy and Valérie Dupont (ed.), *Les Migrations fauves. La diffusion du Fauvism et des expressionnismes en Europe centrale et orientale*, EUD, Dijon, 2012.

6 Diary entry of 7 April 1947, quoted by Danièle Giraudy, *Camoin. Sa vie, son œuvre*, La Savoisienne, Marseilles, 1972, p. 132.

7 'Camoin jeune, peinture, dorure, tenture and vitrerie', *Annuaire-almanach du commerce, de l'industrie, de la magistrature des 500 000 adresses de Paris, des départements et des pays étrangers, Firmin Didot et Bottin réunis*, 1 January 1857, p. 1457.

8 Véronique Serrano and Claudine Grammont (ed.), *Charles Camoin. Rétrospective 1879-1965*, exh. cat. (the Hermitage Foundation, Lausanne, Musée Cantini, Marseilles, 1997–1998), Réunion des Musées Nationaux, Paris/ Musées de Marseille, 1997.

9 Berthe Weill, *Pan!... dans l'œil. Trente ans dans les coulisses de la peinture contemporaine, 1900-1930*, Librairie Lipschutz, Paris, 1933, p. 71.

10 Berthe Weill, op. cit. note 9, p. 119.

11 An innovative and inclusive spelling before its time, highlighting the fact that the painter had five daughters.

12 Berthe Weill, op. cit. note 9, p. 119.

13 Exhibition of paintings, pastels and sculptures from 6 to 29 April 1905 at the Galerie B. Weill: Charles Camoin, Gussow, Samuel Halpert, Henri Manguin, Albert Marque, Albert Marquet, Henri Matisse, and Henri Pailler.

14 As they were referred to in the milieu at the time (see for example the novel by Honoré de Balzac, *Illusions perdues*, 1837–1843).

15 Berthe Weill, daily diary entry of 11 August 1917, Bernard Bouche Collection.

16 Berthe Weill, daily diary entry, undated, private collection.

17 It is also worth mentioning his contribution to cubism: Louis Vauxcelles, 'Exposition Braque', *Gil Blas*, 14 November 1908.

18 Berthe Weill, op. cit. note 9, p. 146.

19 Camoin's short-lived girlfriend and the most exhibited artist at the Galerie B. Weill.

20 Fabien Accominotti, 'Marché et hiérarchie', *Histoire & Mesure*, 2008, XXIII-no. 2.

21 Berthe Weill, op. cit. note 9, p. 115.

22 Ibid., p. 111.

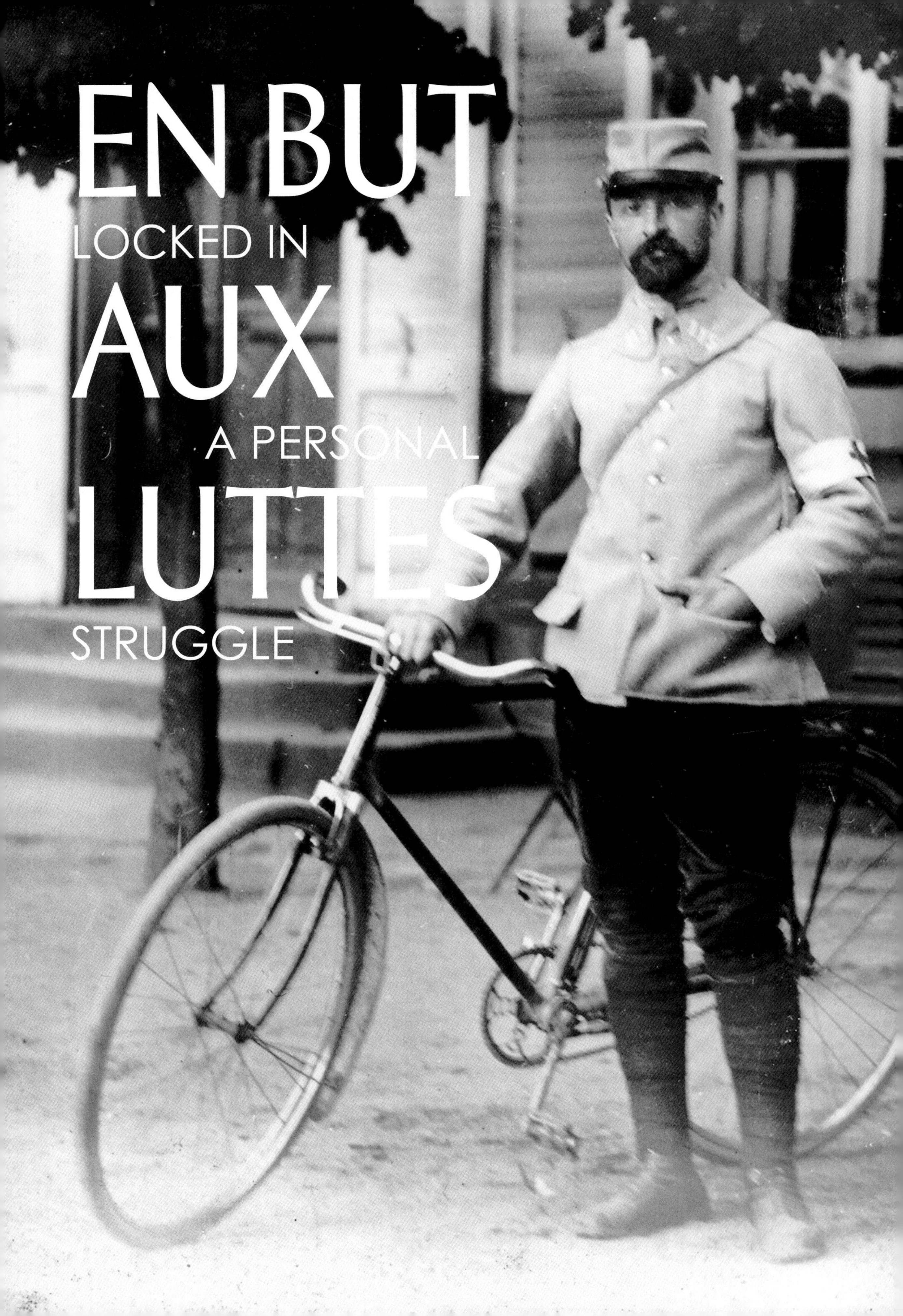
EN BUT
LOCKED IN
AUX
A PERSONAL
LUTTES
STRUGGLE

3

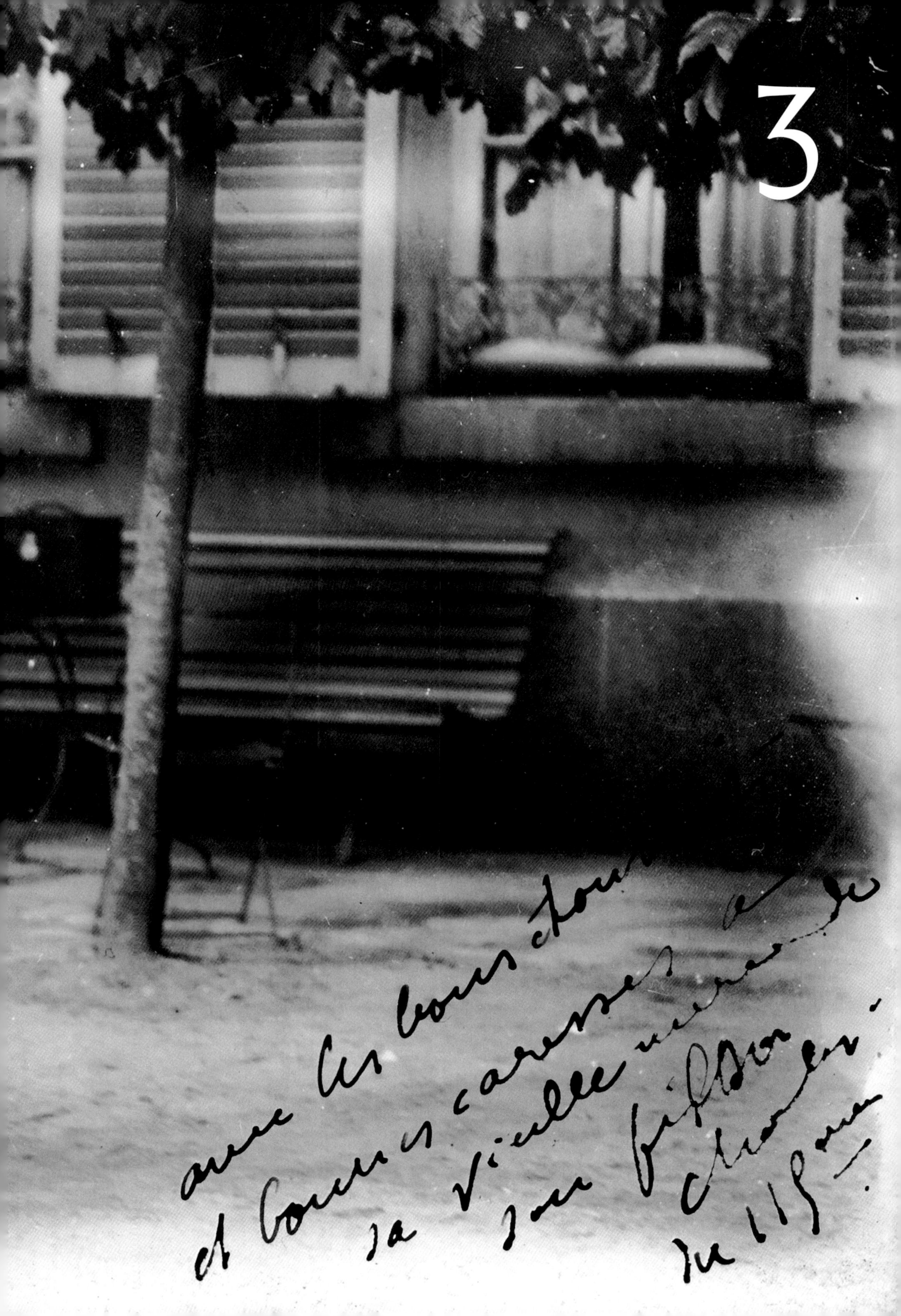
avec les bons choux
et bonnes caresses à
sa vieille maman de
son fiston

L'AFFAIRE DES TOILES COUPÉES

THE CASE OF THE SLASHED CANVASES

Claudine Grammont

L'affaire est bien connue en ce qu'elle a en son temps constitué un des cas d'école de la propriété artistique et du droit moral de l'artiste sur son œuvre. Le célèbre procès de 1927 qui opposa Charles Camoin à l'écrivain Francis Carco déboucha sur l'arrêt du tribunal civil de la Seine du 15 novembre 1927, suivi de l'arrêt de la cour d'appel de Paris du 6 mars 1931 qui stipule que: «La propriété littéraire et artistique comporte, pour celui qui en est le titulaire, un droit qui n'a rien de pécuniaire, mais qui, attaché à la personne même de l'auteur ou de l'artiste, lui permet sa vie durant, de ne livrer son œuvre au public que de la manière et dans les conditions qu'il juge convenables[1].» En voici les faits tels qu'énoncés dans le jugement et les archives de la plaidoirie de Maître Chanvin[2], avocat de l'artiste qui eut gain de cause contre l'avocat de Carco, Maître Maurice Garçon, aux termes de ce procès largement médiatisé.

En juin 1914, Camoin rentrant dans son atelier du 46, rue Lepic, à Montmartre, décida de détruire une soixantaine de toiles qui s'y trouvaient **(fig. 1)**. Il les lacéra en quatre ou huit morceaux, et jeta dans la poubelle de l'immeuble ces quelques centaines de débris colorés. Le chiffonnier de la rue, qui avait l'œil, les récupéra et les porta aux Puces de Saint-Ouen. Un courtier en tableaux, Maurice Soulier, fils du fameux «Père Soulier» du la rue des Martyrs, en fit l'acquisition au prix marchand, c'est-à-dire pour presque rien, les revendit à M. Tarrieux, chef du service des titres au PLM. Cela se sut rapidement dans le milieu artistique puisque Guillaume Apollinaire notait dans le *Paris-Journal* du 25 juillet 1914: «Il y a quelque temps, [...] le peintre Camoin, mécontent de quelques-unes de ses toiles, voulut les détruire. Il les coupa en quatre et les jeta. Mais leur destin n'était pas terminé, car elles furent recueillies et vendues à un amateur qui les fit arranger[3].» Il ajoutait en conclusion, suggérant par là qu'il aurait pu voir lesdites toiles reconstituées: «Ces

The case was so well known that at the time it constituted a textbook case in artistic property and the moral rights of the artist over his work. The famous 1927 lawsuit between Charles Camoin and the writer Francis Carco resulted in a decision of the Tribunal Civil de la Seine on 15 November 1927, followed by a decision of the Cour d'Appel de Paris on 6 March 1931, which stipulated that: 'Literary and artistic property, for the holder thereof, is a right irrespective of financial matters, but which, associated with the very person of the author or artist, enables him throughout his life to present his works to the public solely in the manner and under the conditions he deems appropriate.'[1] This essay will set out the facts stated in this decision and in archives of the arguments set out by Maître Chanvin,[2] the artist's lawyer, who won the case against Carco's lawyer, Maître Maurice Garçon, at the end of this widely publicised lawsuit.

In June 1914, when Camoin returned to his studio at 46, Rue Lepic, in Montmartre, he decided to destroy around sixty of his canvases **(fig. 1)**. He cut each of them into four or eight pieces and threw several hundred pieces of colourful debris into the building's bin. The local ragman, who had an eye for a good painting, recuperated them and took them to the Puces de Saint-Ouen (a Parisian flea market). A picture dealer, Maurice Soulier, the son of the famous 'Père Soulier' in the Rue des Martyrs, bought them at market price, for virtually nothing, and sold them to Monsieur Tarrieux, Head of Securities at the PLM railway company. Word spread rapidly in artistic circles, as attested by Guillaume Apollinaire's remarks in the *Paris-Journal* of 25 July 1914: 'Some time ago, (...) the painter Camoin, unhappy with some of his canvases, decided to destroy them. He cut them into four pieces and threw them away. But that was not the end for them, because they were retrieved and sold to a collector who had them restored.'[3] Suggesting that he may have seen the

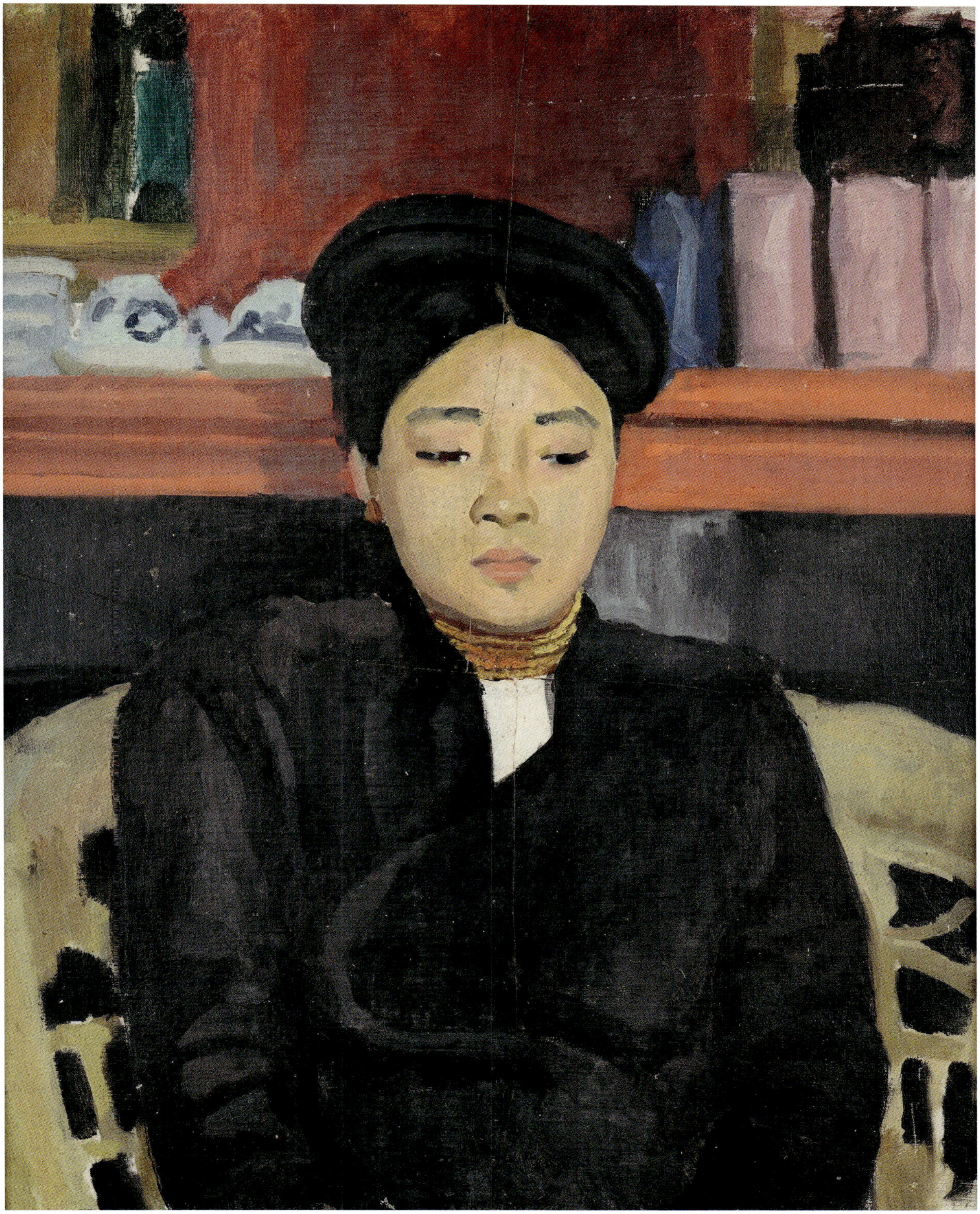

Ill. 28
***L'Indochinoise*, vers 1905,**
huile sur toile (coupée et restaurée), 81 × 65 cm, collection particulière

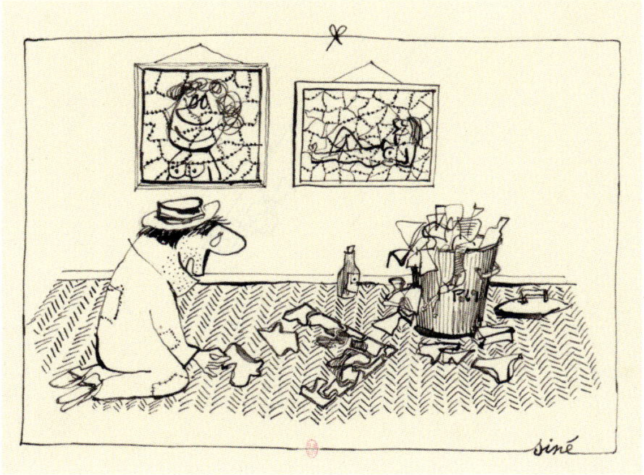

Fig. 1
Siné, *Chiffonnier recollant des toiles pour Francis Carco*, 1959,
Bibliothèque nationale de France, Paris,
département des Estampes et de la photographie

tableaux sont parmi les œuvres les plus intéressantes de ce peintre à qui Cézanne s'intéressait[4].» À la mort de Tarrieux en 1917, le lot fut acheté par un marchand de la rue des Batignolles, M. Bellatre. De là, les œuvres reconstituées furent cédées à différentes personnes, dont les quatre propriétaires incriminés lors du procès de 1927, les marchands Aubry, Zborowski et Bellatre, ainsi que Carco. Ce n'est que plus tard, lorsque les toiles ainsi reconstituées par le rentoileur Pascal refirent surface dans les ventes publiques, que Camoin fut alerté et réagit aussitôt. Une première fois en 1923, lors de la vente à l'hôtel Drouot, de la toile intitulée *La Bayadère*, adjugée 1700 francs, il protesta publiquement[5]. En 1925, Camoin, de nouveau alerté par un article d'André Salmon de la vente prochaine de quatre de ses «toiles coupées», saisit la justice[6]. Le catalogue de la vente de la collection de M. Francis Carco du lundi 2 mars 1925 comprend en effet quatre lots désignés comme tels: «10. *L'Espagnole*. Peinture. Toile ancienne coupée»; «11. *Le Lac*, Peinture. Toile ancienne coupée. Signée au bas à gauche»; «12. *La Place de Clichy*. Peinture. Toile ancienne coupée»; «13. *Paysage de Cassis*. Peinture. Toile ancienne coupée». Camoin assigna donc Carco afin que les quatre œuvres soient placées sous séquestre et détruites par le commissaire-priseur Bellier. Le procès se conclut le 15 novembre 1927 et fut largement commenté dans la presse française et étrangère[7].

Dans cette affaire devenue célèbre, deux droits s'opposent très nettement: la propriété matérielle d'un tiers sur des morceaux de toiles et le droit de l'artiste sur son œuvre. Les attendus établissent notamment que «les défendeurs, s'ils détenaient bien la propriété matérielle de morceaux de toiles abandonnés sur la voie publique, de ce fait *res nullius*, avaient abusé de ce droit. D'une part, ils se sont livrés à un travail particulier, mais bien connu de tous les artistes: ils ont rapproché les morceaux épars, ont fait disparaître les déchirures, ont même complété celles qui avaient des parties en moins, en ont marouflé, ont donc accompli un travail de reconstitution desdites toiles; ils se sont substitués à l'artiste à son insu et contre sa volonté; ils ont refait l'œuvre de l'artiste, [...][8]». D'autre part, «les œuvres ainsi refaites, ramenées à une existence précaire, ont été mise en vente sous son nom, ce qui allait de soi

restored canvases, he added in conclusion: 'These pictures are amongst the most interesting works executed by this painter, with whom Cézanne corresponded.'[4] When Tarrieux died in 1917, the lot was bought by Monsieur Bellatre, a dealer in the Rue des Batignolles. Then, the restored works were sold to various people, including the four owners incriminated in the 1927 lawsuit, the dealers Aubry, Zborowski, and Bellatre, as well as Carco. It was only later when the works restored by the *rentoileur* (reliner) Pascal turned up in auctions that Camoin became aware of the situation and reacted swiftly. The first time he protested publicly was in 1923, during the sale at the Hôtel Drouot of the canvas entitled *La Bayadère*, which sold for 1,700 francs.[5] In 1925, Camoin, alerted again by an article written by André Salmon of the upcoming sale of four of his 'cut canvases', sued for their return.[6] Indeed, the sale catalogue of Monsieur Francis Carco's Collection on Monday 2 March 1925 comprised four lots, described as follows: '10. *L'Espagnole*. Painting. Old cut canvas'; '11. *Le Lac*, painting. Old cut canvas. Signed on the lower left'; '12. *La Place de Clichy*. Painting. Old cut canvas'; and '13. *Paysage de Cassis*. Painting. Old cut canvas'. Thus, Camoin subpoenaed Carco to make sure that the four works be sequestered and destroyed by the auctioneer Bellier. The lawsuit ended on 15 November 1927 and was widely reported in the French and international press.[7]

In this case, which became famous, two rights were clearly opposed to one another: the physical property of a third party over the pieces of canvas and the artist's right over his work. The reasoning of the judgement established in particular that 'while the defendants owned the physical property of the pieces of canvas abandoned in public, hence considered to be *res nullius*, they had abused this right. On the one hand, they had carried out specific work, well known to all artists: they had joined together the various pieces, removed the tears, and even completed those that were missing parts, glued them, and therefore repaired these canvases; they had substituted themselves for the artist without his knowledge and contrary to his will; they had remade the artist's work (...).'[8] On the other hand, 'the works restored to a precarious state were put up for sale in his name, which was the case for those that bore

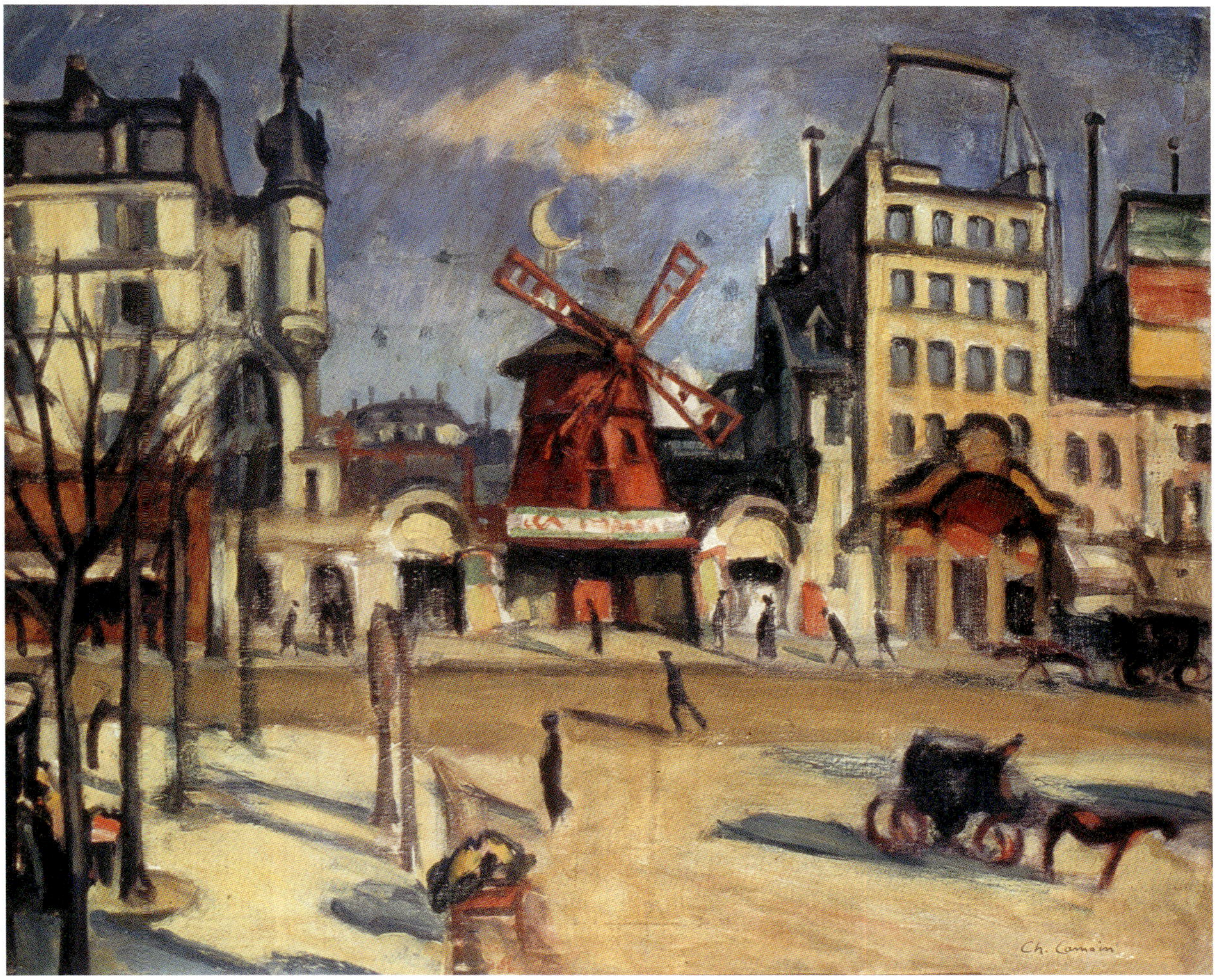

Ill. 29
***Le Moulin-Rouge aux fiacres*, 1910,**
huile sur toile (coupée et restaurée), 65 × 81 cm, Musée national d'art moderne/
Centre de création industrielle, Centre Pompidou, Paris,
en dépôt au musée des Beaux-Arts, Menton

pour celles qui étaient revêtues de sa signature, mais pour celles qui ne l'étaient pas, il y eut là un abus, l'abus du nom patronymique, et par suite violation absolue du droit de propriété attachée au nom[9]». À l'issue du procès, Camoin obtint momentanément réparation, puisque le tribunal condamna Carco, Aubry et Bellatre, à verser chacun la somme de 5000 francs et valida la saisie-arrêt. Considérant par ailleurs qu'un préjudice certain avait été causé à l'art et aux artistes en général, un franc de dommage et intérêt fut conjointement versé au Syndicat de la Propriété artistique. On fit appel. La Cour rendit de nouveau un arrêt le 6 mars 1931 qui confirma le précédent, même si Aubry fut finalement mis hors de cause et les dommages allégés. Les suites du procès de 1931 indiquent en outre que l'artiste avait depuis adouci sa sentence quant au sort à faire subir à ces œuvres autrefois reniées et qu'il était même désormais prêt à les reconnaître. C'était son droit le plus strict. On y apprend notamment que Camoin aurait signé de son nom «quelques-unes de ces toiles autrefois déchirées et ensuite reconstituées, reconnaissant ainsi la légitimité de la propriété de leurs détenteurs; malgré son geste antérieur il restait toujours libre, s'il le jugeait à propos, d'autoriser la circulation de certaines de ses œuvres; sans que sa décision à l'égard de celles-ci envisagées individuellement dût nécessairement s'appliquer à toutes celles qu'il avait entendu détruire pour des raisons dont il demeurait seul juge[10]».

Nous savons que les quatre toiles de la collection Carco furent finalement brûlées devant huissiers par Bellier dans un des fours du Grand Palais le 18 juin 1931[11]. Difficile en revanche de savoir ce qu'il advint des autres, puisque l'appel de 1931 ne donnait pas obligation de restitution à l'artiste. Les Archives Camoin ont pu identifier jusqu'à présent quinze peintures, qui présentent toutes les stigmates de la destruction de 1914, camouflés par de plus ou moins habiles reconstitutions. Soit notamment, par dates d'exécution: *Autoportrait* vers 1901, non signé, ancienne collection Bernard Dorival (vente Pillon, Calais, 10 juin 2001, lot 120); *Port de Marseille, Notre-Dame de la Garde, soleil couchant*, de l'ancienne collection Aubry (vente Christie's, 31 mars 2016, lot 203); *Le Remorqueur dans le port de Marseille*, 1904, signé, ancienne collection Maurice Lafaille (vente Binoche et Giquello, 21 octobre 2013); *Vieux-Port de Marseille aux tonneaux*, ancienne collection Rothschild (vente Artprecium, 21 mars 2013, lot 9); *L'Indochinoise*, non signée **(ill. 28)**; *Nu aux bottines noires*, non signé, 1904, ancienne collection Bernard Dorival **(fig.1, p. 111)**; *Jeune paysanne d'Aix* (coll. Art Institute of Chicago) signé, ancienne collection Francis Carco; *La Mauresque*, vers 1908, signée, exposée au Salon d'automne de 1909 (coll. association du Petit Palais, Genève); *Le Moulin Rouge*, 1910, signé par l'artiste probablement en 1931, ancienne collection André Warnod (vente Sotheby's Londres, 9 février 2006, lot 232); *Le Moulin Rouge*, 1910, signé par l'artiste en 1918, ancienne collection Mori **(ill. 29)**; *Place de Clichy*, 1910, signée (vente Sotheby's Paris, 22 octobre 2017, lot 352); *Autoportrait*, signé, 1910 **(ill. 30)**; *Deux voiles blanches dans le port de Collioure*, signée, 1912 (vente Christie's Londres, 8 février 2013, lot 127). Cela signifie que plus de quarante de ces «toiles coupées» resteraient encore à retrouver, dont certaines nous sont peut-être déjà connues mais n'ont pas encore été

his signature, but in the case of the unsigned works there had been abuse, abuse of the patronymic name, and, subsequently, an absolute violation of the property right associated with the name.'[9] At the end of the court case, Camoin instantaneously obtained compensation, as the court condemned Carco, Aubry, and Bellatre each to pay a sum of 5,000 francs. In addition, judging that these events were prejudicial to art and artists in general, one franc by way of damages was conjointly paid to the Syndicat de la Propriété Artistique. There was an appeal. The Court once again delivered a judgement on 6 March 1931 that confirmed the previous judgement, although Aubry was eventually acquitted and the award for damages reduced. The outcome of the 1931 lawsuit also indicated that the artist had since altered his opinion about the fate of these works that he had once rejected and that henceforth he was ready to acknowledge them. This was his absolute right. We are informed that Camoin had signed in his name 'some of the previously cut up canvases which were then restored, thereby acknowledging their legitimacy as the property of their owners; despite his earlier act, he was still free, if he decided it was fitting, to allow certain of his works to circulate; this did not mean that his decision regarding the latter necessarily applied to all the works he had destroyed for reasons only known to himself.'[10]

It is known that the four paintings from the Carco Collection were eventually burned in front of bailiffs by Bellier in one of the ovens in the Grand Palais on 18 June 1931.[11] However, it is difficult to know what became of the others, as the appeal case of 1931 did not order the works to be returned to the artist. The Camoin Archives have managed to identify fifteen paintings, all of which bear the stigmata of the destruction of 1914, masked by more or less skilful restorations. They were also listed according to the dates of their execution: *Autoportrait* (circa 1901), unsigned, formerly in the Bernard Dorival Collection (Pillon sale, Calais, 10 June 2001, lot 120); *Port de Marseille, Notre-Dame de la Garde, soleil couchant*, formerly in the Aubry Collection (Christie's sale, 31 March 2016, lot 203); *Le Remorqueur dans le port de Marseille*, 1904, signed, formerly in the Maurice Lafaille Collection (Binoche and Giquello sale, 21 October 2013); *Vieux-Port de Marseille aux tonneaux*, formerly in the Rothschild Collection (Artprecium sale, 21 March 2013, lot 9); *L'Indochinoise*, unsigned **(ill. 28)**; *Nu aux bottines noires*, unsigned, 1904, formerly in the Bernard Dorival Collection **(fig.1, p. 111)**; *Jeune paysanne d'Aix* (Art Institute of Chicago Collection), signed, formerly in the Francis Carco Collection; *La Mauresque*, circa 1908, signed, exhibited at the 1909 Salon d'Automne (Association du Petit Palais Collection, Geneva); *Le Moulin Rouge*, 1910, probably signed by the artist in 1931, formerly in the André Warnod Collection (Sotheby's London sale, 9 February 2006, lot 232); *Le Moulin Rouge*, 1910, signed by the artist in 1918, formerly in the Mori Collection **(ill. 29)**; *Place de Clichy*, 1910, signed (Sotheby's sale in Paris, 22 October 2017, lot 352); *Autoportrait*, signed, 1910 **(ill. 30)**; and *Deux voiles blanches dans le port de Collioure*, signed, 1912 (Christie's sale, London, 8 February 2013, lot 127). This means that more than forty of these 'cut canvases' have not yet been located, some of which we are familiar with but have not yet been identified as such. Incidentally,

Fig. 2
Photographie avant restauration de l'*Autoportrait*, 1910, détruit par l'artiste en 1913

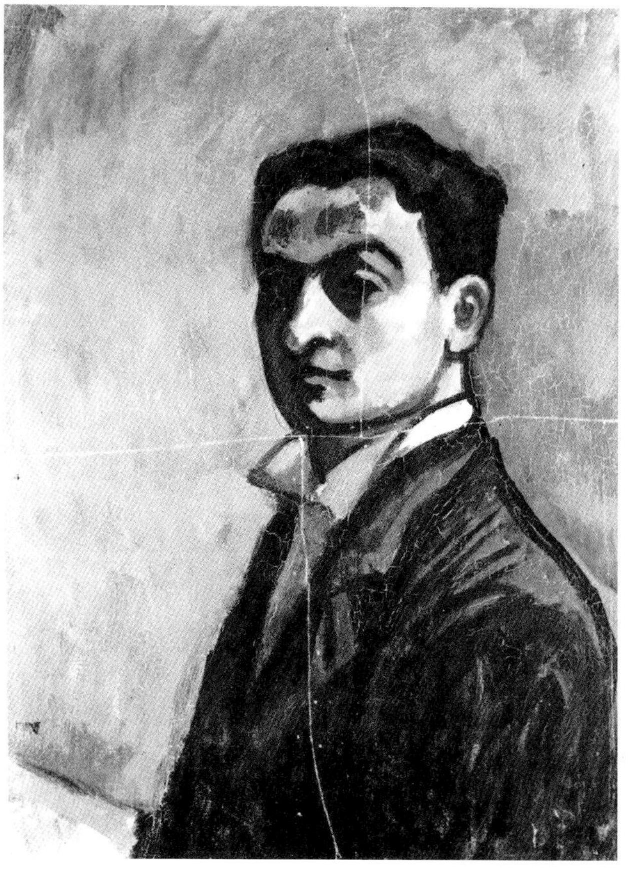

identifiées comme telles. Il est par ailleurs notable que parmi les propriétaires de l'époque nous trouvions des écrivains et critiques d'art, tels que Francis Carco, Gustave Coquiot, André Warnod, Félix Fénéon ou Charles Vildrac. Se seraient-ils passé le mot, informés comme Apollinaire en 1914 de la qualité de l'ensemble ? Les dates de ce maigre échantillon de «toiles coupées», qui s'échelonnent de 1901 à 1912, montrent que l'artiste ne se serait pas attaqué lors de sa destruction à une période en particulier qu'il aurait par là même reniée, mais aurait plutôt fait main basse sur ce qui se trouvait alors dans l'atelier de la rue Lepic. Avaient pu notamment y échapper les cinquante-sept peintures récentes rapportées de Tanger, Collioure, Cassis et Toulon, exposées chez Druet au début d'année 1914[12], de même que les peintures régulièrement expédiées à Francfort depuis 1908 à son marchand allemand Ludwig Schames.

Parmi le lot de ces toiles sacrifiées se trouvait ce rare *Autoportrait* de 1910 **(ill. 30)**. L'artiste y apparaît de trois quarts, en «civil», col blanc et costume brun, sans les attributs du peintre : «À la fois très mâle et très poupin, note André Salmon, chevelure noire et menton bleu, joue d'un rose ardent, il fait songer à quelque femme à barbe qui aurait eu la coquetterie de se faire raser. Camoin très dandy lorsque les circonstances l'exigent, aime ordinairement à se promener vêtu d'un costume de velours chaudron... [13]» Une photographie prise avant restauration **(fig. 2)** montre le résultat de la destruction : la toile est partagée en quatre sections, un sillon net, vertical, traverse le visage au niveau de l'œil

it is worth noting that some of the owners at the time were writers and art critics, such as Francis Carco, Gustave Coquiot, André Warnod, Félix Fénéon, and Charles Vildrac. Had they passed on the news to one another, aware like Apollinaire in 1914 of the quality of the ensemble? The dates of this very small sample of 'cut canvases', which range from 1901 to 1912, show that the artist did not destroy works dating from a specific period that he subsequently rejected, but rather that he had targeted anything that was in the Rue Lepic studio at that point in time. In fact, he spared the fifty-seven recent paintings brought back from Tangiers, Collioure, Cassis, and Toulon, exhibited at Druet's at the beginning of 1914,[12] and the paintings regularly sent to his German dealer Ludwig Schames in Frankfurt since 1908.

Amongst the lot of these sacrificed canvases was the rare *Autoportrait* of 1910 **(ill. 30)**. The artist is depicted in three-quarter profile, in 'civilian clothing', with a white collar and brown suit, lacking the attributes of a painter: 'both very masculin and boyish,' noted André Salmon, and 'with black hair and a blue chin, with bright pink cheeks, he reminds one of a bearded lady who has had the coquetry to shave. Camoin, who is a great dandy when circumstances dictate it, usually likes to go for a stroll in a cauldron black velvet suit ... '.[13] A photograph taken before the restoration **(fig. 2)** shows the result of the destruction: the canvas is divided into four sections, a clean vertical cut passes through the face over the left eye and another horizontal cut follows the line of the chin. The structure of the cuts attests to an act done in two stages: an initial cut with

gauche, un autre, horizontal, suit la ligne du menton. La structure de la découpe laisse imaginer le geste qui eut sans doute lieu en deux temps, une première attaque, toile tenue à l'horizontal, puis les deux morceaux séparés, ils sont à deux reprises de nouveau tailladés. Le geste, que l'on suppose rapide et ferme, est d'autant plus cruel ici qu'il s'attaque au visage et à l'organe de la vision. Destruction donc, qui, dans ce cas présent, ressemblerait bien à une forme de suicide, du moins pictural. Il faut aussi s'imaginer cette série de gestes répétée plus de cinquante fois, laissant au sol quelques centaines de morceaux, un tas substantiel de peinture, porté ensuite on ne sait trop comment, tel un encombrant cadavre dont il aurait voulu se débarrasser, dans la poubelle du rez-de-chaussée de l'immeuble. Si les artistes sont coutumiers du fait, ils prennent le soin, le plus souvent, de brûler ces épaves afin de les faire disparaître complètement[14]. L'analyse du droit est ici particulièrement éclairante. En transportant ainsi ses toiles dans l'espace public, Camoin renonçait à la propriété matérielle de la chose ainsi abandonnée et devenue de ce fait *res nullius*. Mais cet esprit d'abandon n'était pas absolu, ce qui aurait été le cas s'il avait porté à la poubelle ses toiles entières «telles qu'elles étaient sorties et conçues de l'esprit de l'artiste[15]». Ce qui permet au législateur de définir son droit moral précisant que «son esprit d'abandon portait uniquement sur la matière et nullement sur son œuvre artistique [...]. Ajoutant, qu'il n'a jamais entendu renoncer à ce qui constituait la composition de la toile, c'est-à-dire l'expression de sa pensée [...].[16]» Poussant cet argument à son extrémité, Camoin pouvait donc même poursuivre dans son bon droit et signer ultérieurement une peinture qu'il avait lacérée, reconstituée par d'autres – ce qui fut le cas de l'*Autoportrait* de 1910 – qui n'avait donc jamais cessé d'être œuvre de son esprit.

La médiatisation du procès et l'importance de ses conclusions pour l'établissement du droit de l'artiste ont porté au second plan l'œuvre elle-même, et ce qui a motivé son évolution stylistique. À considérer son parcours dans son entièreté Camoin est un artiste constant, cela surtout après la guerre de 1914 qui suivit presque immédiatement les faits. La période montmartroise d'avant-guerre constitue à cet égard un tournant qu'Apollinaire a parfaitement perçu. En 1907, Camoin quitte la place Dauphine pour prendre un atelier au 27, boulevard de Clichy, puis au 6, rue Mansart avant de s'installer au 12, rue Cortot pendant l'hiver 1908-1909, puis de nouveau déménager en 1910, au 46, rue Lepic: «Ma mère qui vivait avec moi, se souvient l'artiste, ne pouvant supporter le vent trop vif qui soufflait au sommet de la Butte[17].» Camoin voyage alors beaucoup, dans le sud de la France, en Corse, mais aussi à l'étranger, en Espagne, en Allemagne et au Maroc. S'il vit à Montmartre, l'inspiration, pour l'essentiel lui vient d'ailleurs et non de cette bohème urbaine. Après une brève incursion chez Kahnweiler avant qu'il ne s'intéresse aux cubistes, le contrat avec Schames en 1908, lui assure un revenu mais le prive de visibilité en France. C'est en

the canvas held horizontally, after which the two separate pieces were each cut again. These cuts, which must have been swift and decisive, were even more brutal as they passed through the face and the eyes. So this destructive act was almost a form of suicide—or at least a pictorial one. Also, this action was repeated more than fifty times, resulting in several hundred pieces of canvas strewn over the floor, a substantial pile of painted canvas, which was somehow carried, like a heavy cadaver that he wanted to rid himself of, to the building's ground-floor bin. Although artists were used to doing this with their works, they usually took care to burn them, so as to destroy them completely.[14] The legal analysis is particularly enlightening in this case. By placing his canvases in the public domain, Camoin had given up the physical ownership of the thing he had abandoned, which necessarily became a *res nullius*. But this notion of abandonment was not entirely absolute, which would have been the case if he had taken entire canvases to the bin 'in the state in which they had been created and conceived by the artist.'[15] This enabled the legislator to establish his moral right and state that 'his spirit of abandonment applied only to the materials and in no way to the artistic work (...),' adding that 'he never meant to abandon what constituted the composition of the canvas, that is to say the expression of his thoughts (...).'[16] Taking this argument to its extreme, Camoin had every right to go ahead and sign a painting later that he had previously cut into pieces, and which had subsequently been put back together by others—which applied to the *Autoportrait* of 1910—which had therefore never stopped being a work of his mind.

The mediatisation of the court case and the significance of its conclusions relating to the establishment of artistic rights reduced the work itself—and what had motivated its stylistic development—to secondary importance. Considering his career as a whole, Camoin was a consistent artist, especially after the war of 1914, which almost immediately followed the deeds. Hence, the pre-war Montmartre period was a turning point that Apollinaire fully grasped. In 1907, Camoin left the Place Dauphine and initially moved to a studio at 27, Boulevard de Clichy, then to 6, Rue Mansart and to 12, Rue Cortot during the winter of 1908–1909, and again in 1910, to 46, Rue Lepic: 'My mother, who lived with me,' recalled the artist, 'could not stand the sharp winds at the top of the Butte.'[17] Camoin travelled widely at this time, in the south of France, Corsica, and also abroad, in Spain, Germany, and Morocco. Although he lived in Montmartre, he mainly drew his inspiration from other locations rather than from this urban bohemia. After a brief involvement with Kahnweiler before the latter took an interest in the cubists, the contract drawn up with Schames in 1908 provided him with an income, but considerably reduced the visibility of his works in France. Henceforth, it was in Germany that his paintings were viewed and noticed.[18] Since 1908, Camoin's approach had developed: he had introduced black to his

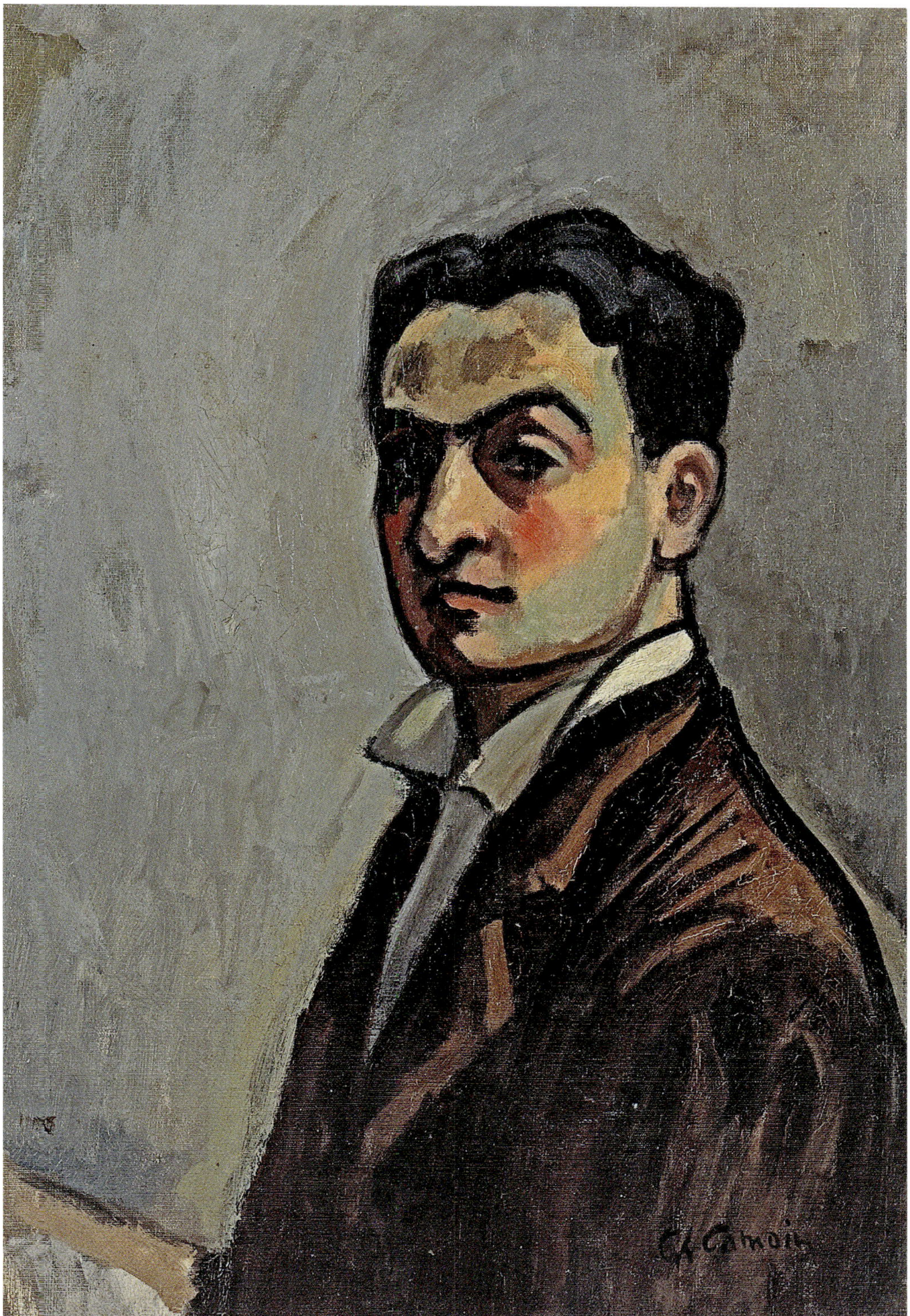

Ill. 30
***Autoportrait*, 1910,**
huile sur toile (coupée et restaurée), 60 × 43 cm, collection particulière

Allemagne désormais que ses peintures sont vues et remarquées[18]. Depuis 1908, l'œuvre de Camoin a évolué : le noir a été introduit dans la palette animant désormais ses compositions d'un graphisme vigoureux alors que l'espace se définit de manière plus synthétique. Cette évolution vers un style plus expressionniste que fauve fut sans doute ce qui plut à son marchand allemand. Ces années sont par ailleurs marquées par sa rencontre avec Émilie Charmy, femme peintre qui exposait, comme lui, chez Berthe Weill, on ne sait précisément quand, mais aux alentours de 1910. Leur liaison dura au moins deux ans, jusqu'à l'été 1912 que Camoin passa seul à Collioure, sur les conseils de Matisse qu'il rejoint ensuite à Tanger en novembre[19]. La rupture paraît être consommée, ou sur le point de l'être, en octobre 1913, puisque Camoin écrit à Matisse de Marseille : « La courbe, les amours, tu sais bien que je suis en train d'en revenir, si je n'en suis pas tout à fait revenu[20]. » La déception amoureuse serait-elle donc la cause de la crise qui engendra l'acte de destruction de 1914[21] ? Ou ne serait-ce pas plutôt une motivation plus directement liée à son art ? Évoquant cet épisode douloureux, Camoin explique : « Rentrant de Tanger, j'avais détruit environ 80 toiles qui ne me convenaient plus. Durant mon séjour au Maroc, au contact de Matisse, j'avais considérablement évolué[22]. » La guerre mit un terme à cette évolution. Camoin est mobilisé le 2 août, envoyé sur le front des Vosges. Il ne reprendra l'exercice de la peinture qu'en 1919.

palette, animating his paintings with a dynamic graphic quality, while the pictorial space was arranged more synthetically. This shift towards a style that was more expressionist than Fauvist was no doubt what appealed to his German dealer. These years were marked by his encounter with Émilie Charmy, a female painter who, like him, exhibited her works at Berthe Weill in around 1910 (it is not known exactly when). Their affair lasted at least two years, until the summer of 1912, which Camoin spent alone at Collioure, on the advice of Matisse, whom he subsequently joined in Tangiers in November.[19] They separated, or were about to do so, in October 1913, because Camoin wrote to Matisse from Marseilles: 'Curves, love ... you know very well I'm returning to that, even if I haven't completely come back'.[20] So was this disappointing love affair the cause of the crisis that led to his destructive act of 1914?[21] Or was he motivated by a reason directly linked with his art? Referring to this painful episode, Camoin explained: 'When I returned from Tangiers, I had destroyed eighty canvases that no longer pleased me. During my stay in Morocco, in contact with Matisse, my approach had truly evolved.'[22] The war put an end to this development, as Camoin was called up on 2 August, and sent to the front line in the Vosges. He only resumed painting in 1919.

1 Dalloz, *Recueil périodique et critique de jurisprudence, de législation et de doctrine*, Paris, 1931, p. 88.
2 Dalloz, *Recueil périodique et critique de jurisprudence, de législation et de doctrine*, Paris, 1928, p. 88-93. Nous n'avons pas retrouvé traces des archives de la plaidoirie, elles sont partiellement rapportées dans Daniel Giraudy, *Camoin. Sa vie, son œuvre*, Marseille, La Savoisienne, 1972, p. 74-75.
3 Guillaume Apollinaire, «Les Arts», *Paris-Journal*, 25 juillet 1914.
4 Le poète avait, en 1910, emprunté à Camoin quelques-unes des lettres envoyées autrefois par le maître d'Aix, sans les lui restituer malgré ses demandes répétées, voir les lettres de Camoin à Apollinaire, du 20 septembre et 16 décembre 1910, repr. dans Laurence Campa et Peter Read (dir.), *Correspondance avec les artistes, 1903-1918*, «Guillaume Apollinaire», Paris, Gallimard, 2009, p. 321.
5 Vente du 17 mars 1923, Paris, hôtel Drouot, Maître Bellier. Tabarant, «Une histoire de toiles coupées», *Bulletin de la vie artistique*, IV, n° 9, 1er mai 1923, p. 183-184. L'œuvre reproduite telle quelle dans le bulletin a aujourd'hui disparu. Je remercie Aymeric Jeudy de m'avoir signalé cet article révélateur.
6 «Je fus alerté par un article d'André Salmon dans *Paris-Journal* qui parlait de mes toiles coupées: "Va-t-il falloir que les peintres déchirent leurs toiles pour les vendre?" demandait-il», Charles Camoin, dans Jean-Paul Crespelle, *Montmartre vivant*, Paris, Hachette, 1964, p. 112.
7 *Paris-Midi*, 9 mars 1927; *Ère Nouvelle*, 28 février 1927; *Comœdia*, 10 février 1927; *L'Intransigeant*, 22 février 1927; *Paris-Midi*, 9 mars 1927; *The New York Times*, 13 décembre 1926…
8 Dalloz, *Recueil périodique et critique de jurisprudence, de législation et de doctrine*, Paris, 1928, p. 92.
9 *Ibid.*
10 Dalloz, *Recueil périodique et critique de jurisprudence, de législation et de doctrine*, Paris, 1931, p. 88-89.
11 Note de l'artiste dans son agenda de 1959.
12 «Exposition de peintures de Charles Camoin», Galerie E. Druet, du 23 février au 7 mars 1914.
13 La Palette, [André Salmon], *Paris-Journal*, [entre 1910 et 1913], cité dans Véronique Serrano et Claudine Grammont (dir.), *Charles Camoin. Rétrospective 1879-1965*, cat. exp. (Fondation de l'Hermitage, Lausanne et musée Cantini, Marseille, 1997-1998), Paris, Réunion des musées nationaux/ Musées de Marseille, 1997, p. 206.
14 La fille de l'artiste, Anne-Marie Grammont, raconte qu'elle a souvent assisté à ces destructions et qu'il régnait dans l'atelier de l'avenue Junot l'odeur de toiles consumées dans le poêle.
15 Dalloz, *Recueil périodique et critique de jurisprudence, de législation et de doctrine*, Paris, 1927, p. 92.
16 *Ibid.*
17 J.-P. Crespelle, *op. cit.* note 6, p. 112.
18 Notamment par August Macke, dont l'épouse Sophie Gerhardt avait acquis une peinture de Camoin, un paysage de Corse.
19 «En m'engageant comme tu l'as fait à partir l'été dernier tu as fait quelque chose qui ressemble beaucoup à un sauvetage», lettre de Charles Camoin à Henri Matisse, novembre 1912, cité dans Claudine Grammont, *Correspondance entre Charles Camoin et Henri Matisse*, Lausanne, La Bibliothèque des arts, 1997, p. 36.
20 *Ibid.*, p. 53.
21 C'est la lecture qu'en donnait Danièle Giraudy dans sa monographie, *Camoin. Sa vie, son œuvre*, Marseille, La Savoisienne, 1972.
22 J.-P. Crespelle, *op. cit.* note 6, p. 112.

1 Dalloz, *Recueil périodique et critique de jurisprudence, de législation et de doctrine*, Paris, 1931, p. 88.
2 Dalloz, *Recueil périodique et critique de jurisprudence, de législation et de doctrine*, Paris, 1928, pp. 88–93. We have found no trace of the archives of the plea, but they are partly mentioned in Daniel Giraudy, *Camoin. Sa vie, son œuvre*, La Savoisienne, Marseilles, 1972, pp. 74–75.
3 Guillaume Apollinaire, 'Les Arts', *Paris-Journal*, 25 July 1914.
4 In 1910, the poet had borrowed from Camoin some of the letters sent in the past by the Aixois master, without returning them, despite repeated requests; see the letters sent by Camoin to Apollinaire, between 20 September and 16 December 1910, reproduced in Laurence Campa and Peter Read (ed.), *Correspondance avec les artistes, 1903-1918*, 'Guillaume Apollinaire', Gallimard, Paris, 2009, p. 321.
5 Sale of 17 March 1923, Maître Bellier, Hôtel Drouot, Paris. Tabarant, 'Une histoire de toiles coupées', *Bulletin de la vie artistique*, IV, Issue 9, 1 May 1923, pp. 183–184. The work reproduced as it was in the bulletin has now been lost. I would like to thank Aymeric Jeudy for bringing this enlightening article to my attention.
6 'It was brought to my attention in an article by André Salmon in *Paris-Journal* that mentioned my cut-up canvases: "Va-t-il falloir que les peintres déchirent leurs toiles pour les vendre?" demandait-il', ('Will painters need to rip up their canvases to be able to sell them, he asked') Charles Camoin, in Jean-Paul Crespelle, *Montmartre vivant*, Hachette, Paris, 1964, p. 112.
7 *Paris-Midi*, 9 March 1927; *Ère Nouvelle*, 28 February 1927; *Comœdia*, 10 February 1927; *L'Intransigeant*, 22 February 1927; *Paris-Midi*, 9 March 1927; *The New York Times*, 13 December 1926 …
8 Dalloz, *Recueil périodique et critique de jurisprudence, de législation et de doctrine*, Paris, 1928, p. 92.
9 Ibid.
10 Dalloz, *Recueil périodique et critique de jurisprudence, de législation et de doctrine*, Paris, 1931, pp. 88–89.
11 Noted by the artist in his 1959 diary.
12 'Exposition de peintures de Charles Camoin', Galerie E. Druet, from 23 February to 7 March 1914.
13 La Palette, (André Salmon), *Paris-Journal*, (between 1910 and 1913), quoted in Véronique Serrano and Claudine Grammont (ed.), *Charles Camoin. Rétrospective 1879-1965*, exhibition catalogue (the Hermitage Foundation, Lausanne, and the Musée Cantini, Marseilles, 1997–1998), Réunion des Musées Nationaux, Paris/ Musées de Marseille, 1997, p. 206.
14 The artist's daughter, Anne-Marie Grammont, related that she often witnessed these destructions and that the studio on the Avenue Junot smelled of canvases that had been burned in the stove.
15 Dalloz, *Recueil périodique et critique de jurisprudence, de législation et de doctrine*, Paris, 1927, p. 92.
16 Ibid.
17 J.-P. Crespelle, op. cit. note 6, p. 112.
18 Particularly by August Macke, whose wife, Sophie Gerhardt, had bought one of Camoin's paintings, a Corsican landscape.
19 'En m'engageant comme tu l'as fait à partir l'été dernier tu as fait quelque chose qui ressemble beaucoup à un sauvetage', ('By asking me to join you, as you did last summer, you did something that was a form of salvation') letter from Charles Camoin to Henri Matisse, November 1912, quoted in Claudine Grammont, *Correspondance entre Charles Camoin et Henri Matisse*, La Bibliothèque des Arts, Lausanne, 1997, p. 36.
20 Ibid. p. 53.
21 This is how it was interpreted by Danièle Giraudy in his monograph, *Camoin. Sa vie, son œuvre*, La Savoisienne, Marseilles, 1972.
22 J.-P. Crespelle, op. cit. note 6, p. 112.

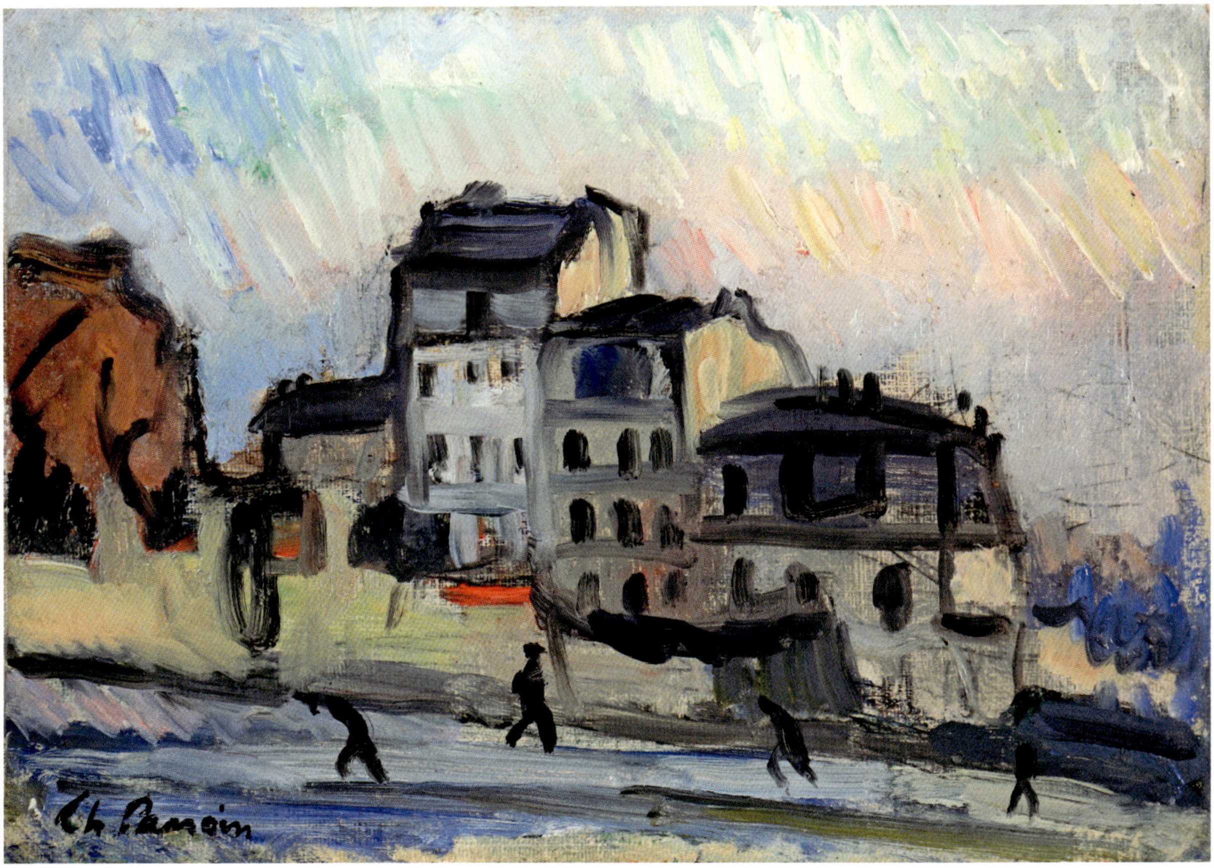

Ill. 31
***Maisons à Montmartre*, vers 1908,**
huile sur carton, 19 × 27 cm, courtesy Galerie de la Présidence, Paris

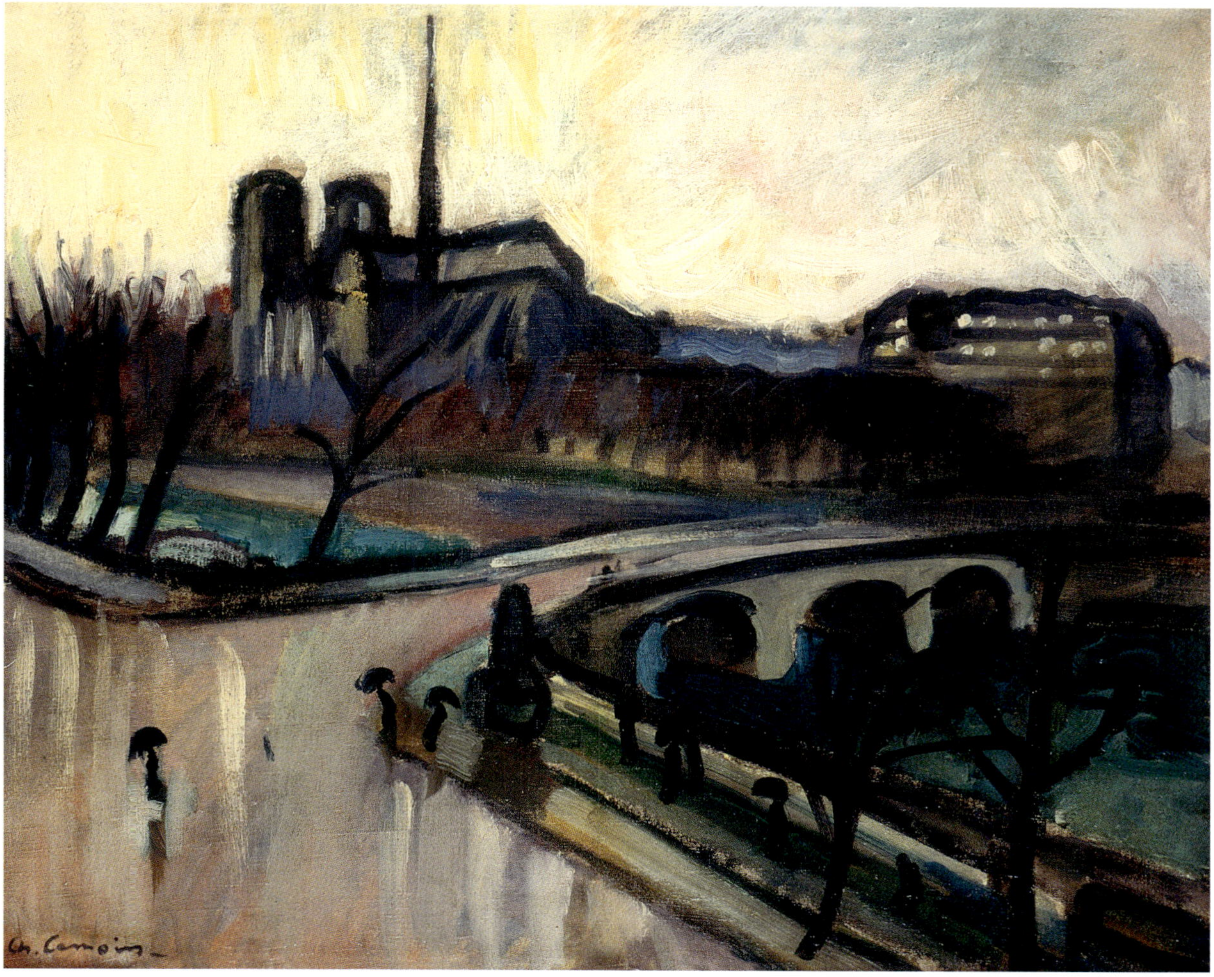

Ill. 32
***Notre-Dame et le pont de l'Archevêché*, 1908,**
huile sur toile, 65 × 81 cm, collection particulière

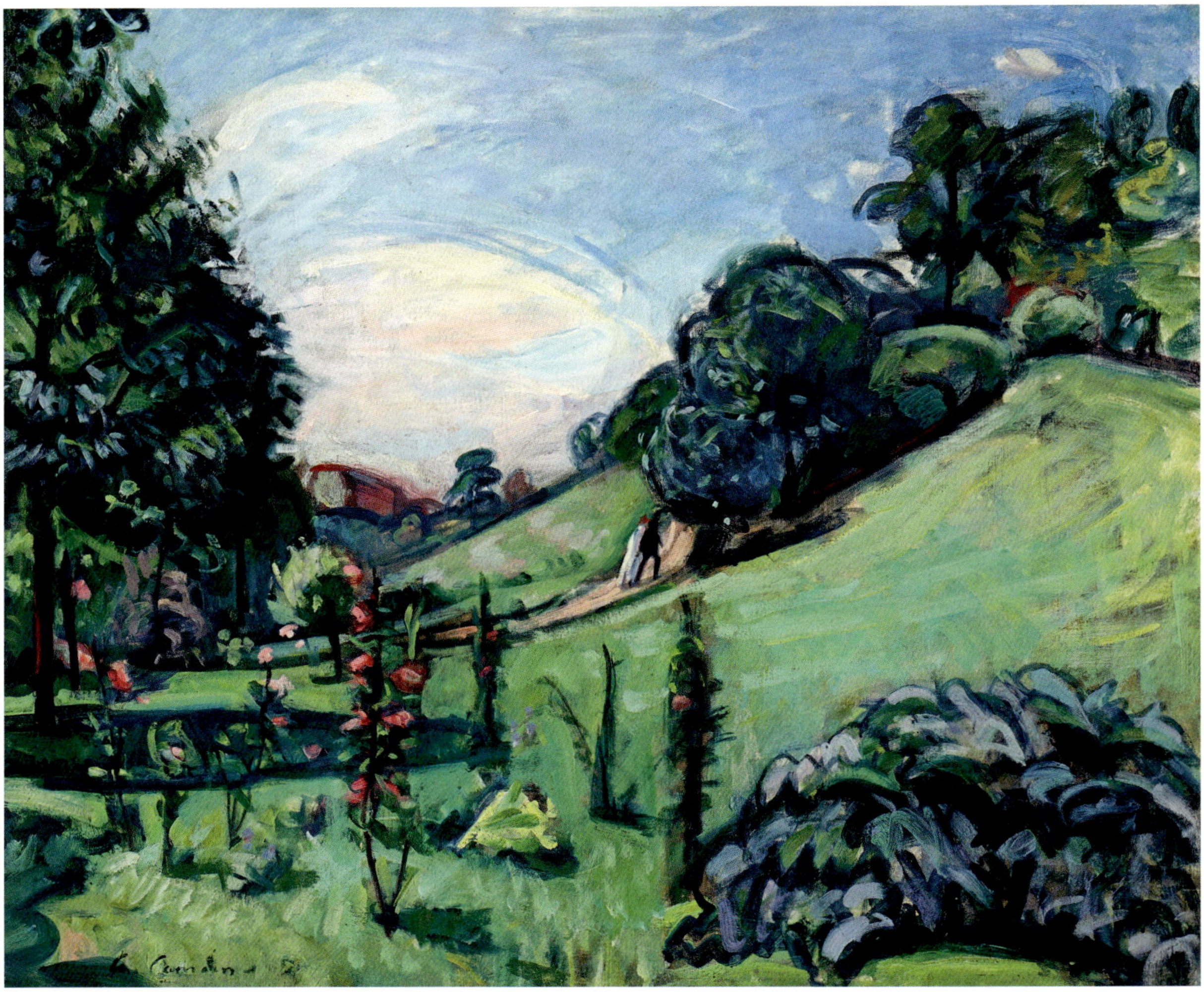

Ill. 33
***Aux Buttes-Chaumont*, 1910,**
huile sur toile, 65 × 81 cm, Dr. Michael Nöth Galerie

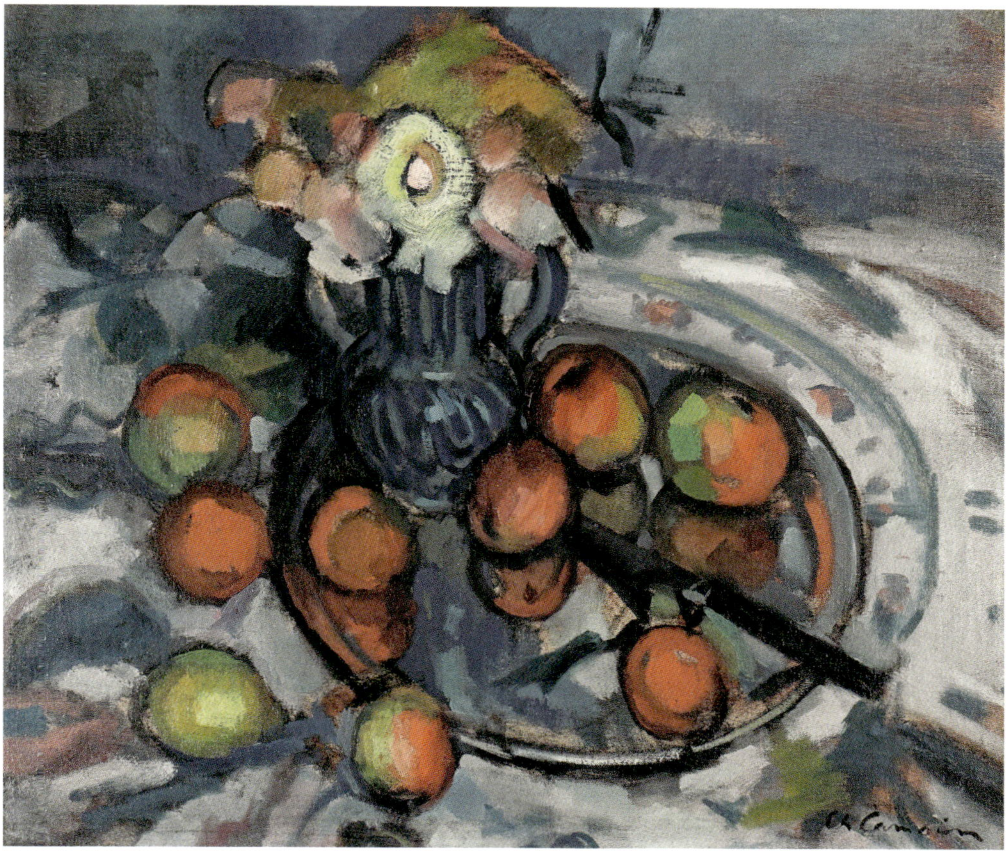

Ill. 34
***Fleurs et fruits sur un plateau*, 1910,**
huile sur toile, 46 × 55 cm, collection Wolfram Greifenberg

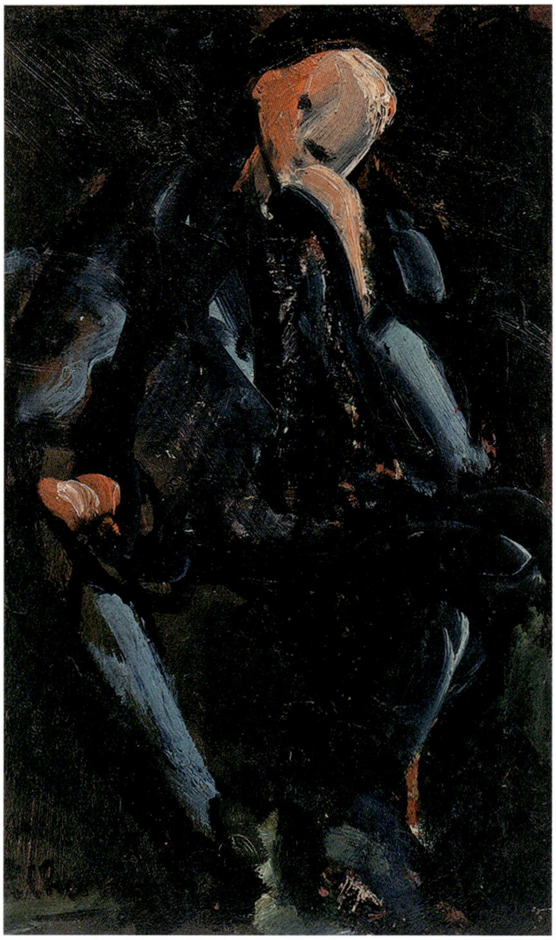

Ill. 35
Émilie Charmy, *Portrait de Charles Camoin assis*, vers 1908,
huile sur bois, 35 × 22 cm, indivision Bouche

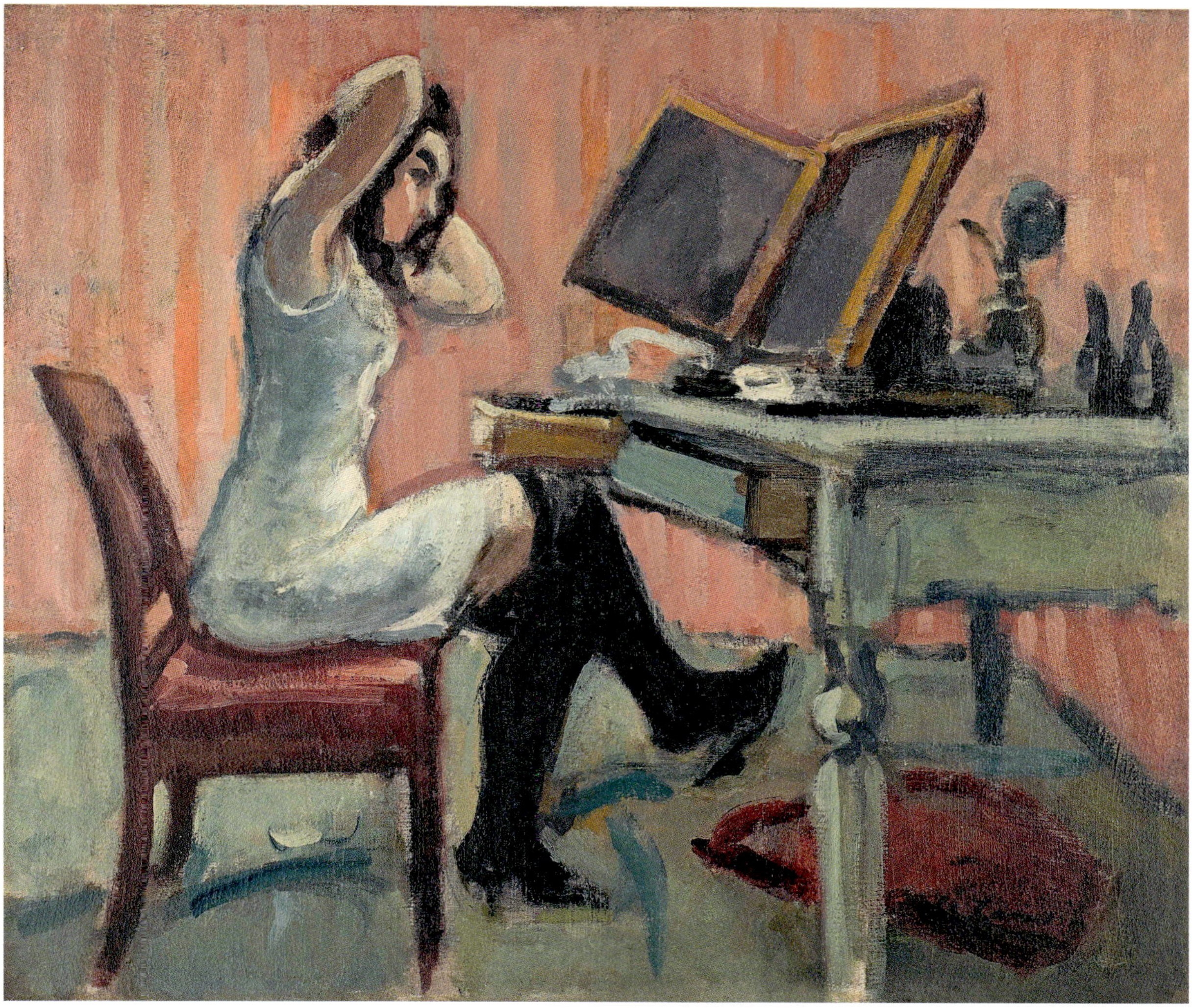

Fig. 3
***Émilie Charmy à sa coiffure*, vers 1910,**
huile sur toile, 54 × 65 cm, collection particulière, Koweït

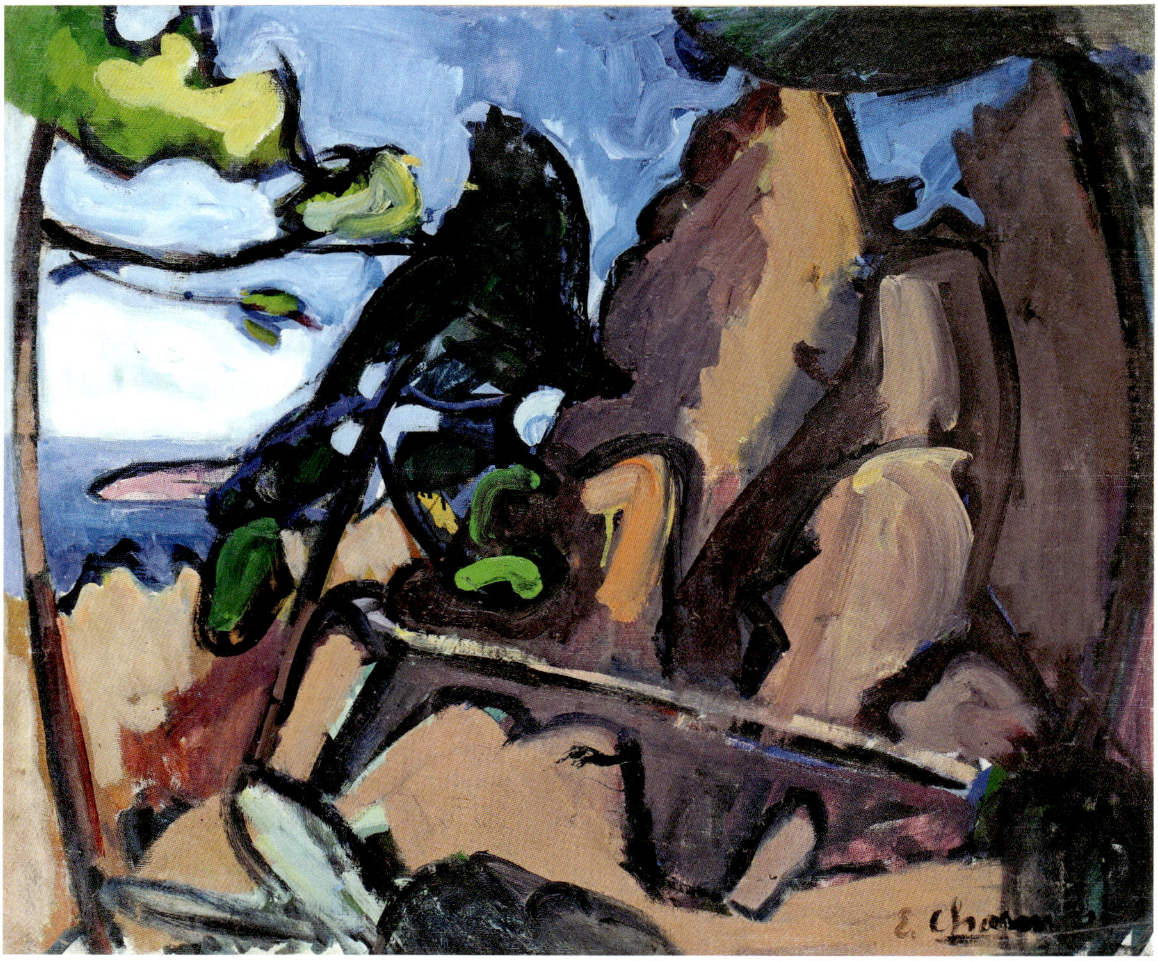

Ill. 37
Émilie Charmy, *Paysage corse*, 1910,
huile sur toile, 60 × 71 cm, musée des Beaux-Arts, Lyon

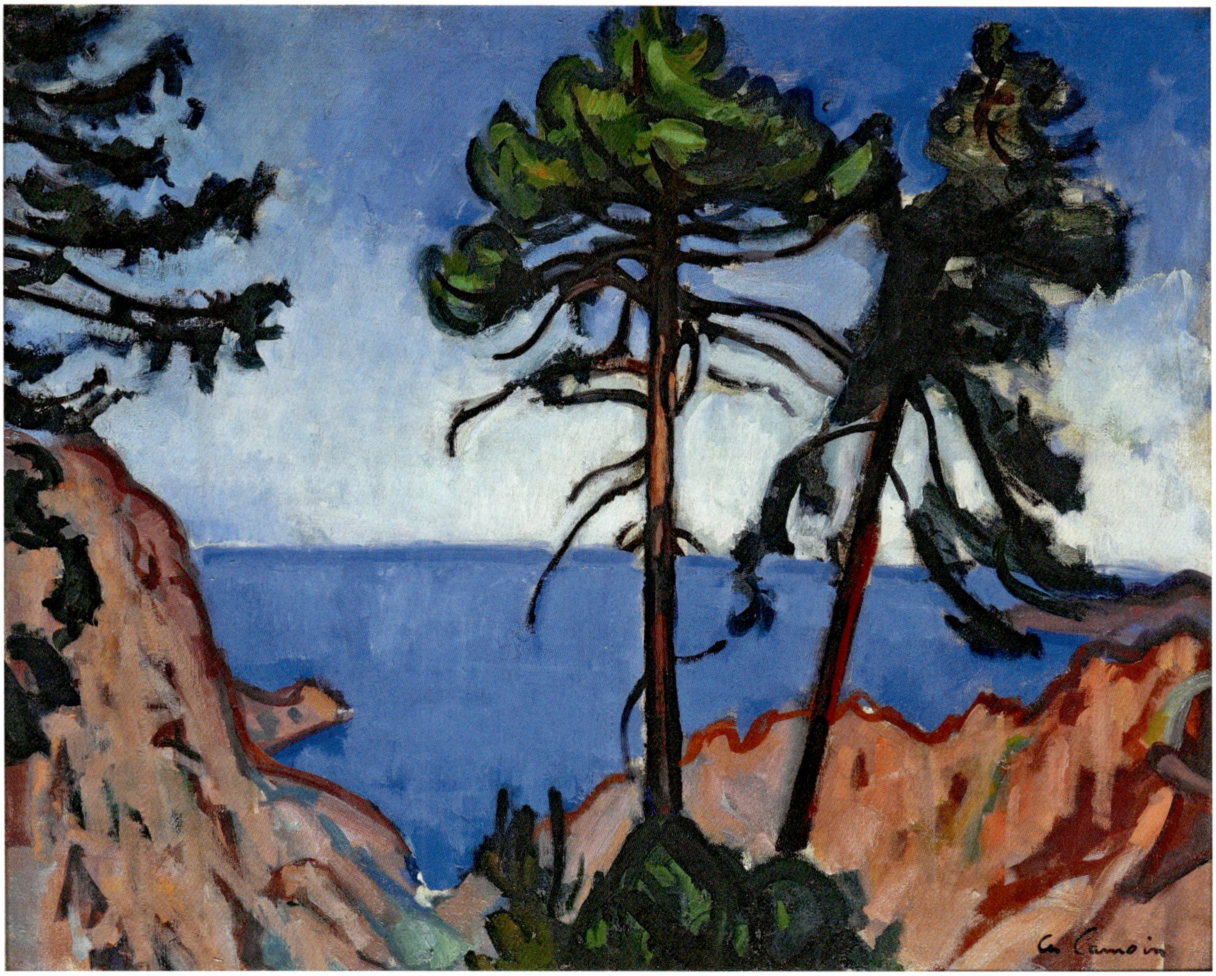

Ill. 38
***Deux Pins dans les calanques de Piana, Corse*, 1910,**
huile sur toile, 65 × 81 cm, collection particulière

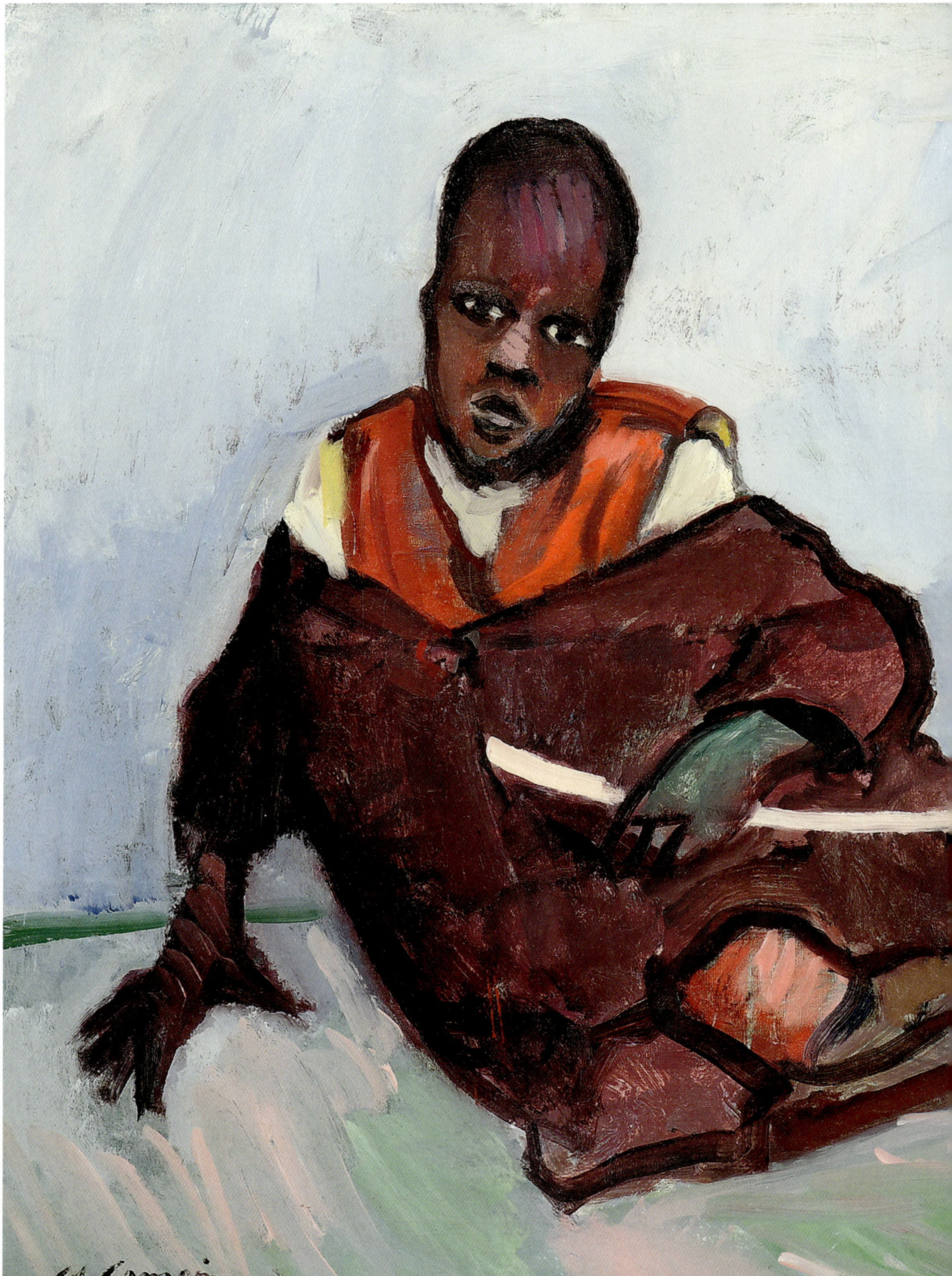

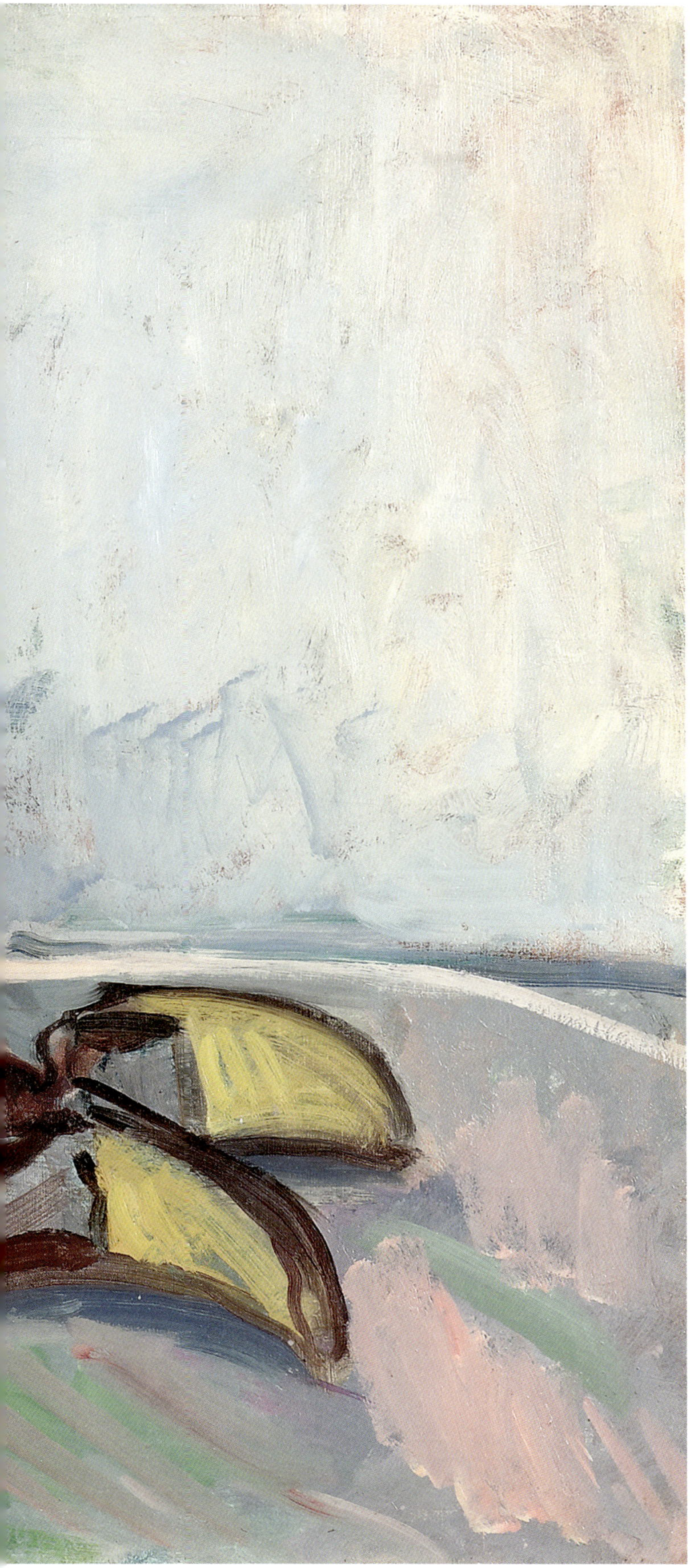

Ill. 39
***Jeune Marocain*, 1913,**
huile sur toile, 65 × 81 cm, collection particulière

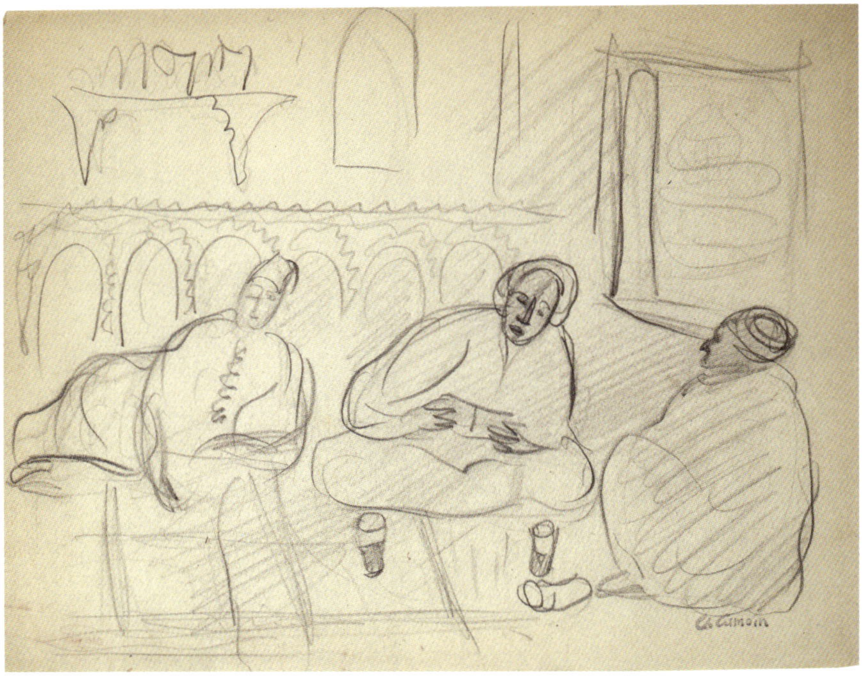

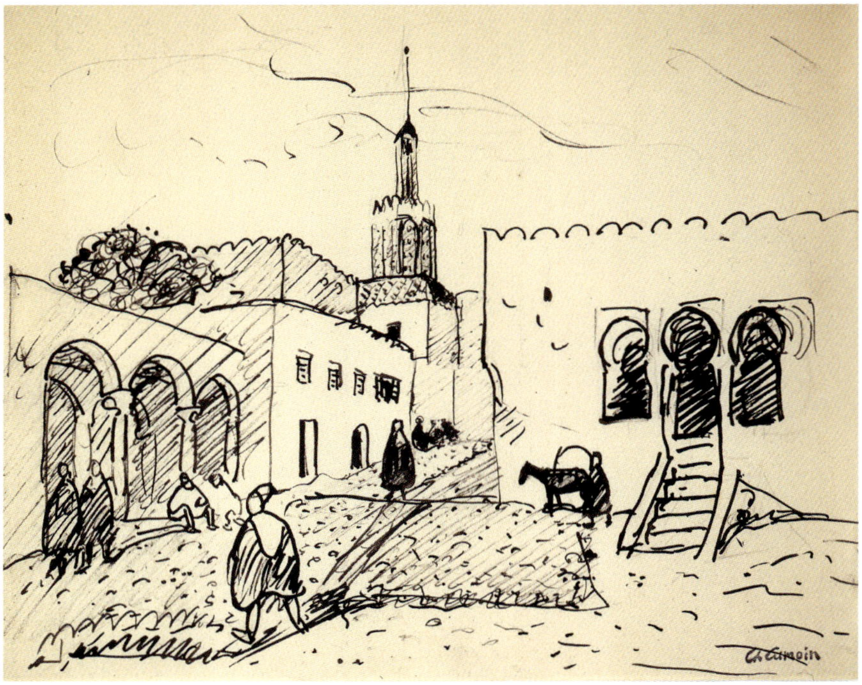

Ill. 40
***Café maure*, 1913,**
crayon sur papier, 40 × 52 cm, collection particulière

Ill. 41
***Place du Trésor*, 1913,**
encre de Chine sur papier, 40 × 52 cm, collection particulière

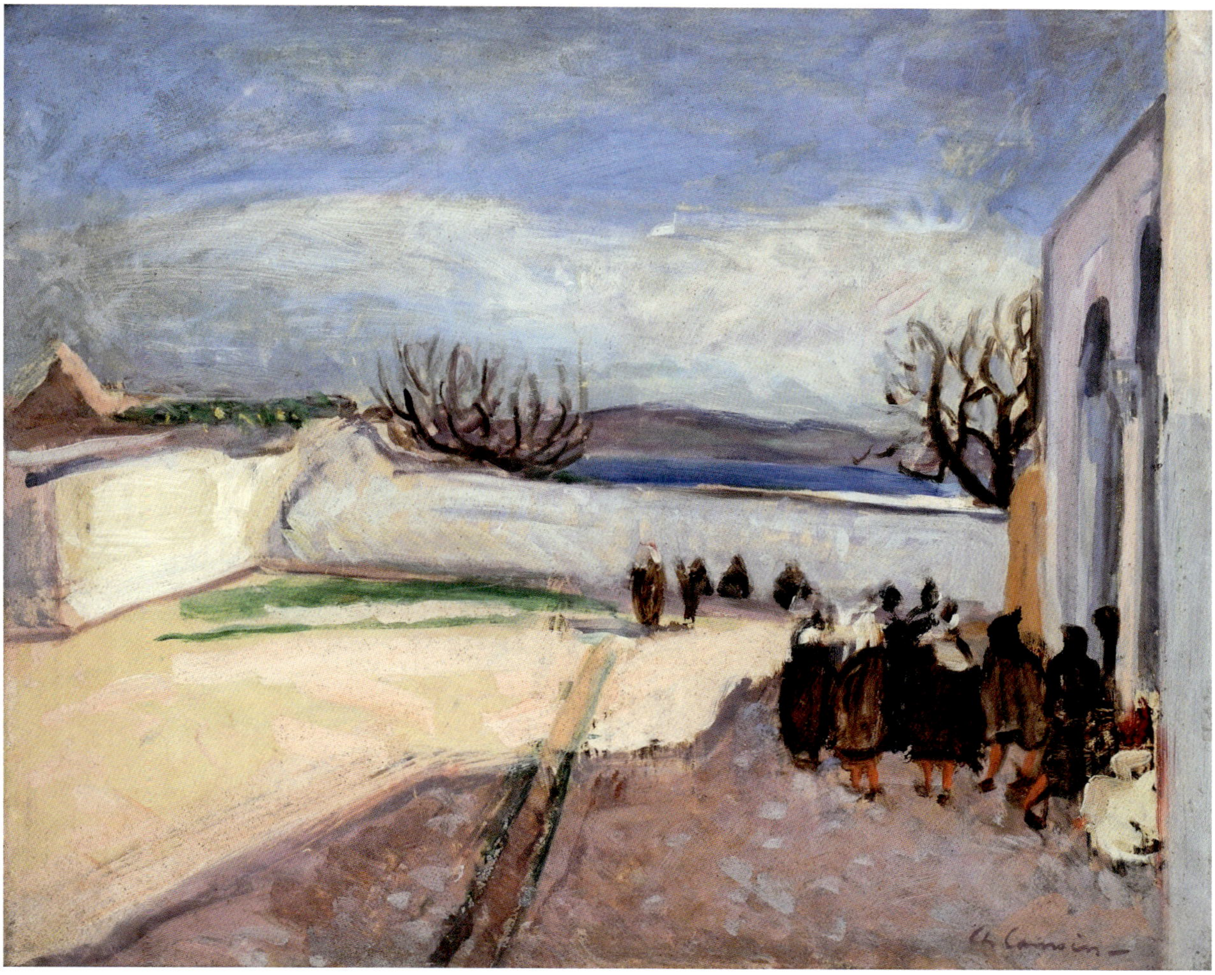

Ill. 42
***Marocains dans une rue*, 1913,**
huile sur toile, 65 × 81 cm, collection particulière

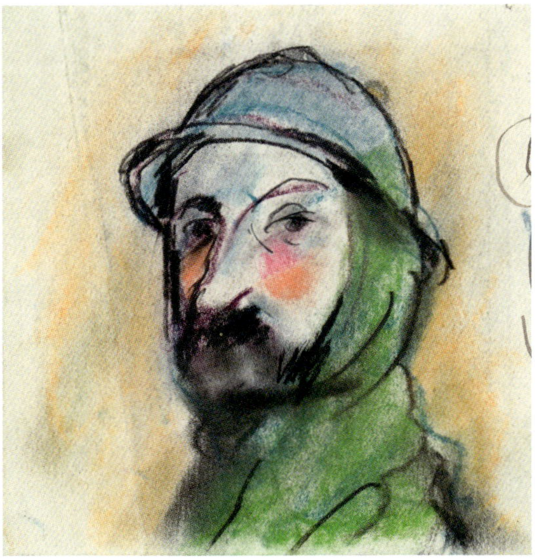

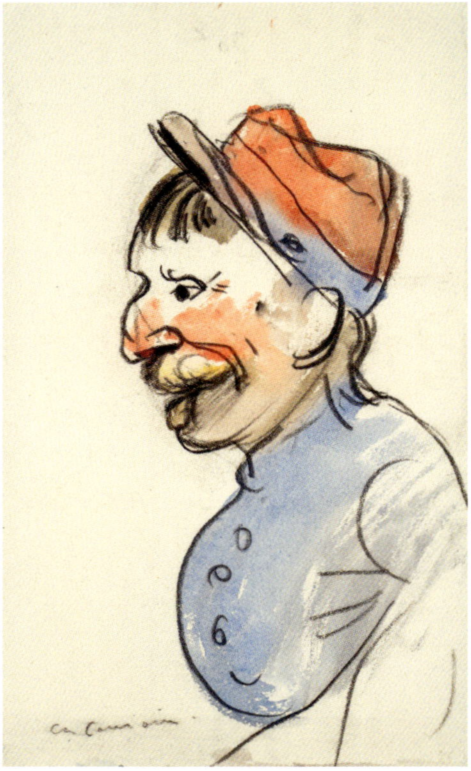

Ill. 43
***Autoportrait en soldat*, 1914-1916,**
pastel sur papier, 12,5 × 12,5 cm, collection particulière

Ill. 44
***Soldat*, 1914-1918,**
aquarelle et crayon sur papier, 24 ×15 cm, collection particulière

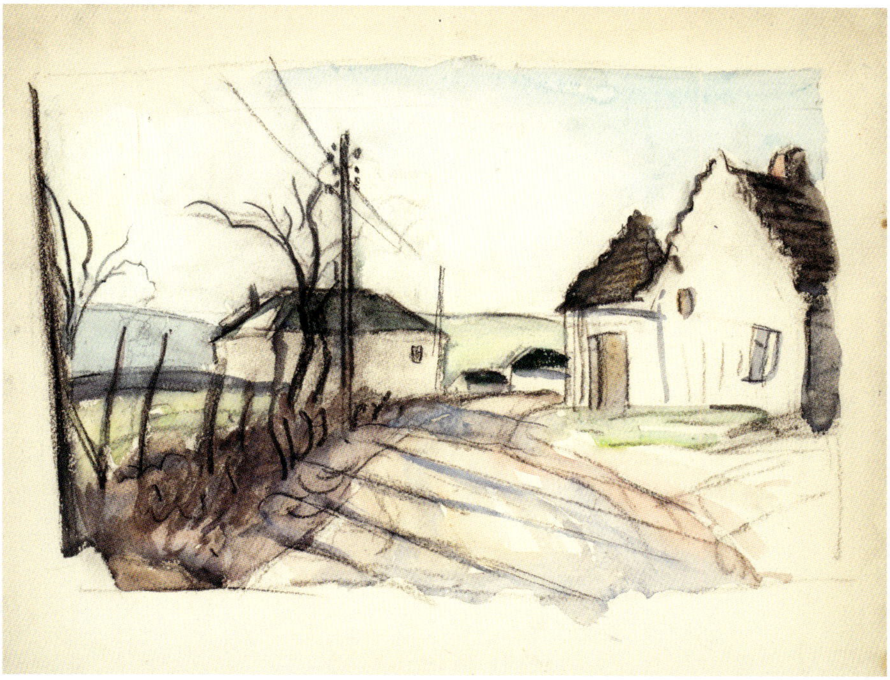

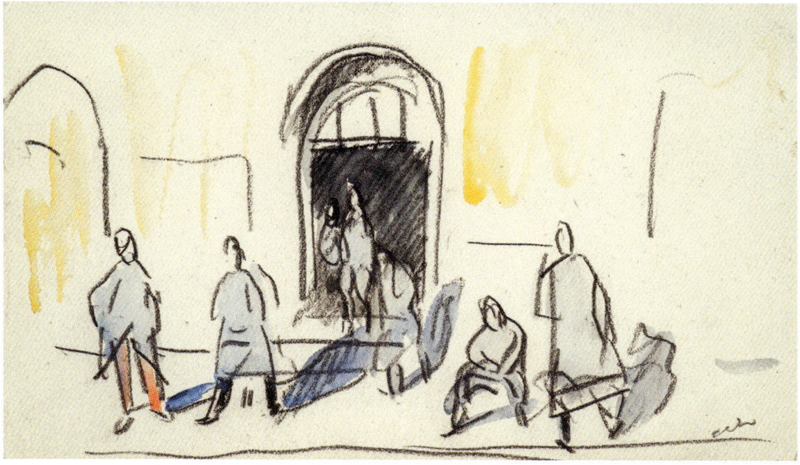

Ill. 45
***Saint-Dié*, 1915,**
aquarelle et crayon sur papier, 25,5 × 33,5 cm, collection particulière

Ill. 46
***Caserne*, 1914-1918,**
aquarelle et crayon sur papier, 11 × 19,5 cm, collection particulière

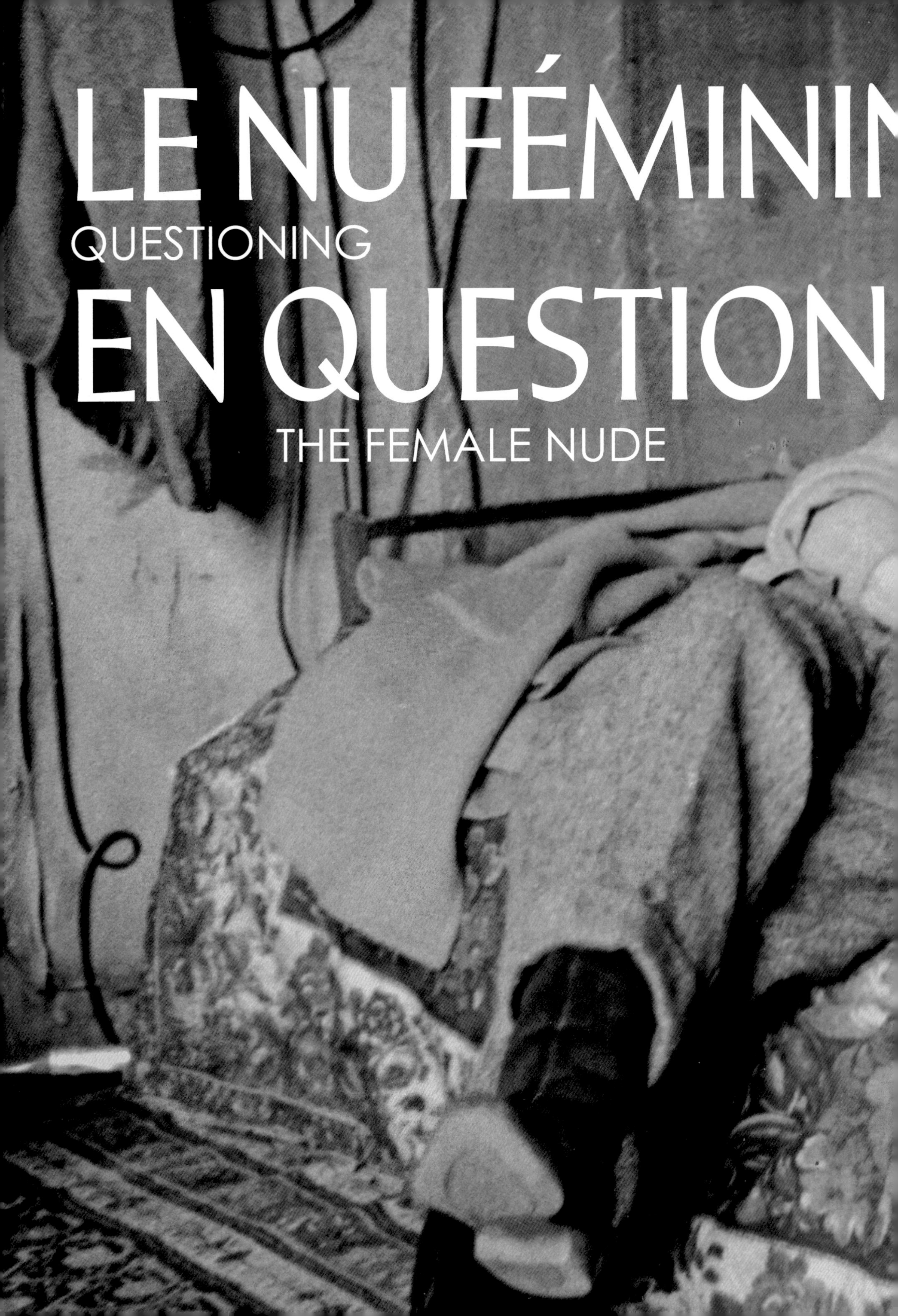
LE NU FÉMININ
QUESTIONING
EN QUESTION
THE FEMALE NUDE

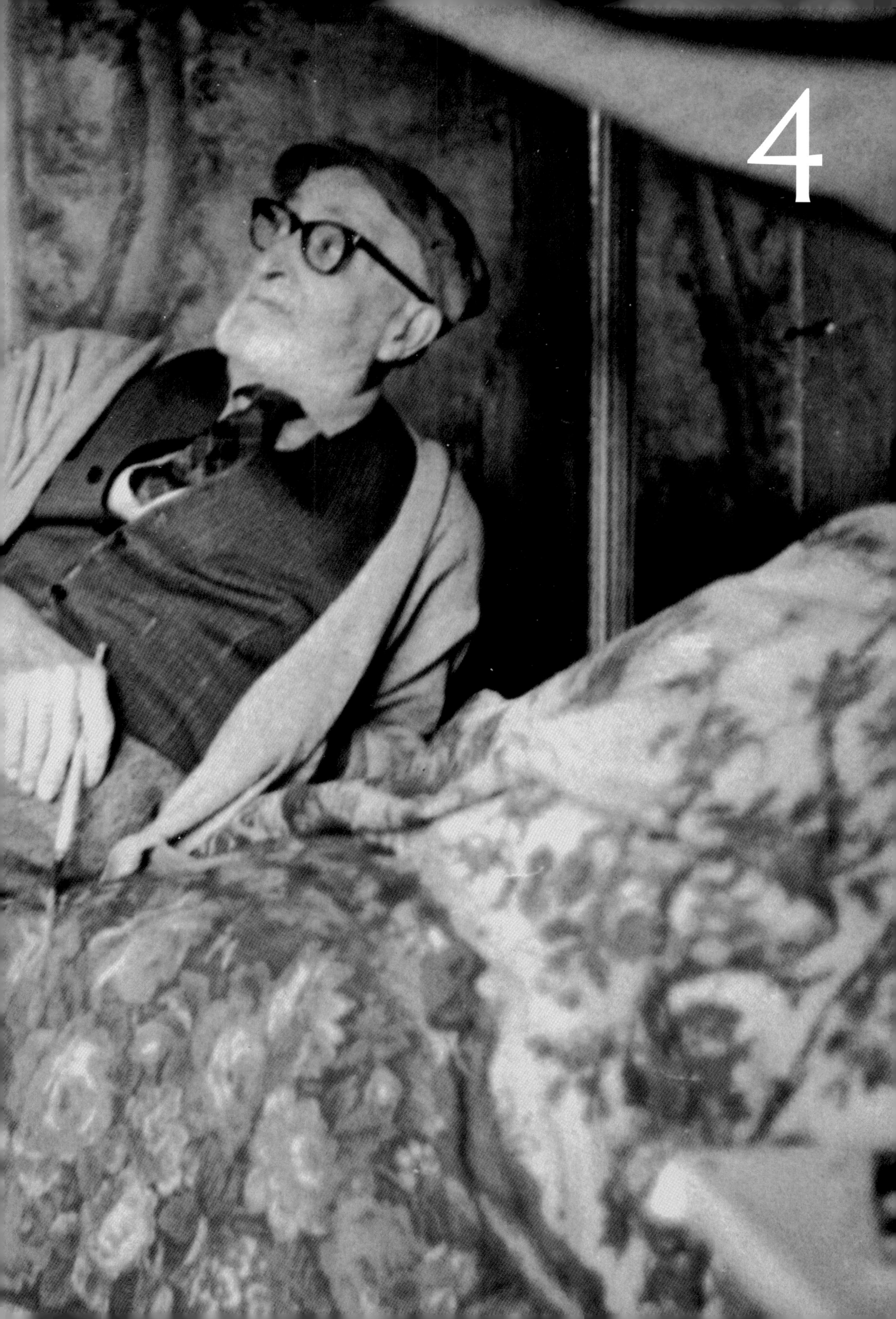

4

UNE QUÊTE
A QUEST
DU VIVANT
TO CONVEY LIFE
PAR LA MATIÈRE
THROUGH MATERIAL

Assia Quesnel

«Je suis allé voir deux fois le père Cézanne, je lui ai montré mes études, il a beaucoup aimé le portrait d'une putain, me disant que c'était là ma voie [...][1].»

Lettre de Charles Camoin à Albert Marquet, Marseille, 14 juin 1906.

Ces mots de Cézanne, reçus quasi comme un commandement par Charles Camoin, paraissent bien à propos pour qualifier sa production des années 1900. Durant cette période, le jeune peintre se consacre notamment à la peinture de nus féminins en faisant poser des prostituées dans la continuité d'Édouard Manet, à «l'étude des boxons» selon les mots de son camarade Raoul de Mathan[2]. Pourtant, d'après son œuvre connu, il s'en détourne dès 1909[3] et n'y revient que strictement avant la guerre avec ses premières *Baigneuses* en 1912. En parallèle de nus érotiques, il y expérimente un nouveau traitement de la figure intégrée au paysage, lequel doit tout autant au maître d'Aix qu'à celui des Collettes, Auguste Renoir.

Forme classique de l'histoire de l'art, le nu féminin prend ses racines dans l'Antiquité gréco-romaine et il est aux fondements de l'art occidental[4]. Exprimant à l'origine des idées abstraites – celles de *Venus naturalis* et *Venus Caelestis* –, son sens évolue progressivement pour acquérir une signification chrétienne, littéraire ou simplement esthétique. Comme le rappelle la spécialiste du peintre, Danièle Giraudy, Camoin est intrinsèquement associé au genre par la critique qui fait de lui «un peintre un peu frivole de la Femme[5] [*sic*]». Toutefois, le nu n'occupe pas une place majeure dans son œuvre peint dont la part belle est faite au paysage. Comment se fait-il alors que l'historiographie voit en lui un peintre «polisson[6]» [*sic*] qui aime à «célébrer la femme[7]» [*sic*] ? Qu'est-ce qui distingue ses nus au point de caractériser l'ensemble de son œuvre ?

'I went to see Père Cézanne twice; I showed him my studies and he really liked the portrait of a prostitute; he said to me that that was the path I should follow (...).'[1]

Letter from Charles Camoin to Albert Marquet, Marseilles, 14 June 1906.

Cézanne's words, which Charles Camoin practically took as a commandment, well describe his works produced in the 1900s. During this period, the young painter, using prostitutes as models—just as Édouard Manet had—devoted himself to painting female nudes, to 'the study of whorehouses', to use the words of his friend Raoul de Mathan.[2] Yet, in the light of his known work, he diverted from this subject by 1909[3] and only returned to it just before the First World War, with his first *Baigneuses* in 1912. In addition to his erotic female nudes, he experimented with a new way of integrating figures into landscapes, which was just as much influenced by the Aixois master as it was by the master of Les Collettes, Auguste Renoir.

In its classical art form, the female nude was first represented in Graeco-Roman antiquity; it is one of the foundations of Western art.[4] Initially expressing abstract ideas—those of *Venus Naturalis* and *Venus Caelestis*—its meaning gradually evolved and took on a Christian, literary, or simply aesthetic form. As pointed out by Camoin specialist Danièle Giraudy, critics associated Camoin intrinsically with the genre of the female nude, describing him as 'a slightly frivolous painter of Woman' [*sic*].[5] However, the nude was not a major feature of his painted oeuvre, which largely consisted of landscapes. How is it that historiography views him as a 'saucy'[6] painter who loved to 'celebrate woman' [*sic*]?[7] What was so distinctive about his nudes that became so characteristic of his oeuvre?

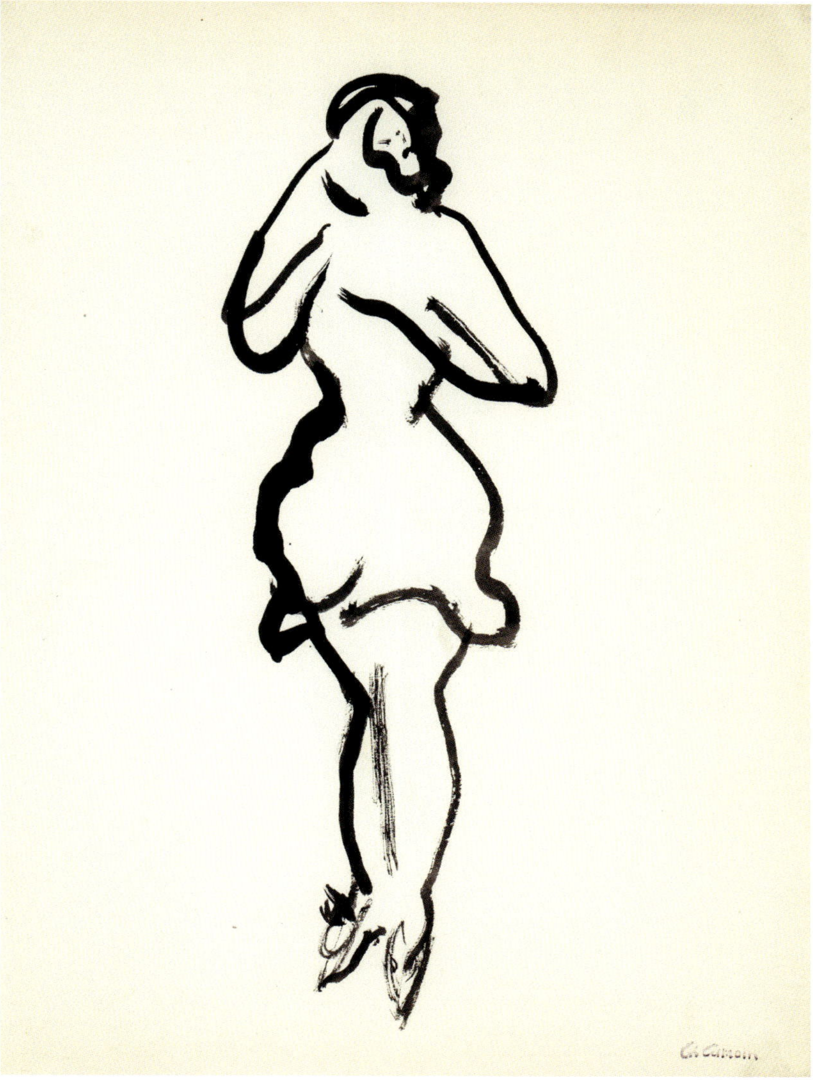

Ill. 48
***Femme en chemise*, vers 1900,**
encre de Chine sur papier, 31 × 24,2 cm, collection particulière

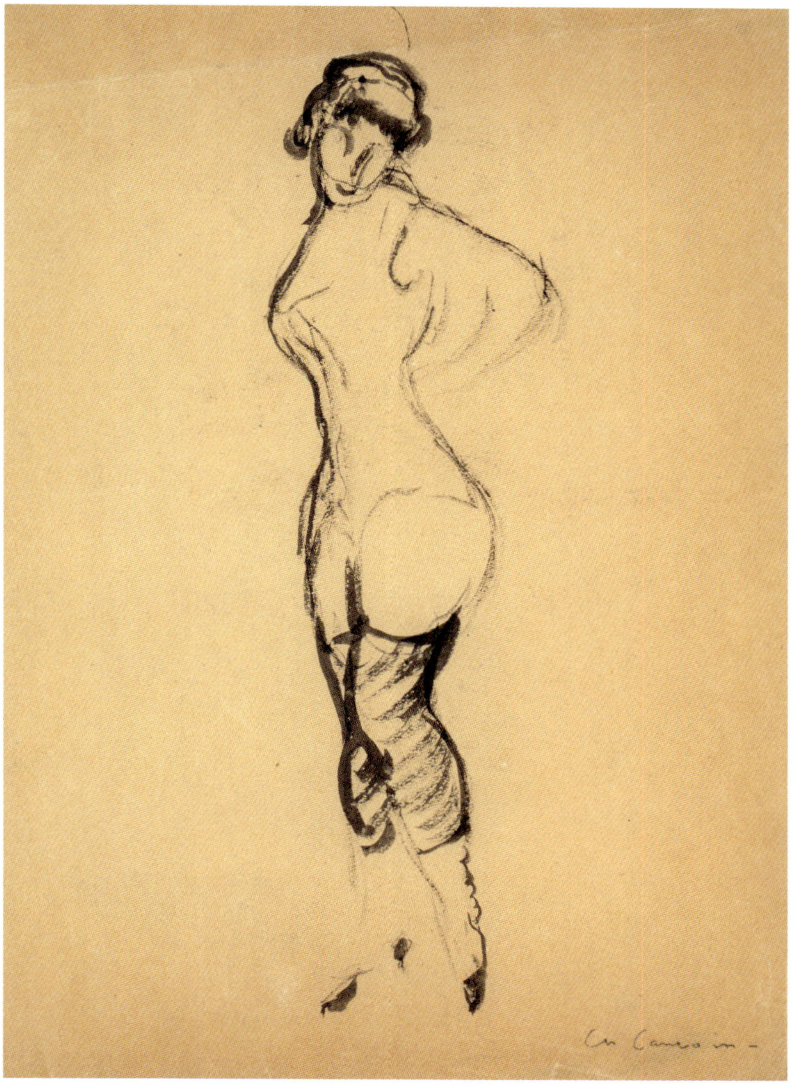

Ill. 49
***Femme aux bas*, vers 1900,**
encre de Chine sur papier, 31 × 24 cm, collection particulière

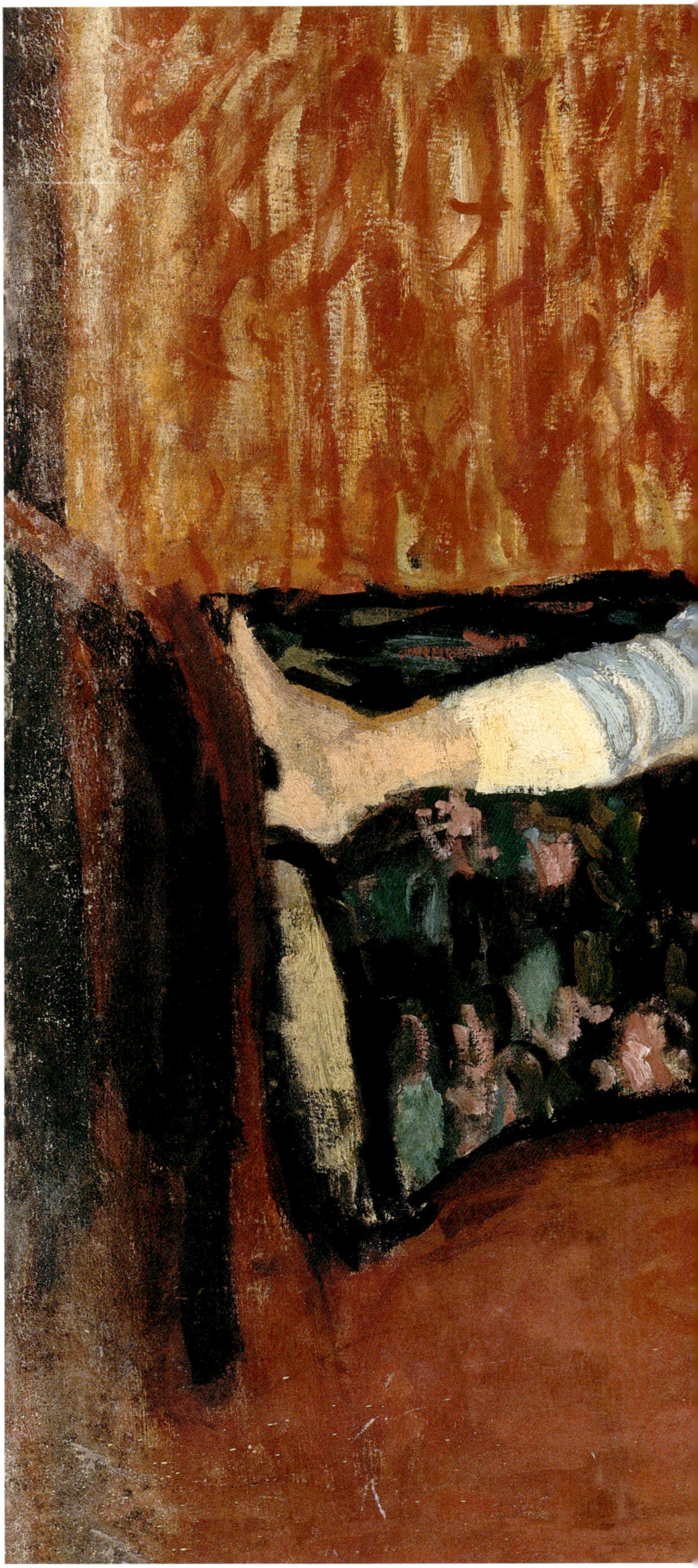

Ill. 50
***La Saltimbanque au repos*, 1905,**
huile sur carton, 65 × 81 cm,
musée d'Art moderne de Paris

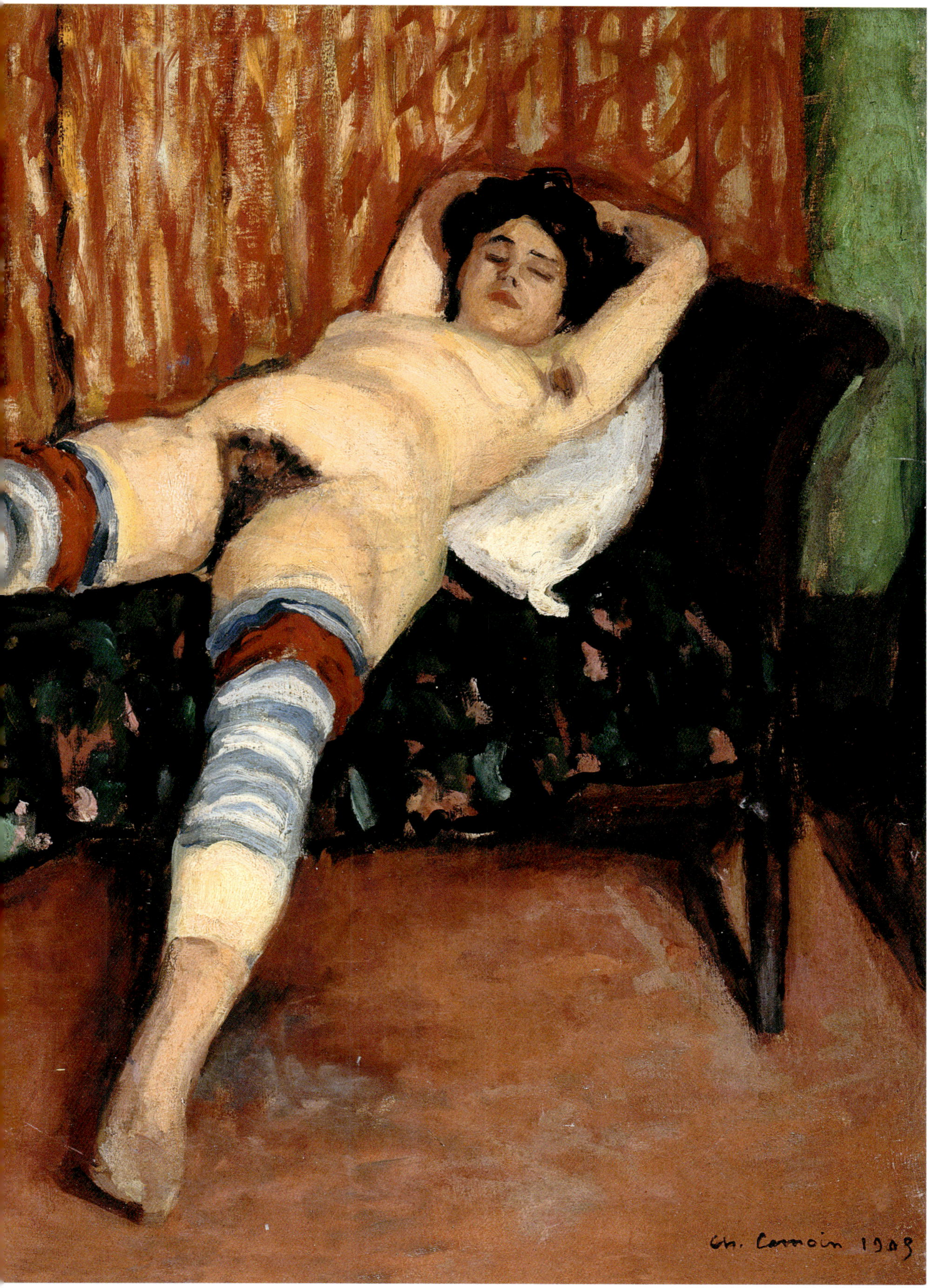
Ch. Camoin 1903

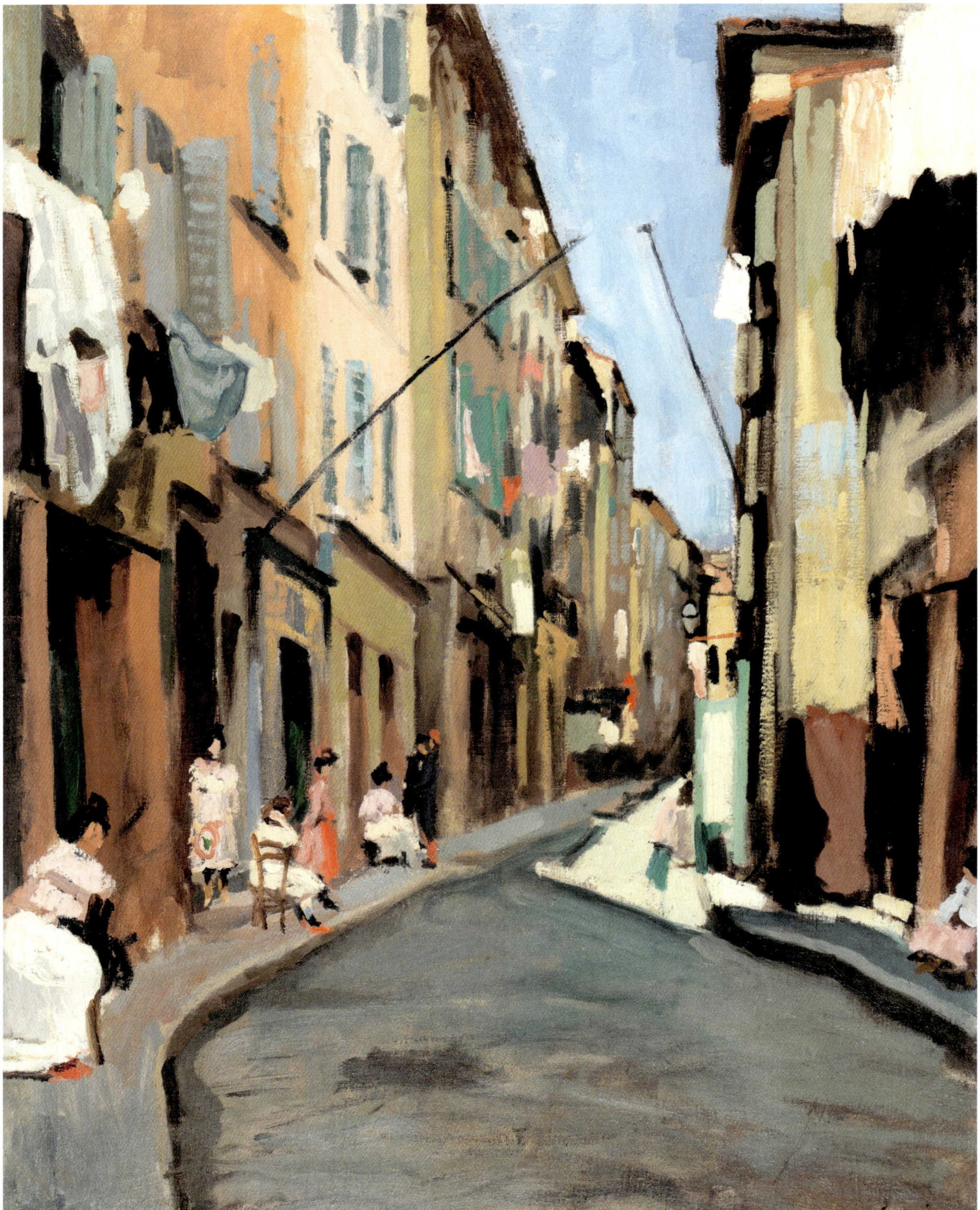

Ill. 51
***Marseille, rue Bouterie*, 1904,**
huile sur toile, 78 × 62 cm, collection particulière, ancienne collection Paul Signac

Fait notable, aucun nu masculin peint par Camoin n'est connu à ce jour. En revanche, quelques fusains esquissés du temps de sa formation à l'École des beaux-arts **(ill. 13, p. 45)** rappellent que le dessin d'académie d'après un modèle masculin posant nu constitue le passage obligé de tout jeune artiste souhaitant maîtriser les rudiments de l'anatomie humaine en ce début de XXe siècle. Par la suite, il a toujours continué à travailler d'après nature, contrairement à sa pratique du paysage pour laquelle il a souvent recours à des cartes postales, ou à la différence de certains de ses anciens camarades avec qui il partageait le même modèle dans des ateliers en commun. Ainsi de Henri Matisse qui, pour travailler sur ses nus féminins, utilise des photographies reproduites dans des revues, régénérées au contact des arts du monde, et en particulier de la statuaire africaine[8].

Chez Camoin, il n'y a peu ou pas de primitivismes sinon un vif intérêt pour les formes classiques de l'art occidental. Sur les conseils de son ancien professeur des Beaux-Arts, Gustave Moreau, il regarde et a regardé les maîtres anciens au musée du Louvre en entraînant son regard par l'exercice de la copie. Il manifeste un goût prononcé pour les peintres coloristes (Titien, Véronèse, Rubens, Rembrandt, mais aussi Le Greco, Goya, Delacroix) et les artistes français du XVIIIe siècle (Boucher, Fragonard)[9]. Grâce à des expositions rétrospectives, il connaît le travail de ses prédécesseurs – Ingres, Courbet, Manet[10]. Il en a même rencontré certains, Renoir en 1918 et Cézanne dès 1902 avec qui il a pu établir des échanges théoriques.

Comment se confronte-t-il à ce passé plus ou moins proche ? Quelle est sa position par rapport à la tradition occidentale du nu féminin ? Quelle place pour l'invention ? Prenant part aux mouvements d'avant-gardes du début de siècle – fauvisme, Camoin cherche également à sortir de l'impasse du canon académique. Pour autant, il n'investit pas les innovations les plus radicales de ses contemporains mais emprunte la voie réaliste ouverte par ses aînés, d'abord Manet, puis Cézanne et l'impressionnisme avec Renoir. Oscillant entre érotisme et formalisme, Camoin tend à construire une expression moderne du nu à partir de moyens qui lui sont propres et qui s'accordent à sa quête d'harmonie picturale.

Si la critique associe autant Camoin au nu féminin, c'est peut-être en raison de l'une de ses toiles qui a marqué les esprits en son temps. Anciennement titré *La Saltimbanque au repos*, le tableau représente une *Fille endormie* sur un lit dans une position aguichante **(ill. 50)** ; entièrement nu, à l'exception de bas multicolores, e personnage est allongé les bras relevés derrière sa tête et les jambes écartées, dévoilant ainsi ses aisselles et son pubis. Le décor, réduit au simple lit recouvert d'un drap fleuri et d'un rideau bariolé de motifs oranges, constitue l'espace d'une chambre qui ne laisse planer aucun doute.

La correspondance échangée entre Matisse et Camoin, riche en détails truculents, vient préciser cette séance de pose. La scène s'est déroulée au Bar des Roses en compagnie de Marquet avec qui Camoin séjourne à Saint-Tropez en juin 1905. Véritable lupanar qu'ils surnomment le «bon bock» en hommage à Manet et ses peintures de prostituées, les deux compères y ont fait «des parties de rires impayables et

Interestingly, there are no examples of male nudes painted by Camoin. However, several charcoal sketches executed during his training at the École des Beaux-Arts **(ill. 13, p. 45)** are a reminder that academic drawing after the nude male model was an essential step for any young artist wishing to master the rudiments of human anatomy at the beginning of the twentieth century. Subsequently, he continued to work from nature, in contrast with his approach to landscapes, for which he often used postcards, and unlike some of his friends, with whom he would study the same model in shared studios. Hence, Henri Matisse who, to help with his study of female nudes, used photographs reproduced in magazines, which were reinterpreted and influenced by art from other cultures, in particular African statues.[8]

In Camoin's work, there is little or no primitivism, but he was clearly inspired by the classical forms of Western art. Following the advice of his former teacher at the Beaux-Arts, Gustave Moreau, he observed and had observed the works of the Old Masters in the Musée du Louvre, training his eye through the exercise of copying. He was particularly interested in the renowned masters of colour (Titian, Veronese, Rubens, and Rembrandt, as well as El Greco, Goya, and Delacroix) and eighteenth-century French artists (Boucher and Fragonard).[9] Thanks to retrospective exhibitions, he was familiar with the work of his predecessors—Ingres, Courbet, and Manet.[10] He even met some of them: Renoir in 1918 and Cézanne in 1902, with whom he had theoretical exchanges.

How did he deal with this recent and not so recent past? What was his stance with regard to the Western tradition of the female nude? What room was there for invention? Participating in the avant-garde movements at the beginning of the century—Fauvism—Camoin also sought to find a way out of the impasse of the academic canons. Nonetheless, he did not adopt the most radical innovations of his contemporaries, but instead was inspired by the realist approach of his elders, initially Manet, then Cézanne, and Renoir's Impressionism. Shifting between eroticism and formalism, Camoin developed a modernist form of the nude which used his own methods and matched his quest to achieve pictorial harmony.

If the critics associated Camoin with the female nude, it was perhaps because one of his canvases made a great impression at the time. Initially entitled *La Saltimbanque au repos*, the painting showed a *Fille endormie* on a bed in a seductive pose **(ill. 50)**; entirely nude, with the exception of multicoloured stockings, the figure is lying down with her arms over her head and her legs spread, thereby revealing both her armpits and pubis. The decor is limited to a simple bed covered with a floral sheet and a variegated curtain with orangish designs, which form a bedroom that leaves little doubt about the activities therein.

The correspondence exchanged between Matisse and Camoin, with a wealth of juicy details, provides information about this session. The scene was set at the Bar des Roses at Saint Tropez, where Camoin sojourned with Marquet in June 1905. At a brothel that they nicknamed 'Le Bon Bock' as a tribute to Manet and his paintings of prostitutes, the two companions burst into 'priceless rounds of laughter that were difficult to

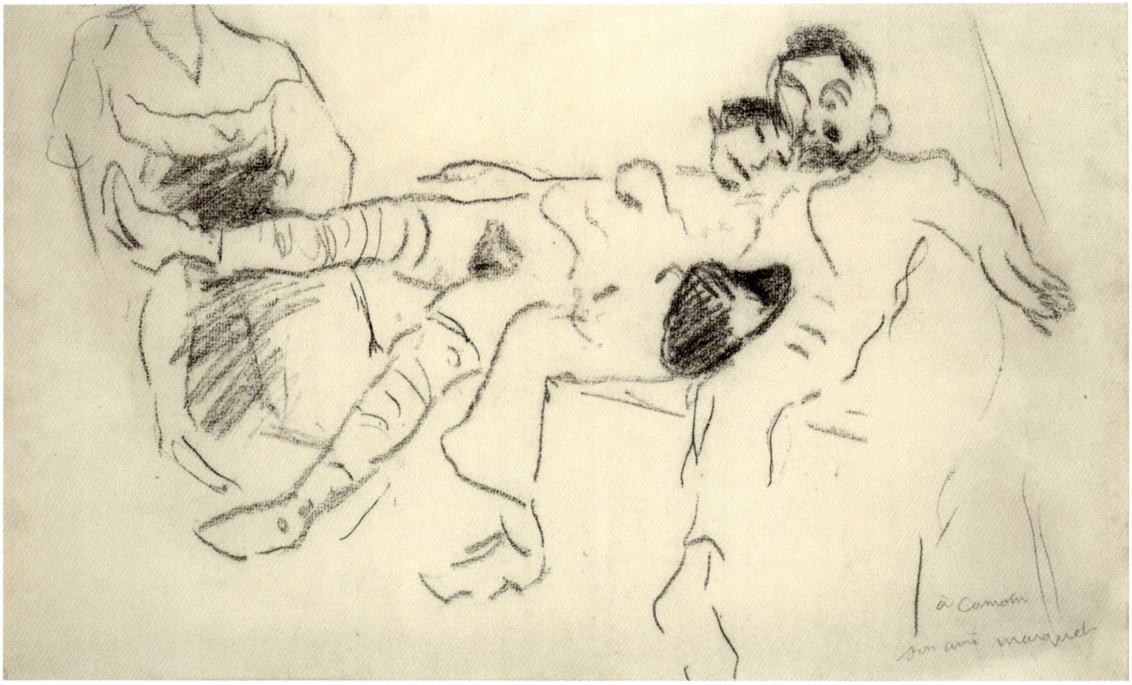

difficiles à décrire[11] ». Des croquis pris sur le vif par Marquet permettent néanmoins de restituer l'ambiance **(ill. 52)**; s'y dégagent une certaine jovialité et proximité avec les travailleuses[12]. *Nu à la chemise mauve* couché **(ill. 53)** et *Nu aux bottines noires* debout **(fig. 1)** ont également été peints d'après des prostituées mais rencontrées cette fois-ci rue Bouterie **(ill. 51)**, une des « rues chaudes » de Marseille dont l'atmosphère, assez misérabiliste en 1898 et plutôt de l'ordre du « carnaval gai »[13] en 1901, a été décrite par Paul Signac dans son journal[14].

Loin d'être anecdotique, ces épisodes témoignent du lien profond, voire de la porosité, qui existe entre prostitution et art[15]. Les analogies entre les deux domaines sont courantes et la citation de Baudelaire, « Qu'est-ce que l'art ? Prostitution » (*Fusées*, I), la résume à merveille. La pratique d'aller au bordel et au cabaret s'est répandue dans toutes les couches de la société masculine au XIXe siècle. Véritable enjeu social lié à la révolution industrielle et à l'exode rural, la prostitution – tolérée et très réglementée – se développe avec la société urbaine française, de Montmartre à Marseille, et constitue l'un des thèmes de prédilection des peintres au tournant du siècle.

Étonnamment, ces tableaux peints par Camoin n'ont pas choqué la critique des années 1900 qui y voit des « corps nus [...] encore plein de licence[16] » sans s'en offusquer à l'excès et préfère s'intéresser au traitement pictural des corps. C'est finalement en 1939 que Camoin connaît un petit succès de scandale lors du cinquantième anniversaire du Salon des indépendants. À cette occasion, il y expose deux de ses anciens tableaux et notamment *La Saltimbanque au repos* qui est lacérée au couteau l'avant-veille du vernissage. Le coupable est Louis-Stanislas Martongen, un ancien élève de l'atelier Moreau, jaloux et proche de l'Action française. Ironie du sort, Camoin et Marquet avaient anciennement baptisé le tableau *La Cible* **(ill. 54)**. À la

describe.'[11] Ad hoc sketches by Marquet give a good idea of the ambiance **(ill. 52)**; a certain joviality and proximity with the working women emanates from these works.[12] The paintings *Nu à la chemise mauve* **(ill. 53)** and *Nu aux bottines noires* **(fig. 1)** also depict prostitutes, respectively recumbent and standing, this time portrayed in *Rue Bouterie* **(ill. 51)**, one of the 'red-light streets' in Marseilles, whose atmosphere, which was rather sordid in 1898 and more like a 'joyous carnival'[13] in 1901, was described by Paul Signac in his diary.[14]

Far from being anecdotal, these episodes attest to the profound link, even porosity, that existed between prostitution and art.[15] Analogies were often made between the two fields were common: a quote from Baudelaire asks, 'What is art? Prostitution' (*Fusées*, I). The practice of going to the whorehouse and the cabaret was common to every social class in the male society of the nineteenth century. A veritable social issue linked to the industrial revolution and the rural exodus, prostitution—which was tolerated and highly regulated—developed alongside French urban life, from Montmartre to Marseilles, and was one of the favourite themes for painters at the turn of the century.

Incredibly, these pictures painted by Camoin did not shock critics when they were painted, who perceived them as 'nude bodies (...) full of impudence',[16] taking offence at the excess, and preferred to focus on the pictorial treatment of the bodies. In fact, Camoin 'enjoyed' a minor scandal at the fiftieth anniversary of the Salon des Indépendants in 1939. On this occasion, he exhibited two of his older paintings, in particular *La Saltimbanque au repos*, which was slashed with a knife the day before the eve of the vernissage. The person responsible was Louis-Stanislas Martongen, a jealous former student from Moreau's studio who had become involved with Action Française (a nationalist and royalist far-right movement). Ironically, Camoin and Marquet had previously baptised the picture *La Cible*, or 'The

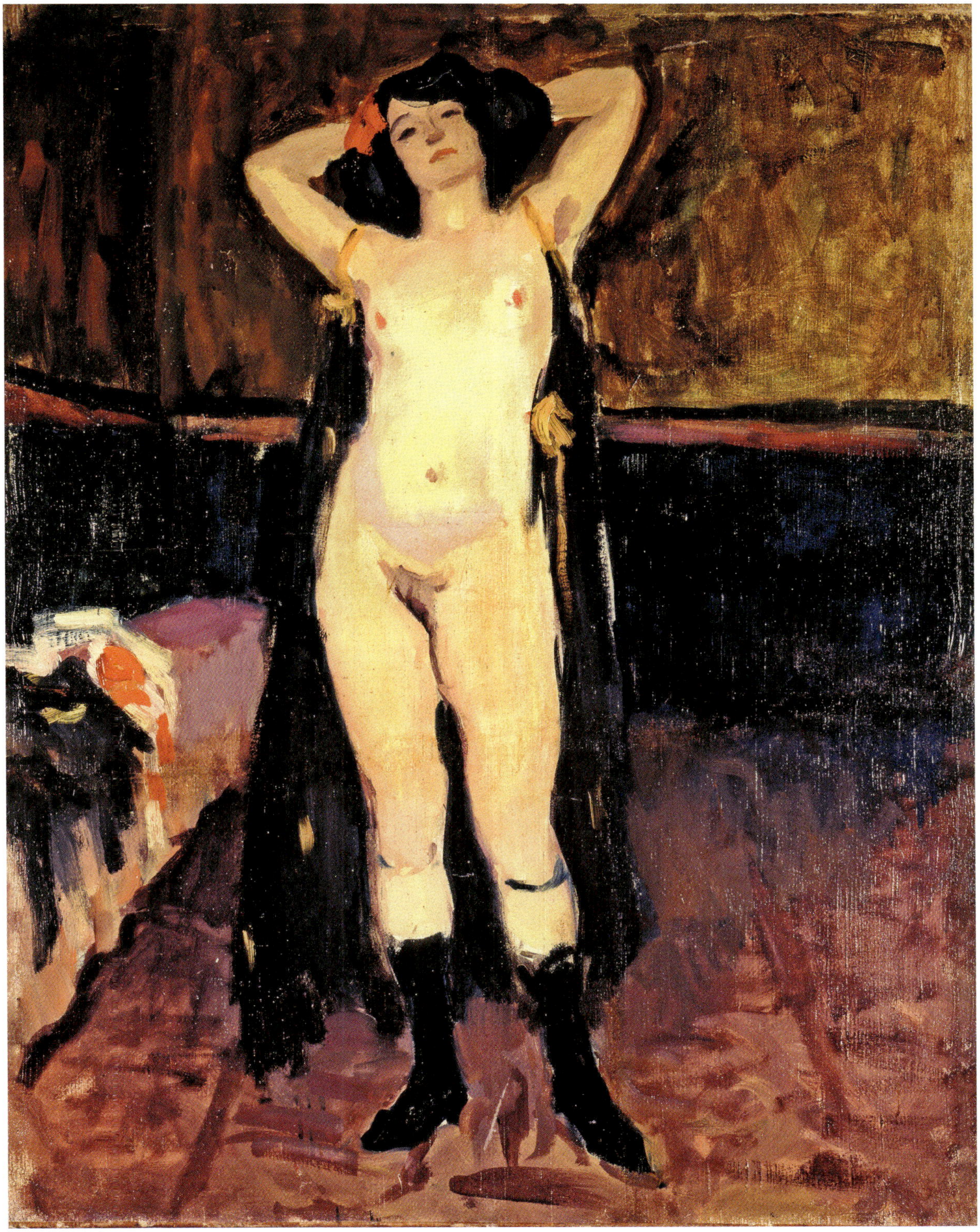

Ill. 52
Albert Marquet, *Camoin et son modèle au bar des Roses*, 1905,
crayon sur papier, 27 × 44 cm, collection particulière

Fig. 1
***Nu aux bottines noires*, 1904,**
huile sur toile (coupée et restaurée), 81 × 65 cm, collection particulière

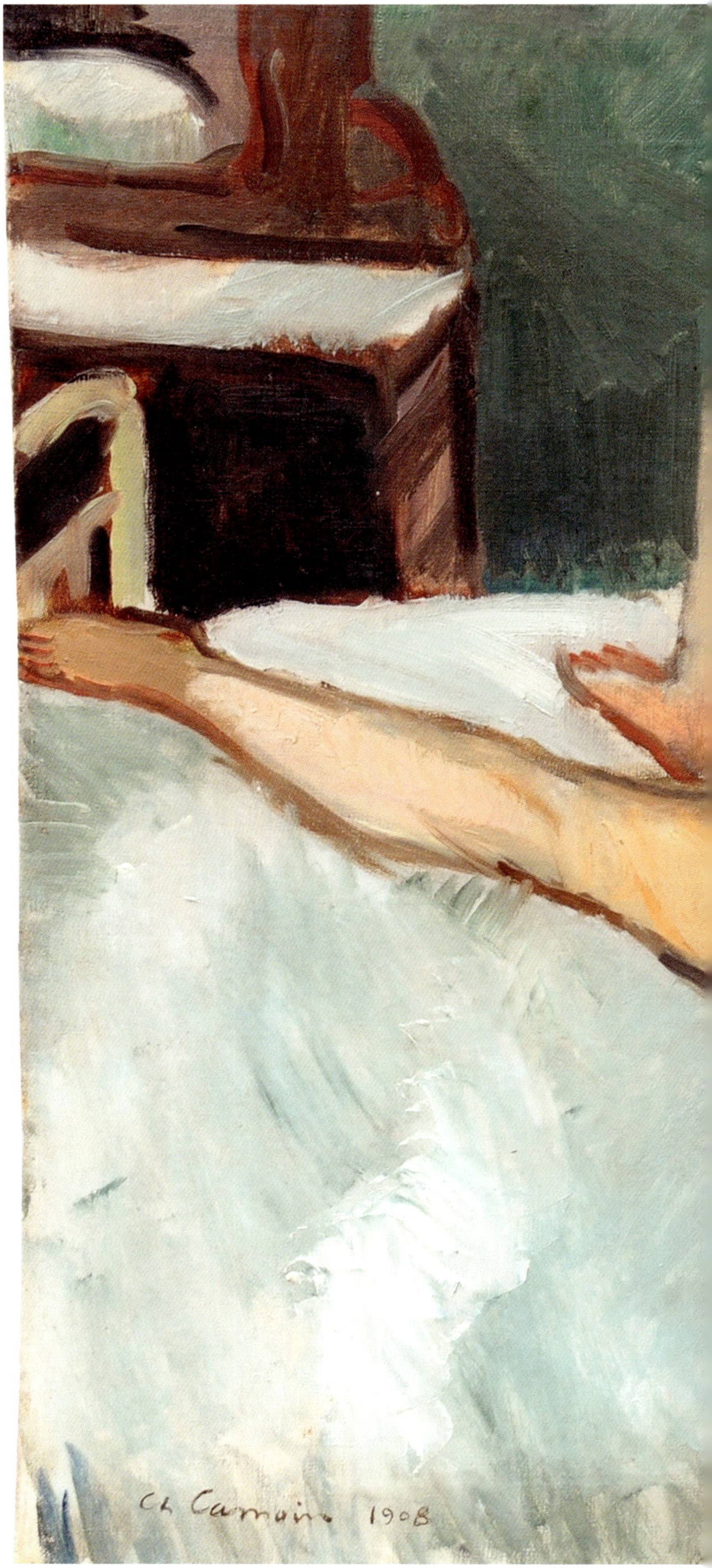

Ill. 53
***Nu à la chemise mauve*, 1908,**
huile sur toile, 65 × 81 cm, musée de Grenoble

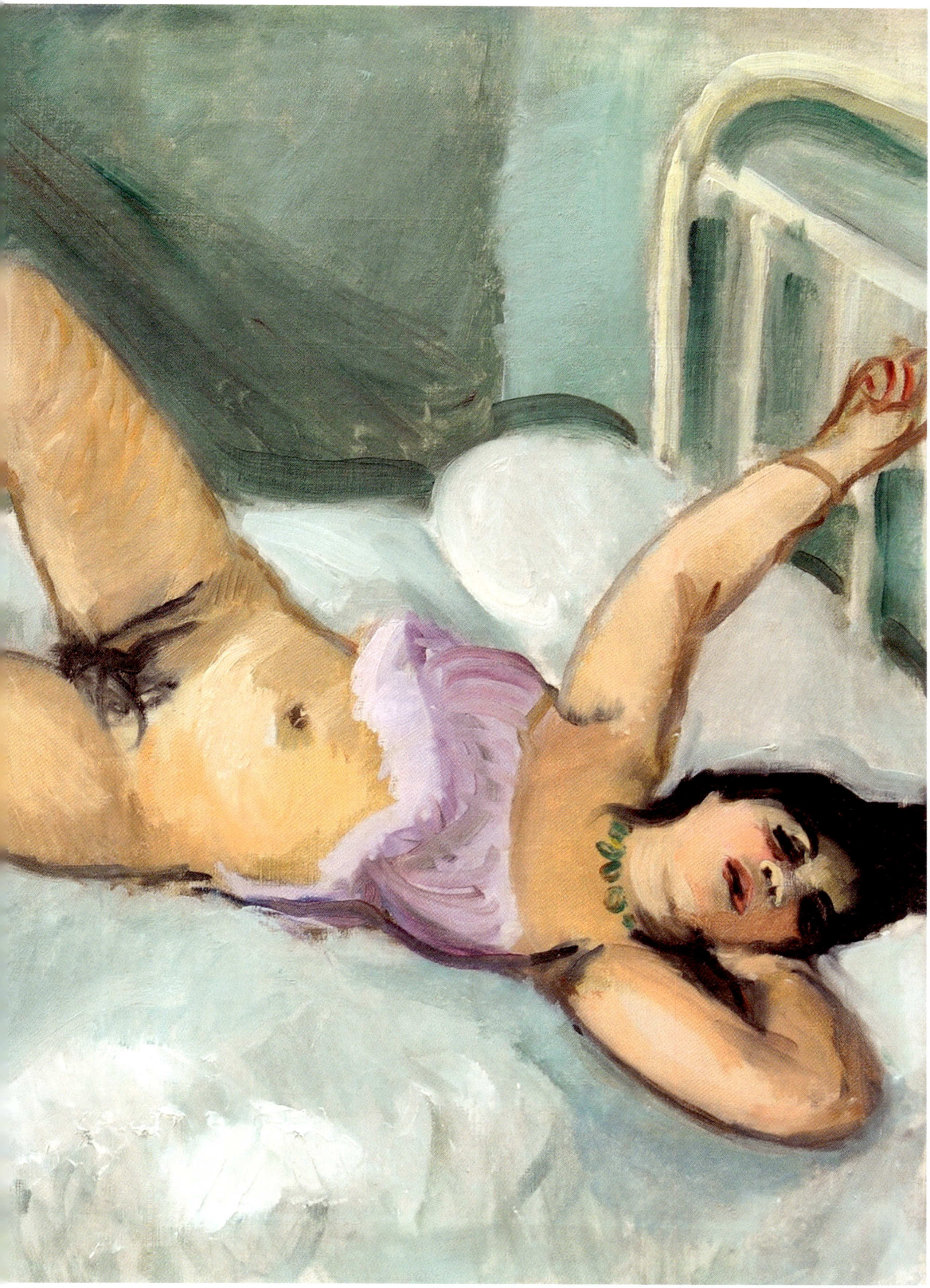

suite de cet incident fâcheux, la toile *Saltimbanque*, peinte en 1905, connaît un grand retentissement dans la presse avec pas moins d'une trentaine de chroniques écrites à son propos. Ainsi, dans le numéro du 17 mars 1939 du *Petit Journal*, L. Paillard raconte : « Une audacieuse petite peinture de Camoin a subi, au Grand-Palais même, la mutilation monstrueuse d'un inconnu » ; ou encore André Lhote dans la *Nouvelle Revue française* du 1er avril 1939 offre un compte-rendu détaillé : « [...] une personne [...] se livra, à la nuit, sur un tableau de Camoin (représentant une femme nue, soumettant ses avantages secrets à une lumière véritablement irrésistible), à des manœuvres sadiques qui eurent pour résultat d'arracher à l'œuvre des fragments de toile. On retrouva ces morceaux de toile à terre, comme palpitants. » S'agissant toutefois plus d'un acte de vandalisme isolé que d'une vague puritaine, il semble donc que, quarante ans après le scandale de l'*Olympia* de Manet au Salon[17], l'effet de réel, tant dans le sujet que la facture, ne bouleverse plus outre mesure la critique.

Visible au musée du Luxembourg à Paris à partir de 1890, l'*Olympia*, elle-même inspirée de la *Vénus d'Urbino* du Titien et de *La Maja nue* de Goya ou encore de la *Vénus au miroir* de Velázquez, constitue l'une des principales références de Camoin. À la manière de Manet, il n'y a plus de *biais* mythologique, biblique ou exotique pour justifier la représentation du nu féminin ; Camoin n'a pas besoin d'affirmer qu'il « fai[t] des odalisques pour faire du nu[18] ». Dans ses compositions, le peintre marseillais rompt avec la distance spatio-temporelle, celle de l'Orient et de l'Antiquité gréco-romaine fantasmés, qui autorisait de telles images, pour ancrer son sujet dans la plus stricte contemporanéité : il s'agit d'un thème moderne et actuel, celui d'une prostituée sur son lieu de travail, sans pour autant y adjoindre une dimension moralisatrice.

Ces images aux sujets détournés sont traditionnellement associées à une idéalisation de la figure humaine qui, en lissant les corps (proportions et textures), à l'instar de celui de *La Naissance de Vénus* d'Alexandre Cabanel (1863, musée d'Orsay), rend acceptable de les peindre nus. Au contraire, Camoin prolonge la transgression des codes de la représentation académique opérée par ses aînés et fait le choix d'une modernité réaliste. Les corps conservent leurs aspérités et particularités ainsi que leur pilosité et sont rendus par un dessin simplifié, parfois cerné. Ils s'animent par des couleurs chaudes (des jaunes, orange, roses, rouges, avec des pointes de violet ou de noir pour marquer les ombres), très éloignées du blanc laiteux utilisé par Cabanel, avec une touche légère, ponctuée par des tons francs. Le blanc de la toile est laissé visible à certains endroits, tout comme les coups de brosse et traits de pinceau, ce qui tranche avec l'aspect léché de l'art officiel.

Camoin cherche à redonner vie à ces ersatz de corps de femmes et, pour cela, la représentation de prostituées offre un répertoire renouvelé de modèles, d'attitudes et d'expressions, là où l'académisme est figé dans des conventions vidées de leur sens. Ses figures, que ce soit *La Saltimbanque au repos*, *Nu à la chemise mauve* ou *Nu aux bottines noires*, sont individualisées. Leurs regards et positions sont francs, sans sourire, soit elles fixent le spectateur, soit elles se perdent

Target' **(ill. 54)**. Following this incident, the press commented widely on the picture entitled *Saltimbanque*, painted in 1905, about which no less than thirty articles were written. Thus, in the Petit Journal of 17 March 1939, L. Paillard wrote: 'a daring little painting by Camoin was subjected, in the Grand-Palais, to a monstrous mutilation by a stranger'; André Lhote, writing in the *Nouvelle Revue française* on 1 April 1939, provided a more detailed report: 'at night, (...) a person (...) subjected a picture by Camoin (representing a nude woman, revealing her secret advantages in a truly irresistible light) to vicious acts that resulted in strips of canvas being torn away from the work. These pieces of canvases were found on the floor, as though vibrating.' More of an isolated act of vandalism than a puritanical reaction, it seems that, forty years after the scandal of Manet's *Olympia* at the Salon,[17] the effect of realism both in the subject and its treatment did not provoke any particular critical outrage.

On view at the Musée du Luxembourg in Paris from 1890, the painting *Olympia*, itself inspired by Titian's *Venus of Urbino*, Goya's *Naked Maja*, and Velázquez's *Venus at her Mirror*, was one of Camoin's main references. Like Manet, Camoin no longer turned to a mythological, biblical, or exotic way to justify the representation of a female nude; he did not need to explain that he was 'representing odalisques to portray nudes.'[18] In his compositions, the Marseilles-born painter broke away from the spatial-temporal distance, that of the imagined Orient and Graeco-Roman antiquity, which allowed for such images, and adopted an entirely contemporary approach to his subject matter: it was a modern and contemporary theme, that of a prostitute in her place of work, with no moralising dimension.

These images of subverted subject matter were traditionally associated with the idealisation of the human figure, which smoothed out the bodies (proportions and textures), as in Alexandre Cabanel's *La Naissance de Vénus* (1863, the Musée d'Orsay), making their nudity acceptable. In contrast, Camoin extended his shift away from the codes of the academic representation of his elders, and opted for a realist modernity. The bodies retained their irregularities and particularities, as well as their hair, and were drawn in a simplified manner, sometimes with outlines. Camoin brought them to life with warm colours (yellows, oranges, pinks, reds, with areas of violet or black to indicate the shadows) quite different from the milky white used by Cabanel, using light strokes, punctuated by pure tones. The white of the canvas was left visible in certain places, as were the brushstrokes and lines of paint, which contrasted with the softer appearance of official art.

Camoin wished to bring these ersatz female bodies to life, and, in this quest, the depiction of prostitutes provided a constantly renewed repertoire of models, poses, and expressions, while academicism was locked into conventions that had lost their meaning. His figures, whether *La Saltimbanque au repos*, *Nu à la chemise mauve*, or *Nu aux bottines noires*, are individualised. Their gazes and poses are frank, unsmiling, and they either look into the viewer's eyes or are lost in their own ecstasy or reverie, ignoring even the viewer, who is reduced to the status of a voyeur. Their poses are neither seductive nor languid, but rather provocative

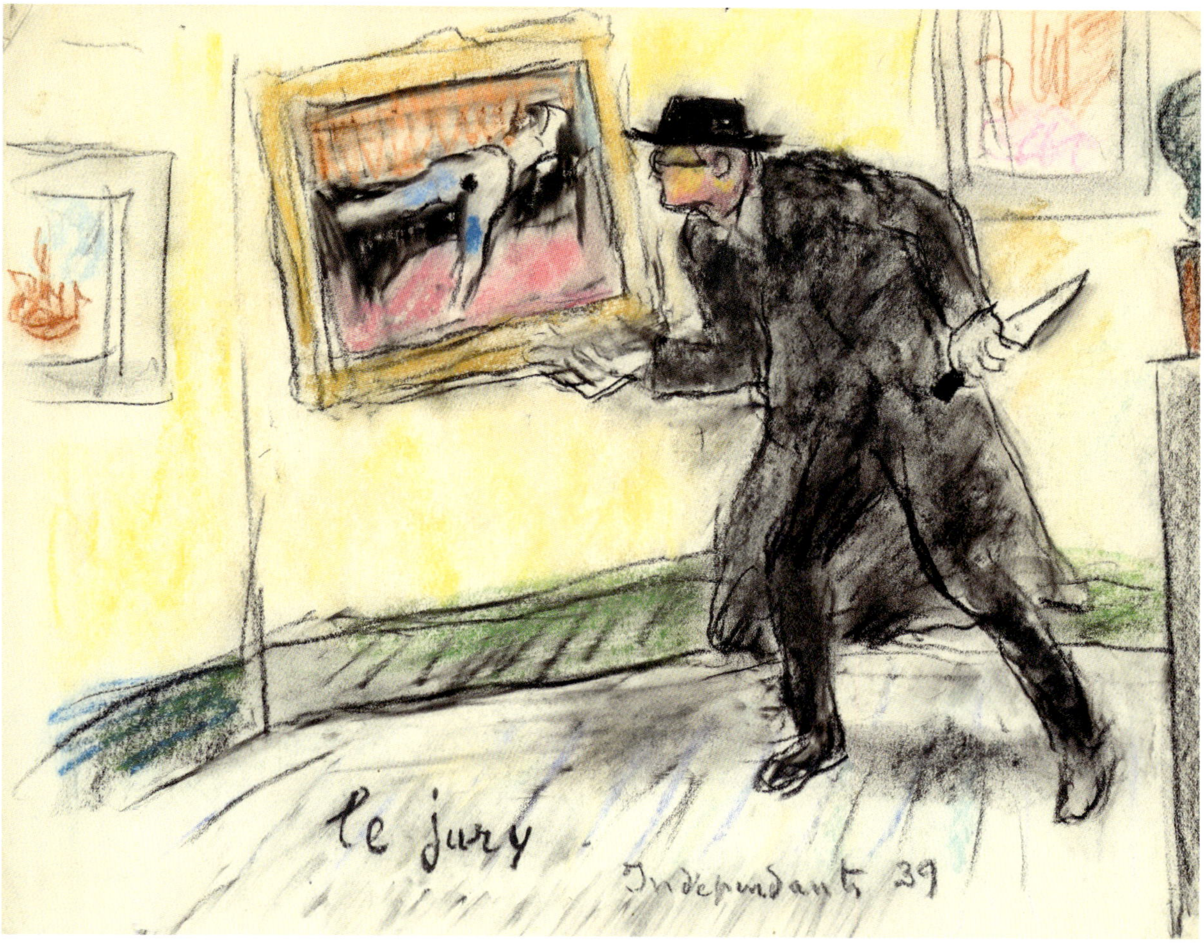

Ill. 54
***Le Jury, Salon des indépendants*, 1939,**
pastel sur papier, 26 × 34 cm, collection particulière

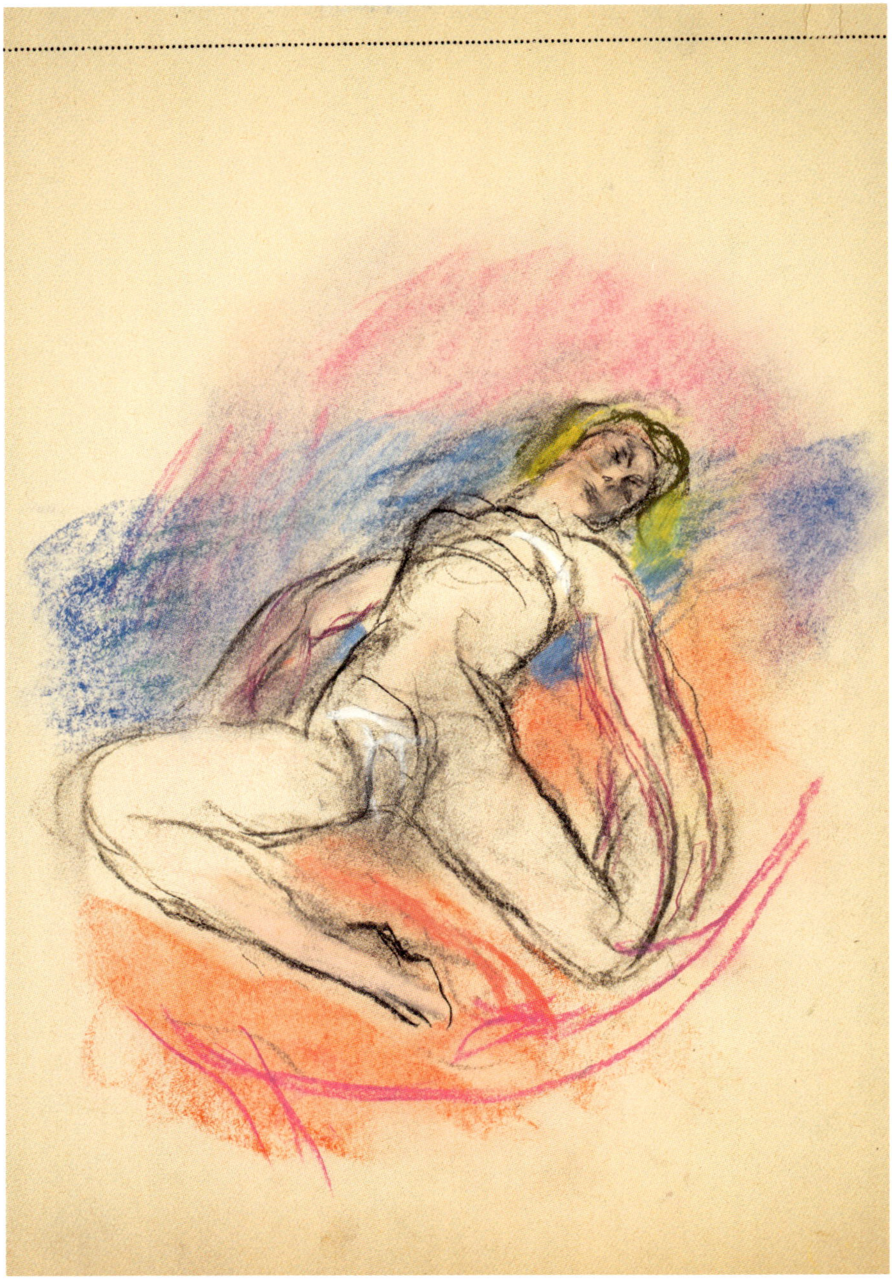

Ill. 55
***Nu en mouvement*, s. d.,**
pastel et crayon sur papier, 37,5 × 27 cm, collection particulière

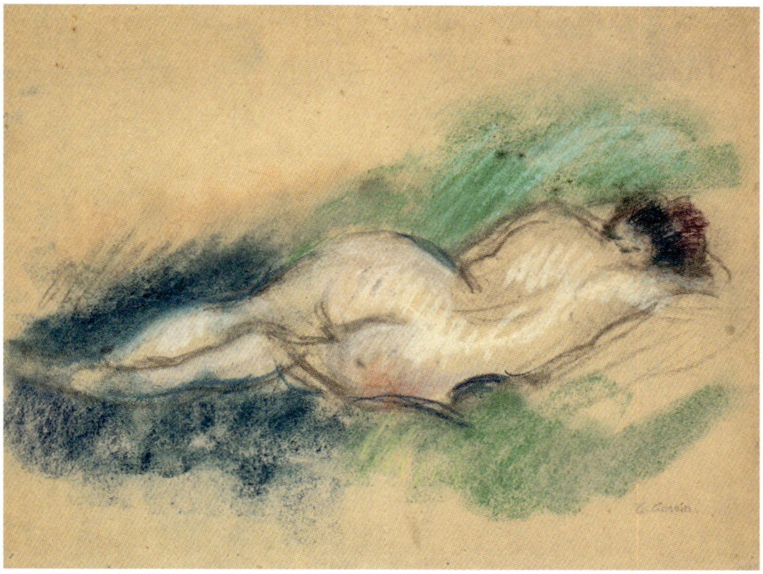

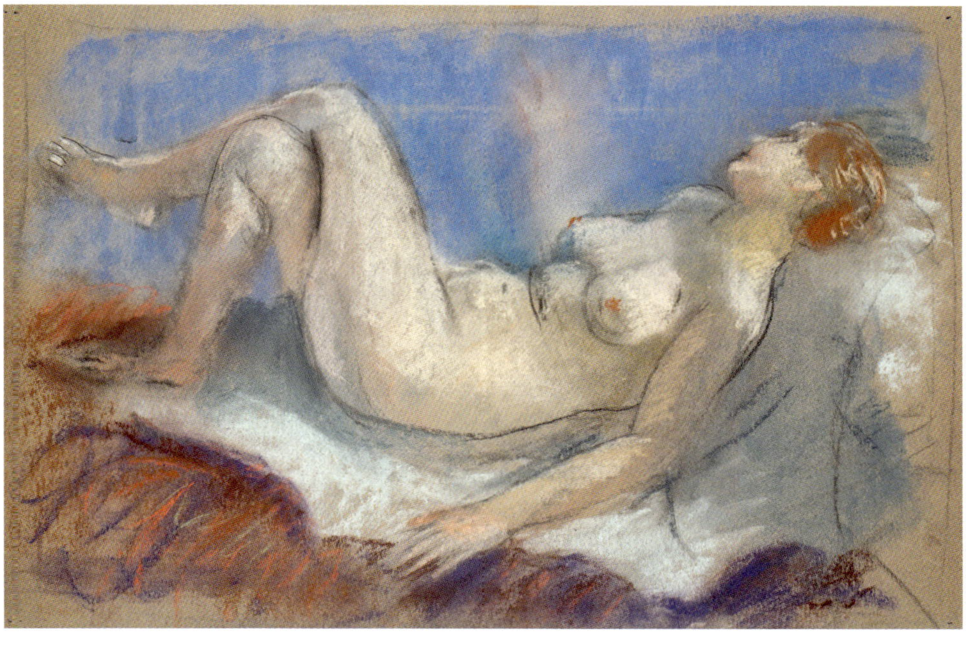

Ill. 56
***Nu allongé de dos*, vers 1900,**
pastel sur papier, 25 × 31,5 cm, collection particulière

Ill. 57
***Nu allongé*, vers 1925,**
pastel sur papier, 30 × 46,5 cm, collection particulière

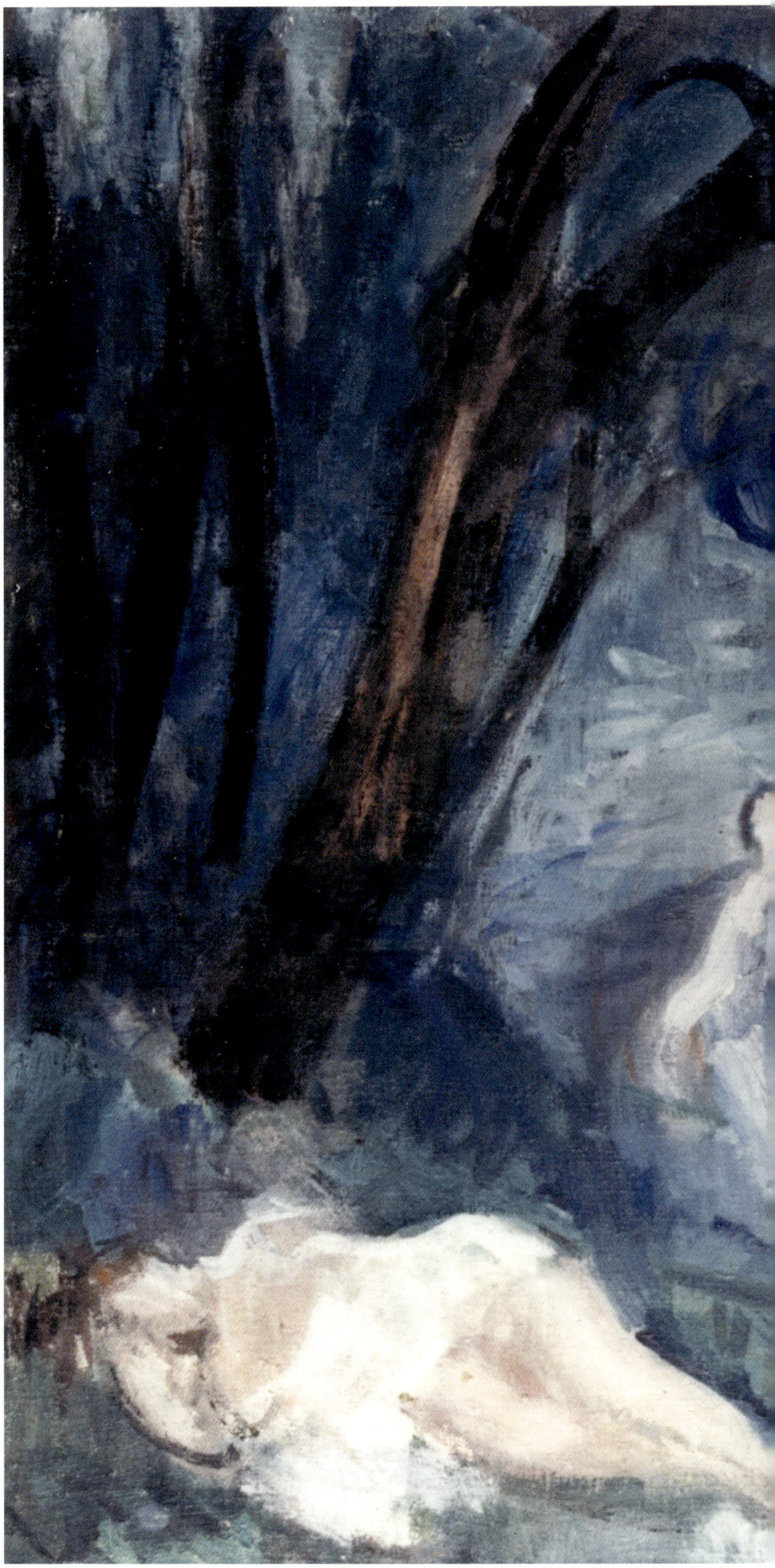

Ill. 58
***Les Baigneuses*, 1912,**
huile sur toile, 73,5 × 92,5 cm,
musée Granet, Aix-en-Provence

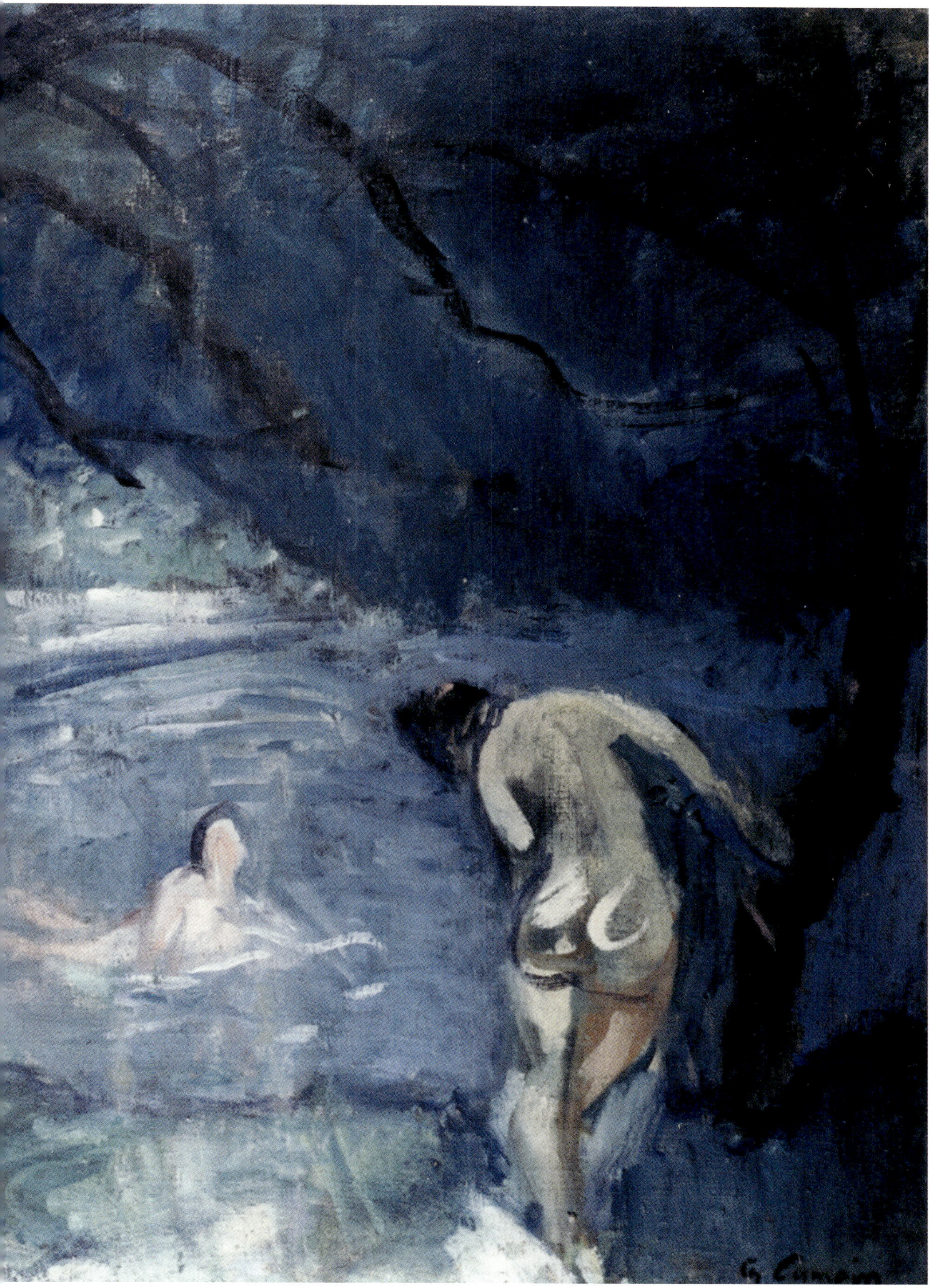

dans leur extase ou leur rêverie, ignorant même le spectateur réduit à une position de voyeuriste. Leur attitude n'est pas séductrice ni alanguie, mais provocante et assumée. Aucune d'elles n'exprime de fausse naïveté ou pudeur, arborant fièrement ses attributs, à savoir ses outils de professionnelle du sexe; images bien éloignées des Vénus simulant la surprise au sortir du bain. Camoin rend son intégrité au corps féminin, qui n'est plus un véhicule à l'idée du Beau. C'est comme si, avec *La Saltimbanque au repos*, Camoin allait encore plus loin que Gustave Courbet en redonnant un corps à la figure de *L'Origine du monde* (1866, musée d'Orsay) et, par la pose provocante du modèle, poussait à son paroxysme l'étude du réel dans un réalisme cru.

Par ce dispositif, Camoin reprend un stratagème largement pratiqué par Manet en mettant le spectateur à la place du client qui est confronté de manière directe et immédiate, sans équivoque, à une réalité contemporaine, une représentation de la prostitution telle que l'a exhortée Baudelaire[19] dans *Le Peintre de la vie moderne* (1863). Subversion ultime de ce poncif de la peinture occidentale, Camoin cherche à ramener le nu féminin à ce qu'il est *véritablement* derrière ses faux-semblants exotiques ou mythologiques: une image érotique, plaisante à regarder, sensuelle par sa matérialité, à même de faire naître le désir pour la femme représentée sinon pour le tableau.

Contrairement au nu académique, qui tend à incarner une Beauté idéale fondée sur les canons antiques et qui correspond davantage à la tradition humaniste de la Renaissance, Camoin cherche avec son nu moderne érotique à être au plus Vrai. Il souhaite revenir au plus proche de la nature, du vivant, par le travail d'après modèle et par la représentation la plus juste des individus. Cette quête de vérité, qui s'exprime par des formes bien réelles, demeure néanmoins une approche descriptive alors même que l'un des enjeux de l'art moderne, selon les fauves, est d'affranchir l'art non seulement de l'académisme dans le prolongement des expériences du siècle précédent, mais aussi de la mimèsis picturale, c'est-à-dire de l'imitation de la nature, au profit d'une expressivité plastique: «Le but n'est pas d'imiter, le but est de construire et de suggérer» (Journal de Charles Camoin, 27 février 1943)[20].

C'est peut-être ce paradoxe qui conduit Camoin à commencer sa série des «Baigneuses» dès 1912 **(ill. 58)**, qu'il reprend brièvement dans les années 1920 **(fig. 2)**, avant de s'y consacrer sérieusement à partir des années 1960. Entre-temps, il a poursuivi, mais de manière secondaire, sa production de nus érotiques d'après son épouse Lola ou des modèles professionnels **(ill. 55 à 57)**. Il revient donc à l'âge de quatre-vingt-un ans sur le grand thème de ses dernières recherches: les «Baigneuses» qui, avec la série des «Promeneurs à Ramatuelle», représentent une expérience unique dans l'œuvre de Camoin d'intégration de la figure au paysage. Aidé par différentes esquisses de la campagne aixoise et études de nus **(ill. 59)**, il a

and self-assured. None of them have a false naivety or modesty: they proudly display their attributes, which is to say their professional tools used for sexual services. These images are very far from the Venuses feigning surprise as they climb out of a bath. Camoin restored integrity to the female body, which is no longer simply a vehicle for the idea of Beauty. It was as though, in the work *La Saltimbanque au repos*, Camoin went even further than Gustave Courbet by giving the figure in *L'Origine du monde* (1866, the Musée d'Orsay) an entire body and, through the model's provocative pose, taking the study of reality to its limit via gritty realism.

Using this device, Camoin was adopting a strategy generally practised by Manet, by placing the viewer in the position of the client, who is instantly, directly, and unequivocally confronted with a contemporary reality, a representation of prostitution as Baudelaire[19] portrayed it in *Le Peintre de la Vie Moderne* (1863). In the ultimate subversion of this stereotype of Western painting, Camoin sought to represent the female nude as it truly was in real life, far away from its exotic or mythological pretensions: an erotic image, agreeable to observe, sensual in its materiality, and likely to provoke a sensation of desire towards the woman depicted or even towards the painting.

Unlike academic nudes, which tended to embody an ideal beauty founded on the ancient canons and which corresponded more to the humanist tradition of the Renaissance, Camoin was attempting with his modern erotic nude to get as close as possible to the truth. He wanted to get closer to nature and capture a living being, by studying the live model and through a more accurate representation of the individual. This quest for truth, which is evident in a very real form, was still a descriptive approach, while one of the aims of modern art, adopted by the Fauves, was to free art not only from academicism by continuing the experiments of the previous century, but also pictorial mimesis—the imitation of nature—in favour of plastic expressiveness: 'The aim is not to imitate, the idea is to construct and suggest' (Charles Camoin's diary, 27 February 1943).[20]

It was perhaps this paradox that led Camoin to begin working on his 'Baigneuses' series in 1912 **(ill. 58)**, which he briefly resumed in the 1920s **(fig. 2)**, before devoting himself seriously to it in the 1960s. In the meantime, he continued working, to a lesser degree, on erotic nudes based on his wife Lola or on professional models **(ill. 55 to 57)**. Hence, at the age of eighty-one he resumed the major theme of his latest works: the 'Baigneuses', which, along with the series of the 'Promeneurs à Ramatuelle', were a unique example in Camoin's oeuvre of the integration of figures into landscape. With the help of various sketches of the Aixois countryside and nude studies **(ill. 59)**, he began his exploration, initially with a composition of two, then three figures, and finally five figures. In total, six versions were executed between 1962 and 1964, of which the

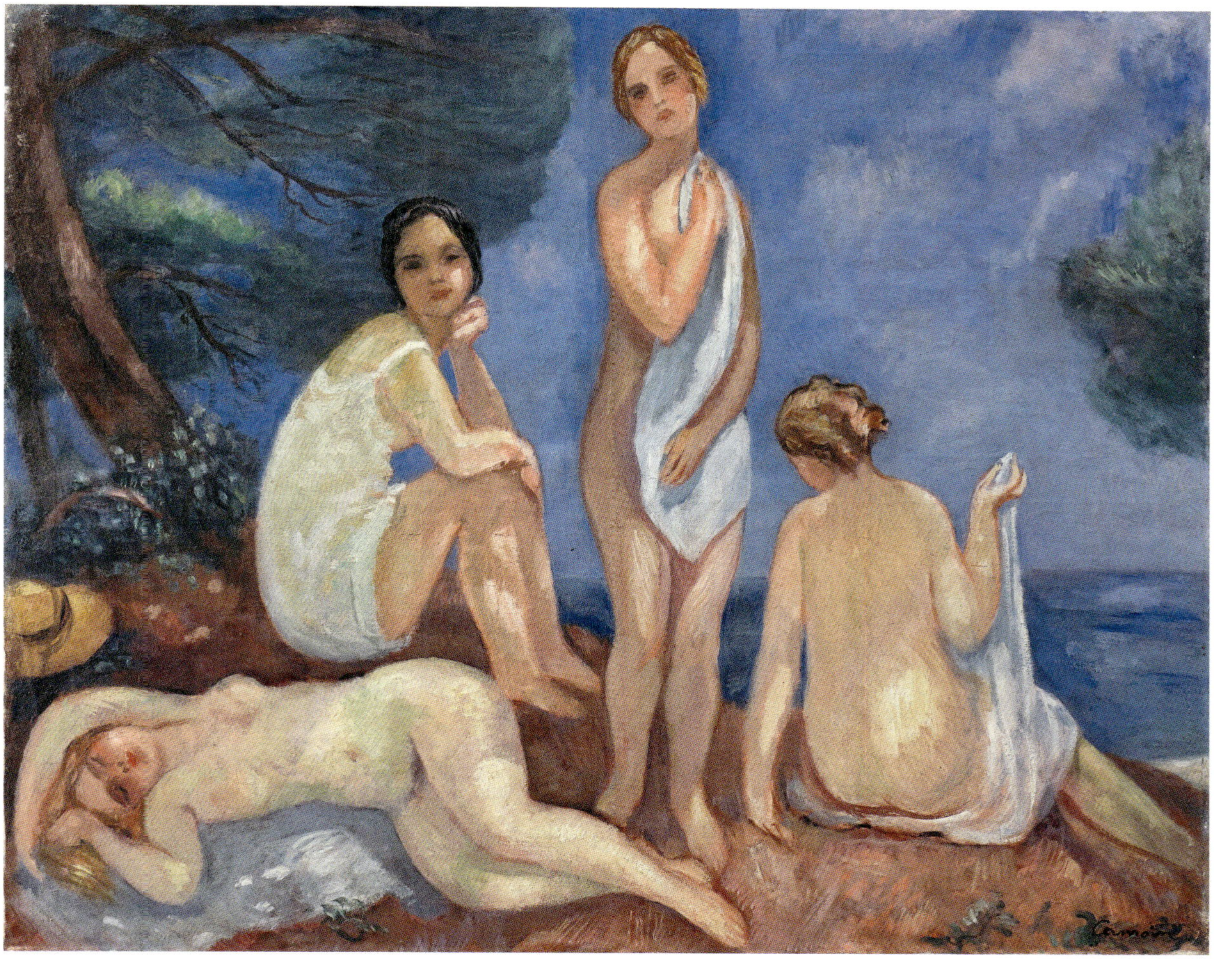

Fig. 2
***Les Quatre Baigneuses*, 1921,**
huile sur toile, 114 × 146 cm, Hiroshima Museum of Art, Hiroshima

entamé son exploration, d'abord par une composition à deux, puis trois personnages, avant de se fixer à cinq figures. Au total, six versions sont exécutées de 1962 à 1964 et dont la plus aboutie est celle peinte sur papier en 1963 **(ill. 60)**.

Son travail préparatoire s'est également accompagné de l'observation scrupuleuse des compositions de groupe des grands maîtres de l'art occidental. En sus de reproductions de tableaux accrochées aux murs de l'atelier[21], il prend note de leurs dispositifs par de rapides études à l'huile, au pastel ou au crayon sur papier, sorte de mémento technique par lequel il assimile leurs procédés[22] **(ill. 61 à 64)**. Toutefois, ce sont les *Baigneuses* de Cézanne[23] et de Renoir qui constituent la matrice de sa série. Considéré comme le peintre des nus depuis Guillaume Apollinaire[24], le maître de l'impressionnisme jouit d'une grande réputation auprès des peintres et critiques des avant-gardes. Sa dernière période, plus radicale et libre dans son traitement pictural, constitue l'une des principales sources des grandes compositions de baigneuses peintes par les jeunes artistes au début du XXe siècle, érigeant bientôt le thème en motif classique de l'art moderne[25].

L'exigence d'intégration de la figure dans la surface décorative consiste en «une expérience de composition[26]». Dans *Les Grandes Baigneuses* **(ill. 60)**, Camoin reprend aux *Femmes au bain* de Renoir (1915, Nationalmuseum, Stockholm) son dispositif organisationnel en forme de triangle des cinq figures nues. Il les place néanmoins sur un seul et même plan, dont la profondeur est anéantie par les formes et couleurs de la végétation luxuriante, ceci afin de former un espace-plan. En outre, il vient fermer la composition en reprenant le motif cézannien de l'arcade en berceau des arbres, ce qui permet de constituer un cadre à même la toile. Il cherche à trouver un équilibre entre la représentation de la figure humaine et celle de la surface décorative en mettant l'accent sur les moyens plastiques du tableau qu'il agence subtilement à la surface de la toile. À cette fin, les figures féminines sont schématisées, leurs visages s'estompent, leurs corps sont soumis à de légères déformations expressives. Leurs lignes sensuelles, évoquant les arabesques ingresques et autres Vénus du XVIIIe siècle, sont répétées en écho; celle de la hanche supérieure du nu couché dans le coin inférieur gauche est reproduite dans les branches la surplombant tandis que les figures du fond reprennent les mêmes positions que les arbres qui les entourent. Si la couleur des chairs roses-orange contraste avec les bleu-vert de la végétation environnante, l'ensemble se fond dans un seul et même espace pictural grâce à une densité de matière équivalente déployée par une touche effilée. Le tout est uniformisé par une lumière bleutée, rappelant celle utilisée par Cézanne, qui vient adoucir les transitions entre les différents éléments constitutifs. Camoin construit son œuvre à partir de la spatialisation de la couleur afin de créer une surface saturée et vibrante, une harmonie colorée qui traduit ses sensations visuelles face au

most advanced version was the one painted on paper in 1963 **(ill. 60)**.

His preparatory work was also complemented by a detailed study of group compositions executed by the great masters of Western art. In addition to reproducing pictures hanging on the studio's walls,[21] he carefully included all their pictorial devices by executing rapid sketches in oil, pastels or pencil on paper, as a sort of technical memento that helped him assimilate their approaches **(ill. 61 to 64)**.[22] Nonetheless, the *Baigneuses* executed by Cézanne[23] and Renoir remained the real basis for his series. Considered the painter of nudes ever since Guillaume Apollinaire described Renoir as such,[24] the Impressionist master had quite a reputation amongst the avant-garde painters and their critics. His last period, which was more radical and free in its pictorial approach, was one of the main sources for the major compositions of bathing women painted by the young generation of artists at the beginning of the twentieth century, who soon elevated them to a standard motif of modern art.[25]

The requirement to integrate the figure into the decorative surface was 'a compositional experiment'.[26] In *Les Grandes Baigneuses* **(ill. 60)**, Camoin was inspired by Renoir's *Femmes au bain* (1915, Nationalmuseum, Stockholm) to use an organisational layout in the form of a triangle of five nude figures. Nevertheless, he placed them all in the same plane, whose depth is obliterated by the forms and colours of the luxurious vegetation, in order to form a flat space. Also, he enclosed the composition by his use of the Cézannian motif of vaulted trees, which enabled him to create a framework within the picture. He sought to find a balance between the representation of the human figure and that of the decorative surface by placing an emphasis on the plastic means of the picture that he subtly arranged on the surface of the canvas. To this end, the female figures are schematic, their faces are not clearly defined, and their bodies are subjected to slight expressive deformations. Their sensual lines, evoking Ingresque arabesques, and eighteenth-century paintings of Venus, are repeated like an echo; that of the upper hip of the reclining nude in the lower left-hand corner is reproduced in the branches overhead, while the figures in the background imitate the same positions as the trees around them. While the pink and orange colour of the flesh contrasts with the blue-green of the surrounding plants, the ensemble merges into one and the same pictorial space thanks to a density of equivalent material applied with fine strokes. The entire work is rendered uniform by a blueish light, reminiscent of that used by Cézanne, which softens the transitions between the painting's constituent elements. Camoin constructed his work through the spatialisation of colour in order to create a saturated and vibrant surface, a coloured harmony that translated the visual sensations before the spectacle of an almost timeless nature: 'I am not representing an object, flowers, a woman, or trees; instead I am creating a coloured harmony' (Charles Camoin's diary, 4 April 1960).[27]

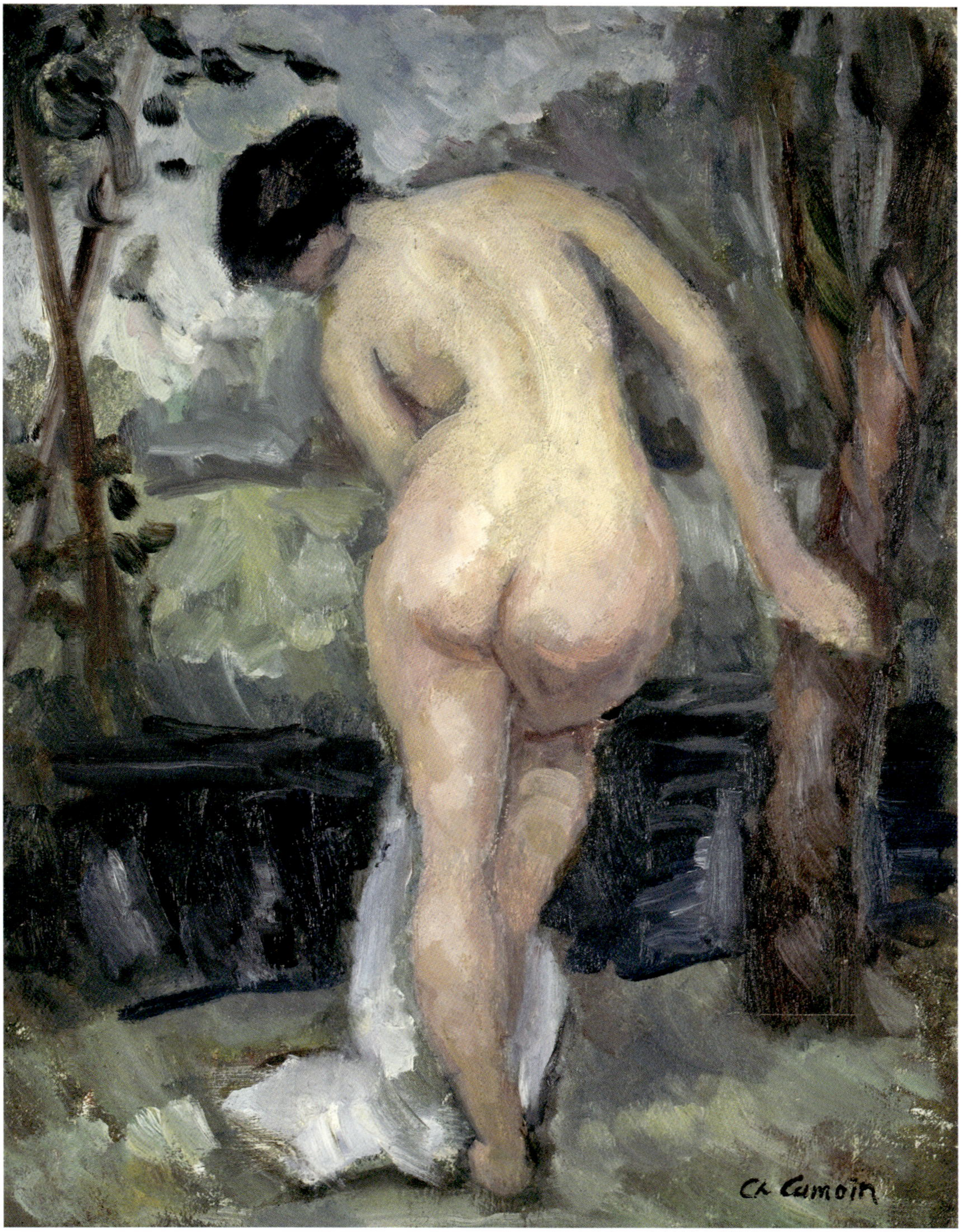

Ill. 59
***Nu de dos, étude pour les Baigneuses*, 1960,**
huile sur panneau, 41 × 33 cm, collection particulière

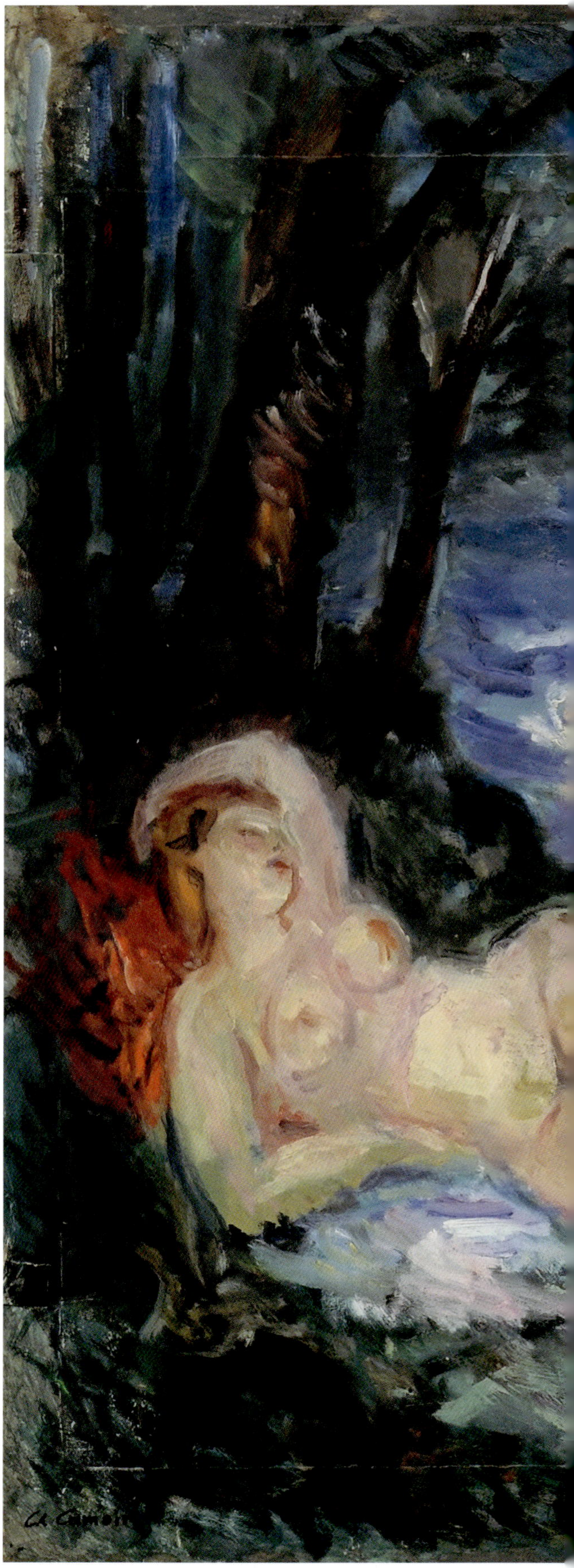

Ill. 60
***Les Grandes Baigneuses*, 1963,**
huile sur papier marouflé sur toile, 88 × 108 cm, collection particulière

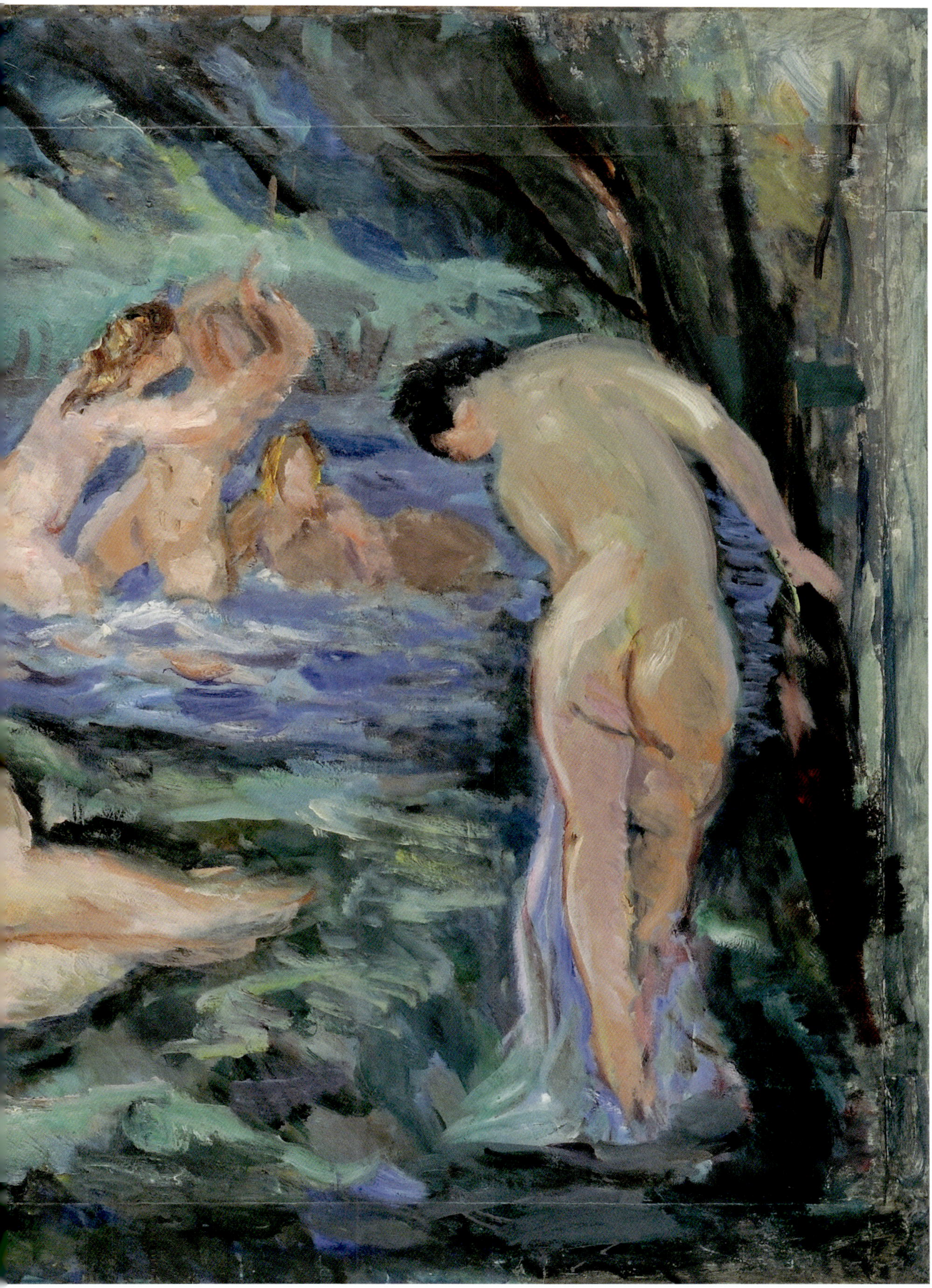

spectacle d'une nature presque immémoriale : «Je ne représente pas un objet, des fleurs, une femme, des arbres, je crée une harmonie colorée» (Journal de Charles Camoin, 4 avril 1960)[27].

Si les préceptes plastiques de Cézanne resteront toute sa carrière le fondement de son travail, c'est bien le caractère hédoniste et sensuel de l'œuvre de Renoir qui a ensuite orienté ses recherches. L'appropriation de l'esthétique renoirienne correspond à la quête d'une peinture du bonheur poursuivie par Camoin, «des toiles optimistes par le flux de la création[28]». Il ne s'agit pas d'une citation ou d'un pastiche mais bien d'un travail de relecture des grands modèles de l'art, d'une absorption avec autant d'allusions directes aux maîtres qu'à ses propres motifs déclinés au fil de son œuvre, dans une forme de synthèse plastique selon un processus relevant de la modernité[29]. La production de la dernière période de Renoir ou celle de Cézanne est regardée à travers le prisme d'une attraction et d'un respect de la grande tradition, des maîtres auxquels il est resté fidèle toute sa vie, non pas tant une assimilation populaire du grand art qu'une approche érudite où le principe d'autoréférentialité picturale est au centre de l'œuvre : une «peinture de la peinture[30]», à la fois création artistique et réflexion théorique sur l'art, qui constitue en quelque sorte son testament pictural.

C'est comme si, après avoir retiré tout faux-semblant et rendu sa personnalité au nu féminin à l'aide de portraits réalistes de prostituées, la situation était clarifiée et que Camoin pouvait se consacrer à la forme et la matière, à la composition picturale à partir de l'héritage des maîtres. Alors que le nu emprunte ensuite une nouvelle voie, plus abstraite, se réinventant totalement avec les apports du cubisme et la métamorphose de la figure en un système de signes[31], le peintre marseillais demeure fidèle à la transcription du motif. Quelle que soit l'iconographie utilisée, la figure féminine reste intègre chez Camoin ; leurs formes sensuelles demeurent pleines et rondes, et leurs chairs roses débordent de vie. À la différence des innovations avant-gardistes de ses contemporains qui, pour ramener le réel dans une peinture engluée dans ses codes artistiques et moraux au début du siècle, n'hésitent pas à tordre, déformer ses personnages par la couleur et/ou le dessin. Ce qu'a nommé Emmanuel Pernoud une «torsion réaliste du bordel[32]» telle que mise en place par Picasso en 1907 avec ses *Demoiselles d'Avignon*[33] qui demeurent une attaque de la tradition et une destruction du corps féminin à jamais *défiguré*, au mieux dans l'espace de la toile, sinon dans la réalité.

La charge érotique est évidente dans les toiles de Camoin mais ne s'y retrouvent pas l'Éros et Thanatos de Picasso ou d'autres qui semblent accomplir leur désir, leur pulsion de mort liée au désir, par une expression brutale du nu féminin. La femme n'est pas réduite à une démoniaque tentatrice, femme impudique exhibant ses parties pour corrompre le spectateur – ou bien le client. Vivant aussi à ses débuts de la vie de bohème,

While Cézanne's plastic precepts remained the basis for Camoin's work throughout his career, it was the hedonistic and sensual aspects of Renoir's oeuvre that subsequently inspired his approach. His appropriation of Renoir's aesthetic corresponded with a quest for the depiction of happiness that Camoin sought: 'canvases made optimistic by the flow of creation'.[28] This was not about creating a copy or a pastiche, but rather a reinterpretation of the major artistic models, an absorption in painting that included both direct allusions to the Masters and his own motifs developed throughout his career, in a form of plastic synthesis according to a process connected with modernism.[29] The works produced during Renoir's last period and those of Cézanne were seen through the prism of an attraction to and respect for the grand tradition of the masters, to whom he remained faithful throughout his life; it was not so much a popular assimilation of great art, but rather a learned approach in which the principle of pictorial self-referentiality lay at the heart of the work: a 'painting of painting'[30] that was both an artistic creation and a theoretical reflection on art, which in a certain way constitutes his artistic testament.

It is as though, after removing any pretence and restoring the personality of the female nude using realistic portraits of prostitutes, the situation became clearer and Camoin could devote himself to focusing on form and matter and to the pictorial composition based on the heritage of the Masters. Just as the nude was taking a new, more abstract direction, and was entirely reinvented through cubism and the metamorphosis of the figure in a system of signs,[31] the painter from Marseilles stayed faithful to the transcription of the motif. Whatever the iconography used, the female figures always remained *whole* in Camoin's work; their sensual forms are full and round, and their pink flesh full of life. Unlike the avant-garde innovations of his contemporaries, who, to reintroduce reality into painting stuck in the artistic and moral codes of the beginning of the century, readily twisted and deformed their figures through colour and/or drawing. This is what Emmanuel Pernoud called a 'realistic distortion of the brothel',[32] as expressed by Picasso in 1907 with his *Demoiselles d'Avignon*,[33] which was an attack on tradition and an assault on the female body—forever *disfigured*, at best on the canvas, if not in reality.

The erotic impact is obvious in Camoin's works, but there is no Eros or Thanatos (Love or Death) as in works by Picasso and others who seem to assuage their desires—artists whose death wish is associated with desire, through a raw expression of the female nude. The women are not reduced to demoniacal temptresses, immodest women displaying their private parts to corrupt the viewer, or even the client. As he had lived a bohemian life when he started out, Camoin liked to represent marginal women and the working classes (*Jeune paysanne d'Aix*, 1904-1905, The Art Institute of Chicago), as well as the populations who

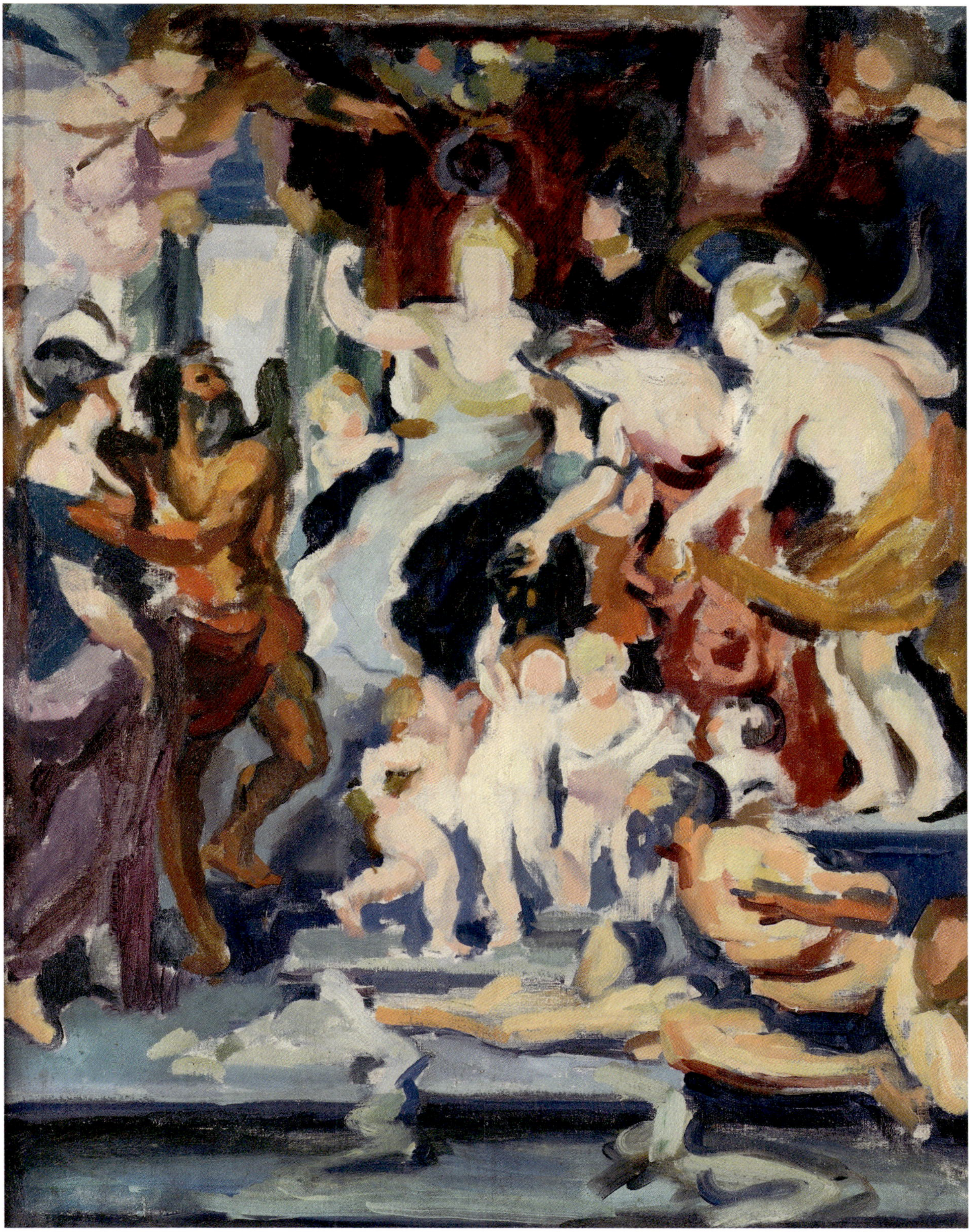

Ill. 61
***Félicité de la Régence*, d'après Rubens, 1904,**
huile sur toile, 92 × 73 cm, collection particulière

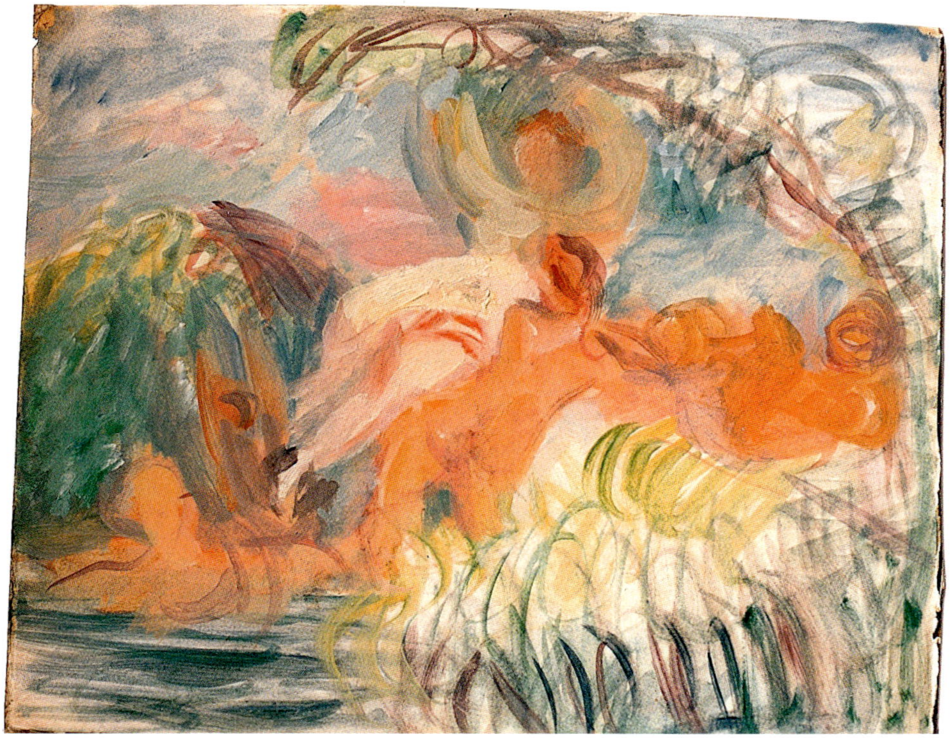

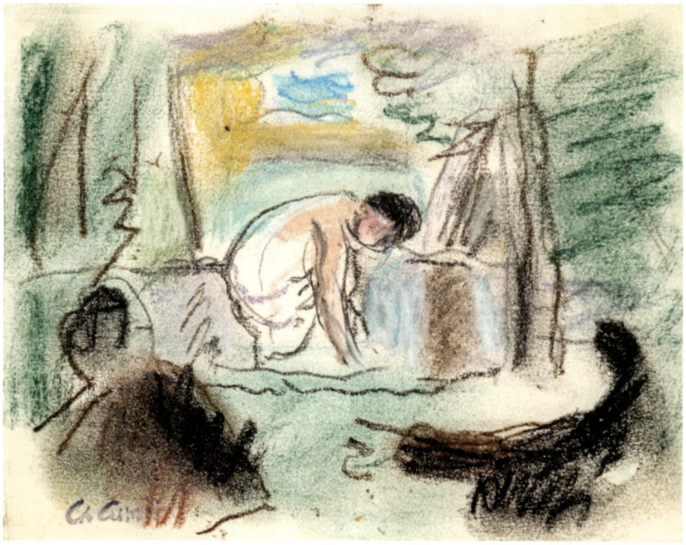

Ill. 62
***Les Baigneuses*, d'après Fragonard, s. d.,**
huile sur papier, 25,5 × 32 cm, collection particulière

Ill. 63
***Le Déjeuner sur l'herbe*, d'après Manet, s. d.,**
pastel sur papier, 10,5 × 13,5 cm, collection particulière

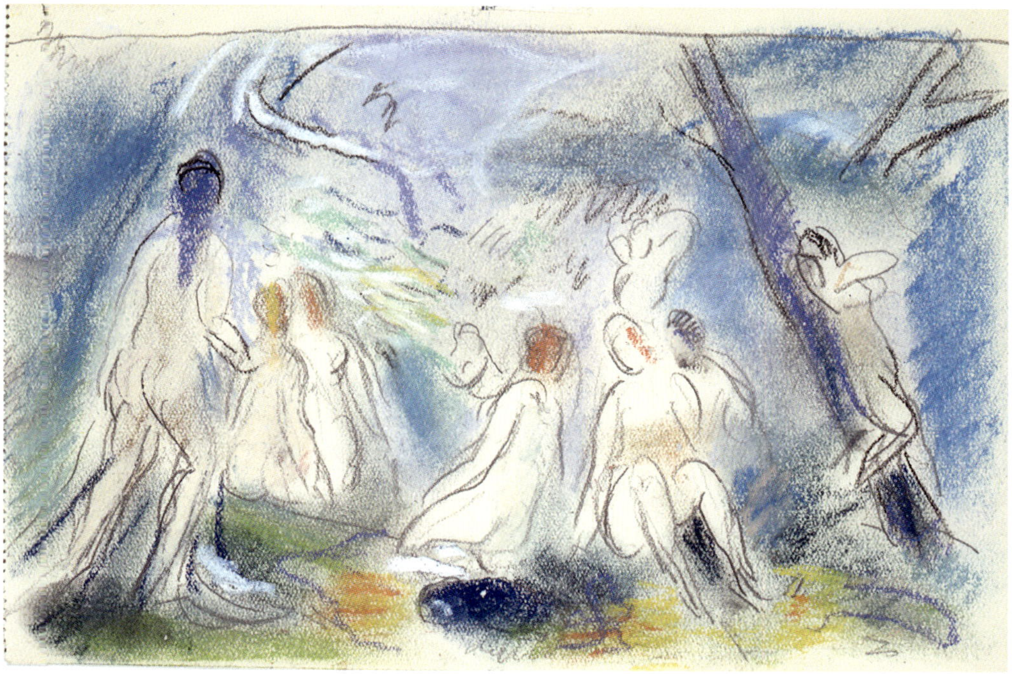

Ill. 64
***Les Baigneuses*, d'après Cézanne, s. d.,**
pastel sur papier, 10,5 × 13,5 cm, collection particulière

Camoin aime à représenter les femmes des marges ainsi que des classes populaires (*Jeune paysanne d'Aix*, 1904-1905, The Art Institute of Chicago), des populations issues de la colonisation française **(ill. 28, p. 77)** ou de l'esclavage **(ill. 18, p. 53)**. Son regard n'est jamais complaisant, exotique ou avilissant, mais empreint de dignité, d'intériorité, voire de joie, au travers une touche légère aux couleurs à la fois chaudes et douces ainsi que des cadrages les mettant en valeur. Aucun signe de misère physique ou morale, de maladie ou de perversité, chez les travailleuses de Camoin. Il se distingue en cela des corps enlaidis et des regards stupides ou éteints des figures d'Edgar Degas (*La Fête de la patronne*, 1876-1877, musée Picasso, Paris), des visages déformés par le maquillage chez les filles représentées par Maurice Vlaminck (*Sur le zinc*, 1900, musée Calvet, Avignon) ou encore par Georges Rouault avec ses horrifiants portraits de prostituées (1903-1904). Ainsi, Camoin décline la représentation de la prostitution ni par le biais de l'ambiguïté ni par le documentaire, et encore moins par le moyen de la caricature initiée dès les années 1890[34] et reprise dans une certaine mesure par ses compagnons fauves. Il n'y a pas de misérabilisme, de satire ou de fonction moralisatrice à ces images, seulement un érotisme gai et espiègle.

Son rappel au réel et son audace se jouent autre part : Camoin confère à ses figures de prostituées une véritable identité et *agentivité*. Ce ne sont pas des nus génériques interchangeables mais des portraits réels de femmes indépendantes[35]. Il signifie leur pleine individualité en les situant dans le temps et l'espace, celui des boxons du début de siècle. Comme le suggère la capacité d'action de leurs gestes et regards, à la fois directs et provocants, elles sont *sujets* autant de leur plaisir que du désir qu'elles cherchent à susciter. Elles choisissent consciemment de se présenter comme des sujets modernes en se laissant regarder et représenter, ce qui est aussi, selon la théorie de l'*appearing* développée par Liz Conor[36], une manière d'accéder à une forme de pouvoir et d'affirmation de soi dans la société patriarcale du début de siècle. Toutefois, leur puissance demeure restreinte à l'espace de la chambre et de l'intime. Elles ne sont jamais représentées chez Camoin dans le contexte de la ville, des espaces publics et de la foule. En outre, cela demeure le *regard masculin* d'un peintre sur des modèles féminins[37] tandis qu'à la même époque des artistes femmes, à l'instar de Jacqueline Marval (*Odalisque au guépard*, 1900, musée de Grenoble) ou Émilie Charmy (*Nu tenant son sein*, vers 1925, coll. part.), utilisent leur propre corps comme sujet. Occupant à la fois le rôle d'artiste et de modèle, elles s'emparent de leur propre image et ouvrent ainsi de nouvelles perspectives quant à la tradition du nu féminin dans l'art occidental, notamment sur sa dimension sexuelle[38].

Cependant, alors que ces images de nus affichent par le biais du portrait de prostituée une forme de puissance, somme toute très relative, les *Baigneuses* paraissent devenir, en étant reliées à la matière et à la

came from the French colonies **(ill. 28, p. 77)** or slavery **(ill. 18, p. 53)**. His representation is never indulgent, exotic, or degrading, but is instead imbued with dignity, interiority, and even joyousness, via his light strokes of warm and soft colours, as well as compositional arrangements that enhance them. There is no sign of physical or moral misery, disease or perversity amongst Camoin's workers. In this respect, his work differed from the ugly bodies and idiotic or dull gazes of Edgar Degas's figures (*La Fête de la patronne*, 1876–1877, Musée Picasso, Paris), the faces deformed by make-up in the representations of girls by Maurice Vlaminck (*Sur le zinc*, 1900, Musée Calvet, Avignon), and from Georges Rouault with his horrifying portraits of prostitutes (1903–1904). Hence, there was nothing ambiguous or documentary about Camoin's representation of prostitution, and it was certainly not caricatural, a genre initiated in the 1890s[34] and used to some extent by his Fauve colleagues. There is nothing sordid, satirical, or moralising about these images, only a joyous and mischievous eroticism.

This allusion to reality and its boldness was applied in other areas: Camoin conferred on his figures of prostitutes a veritable identity and agency. These were not generic interchangeable nudes, but rather very real portraits of independent women.[35] He highlighted their total individuality by placing them clearly in a specific time and space, that of the brothels that existed at the turn of the century. As suggested by the capacity for action in their movements and gazes, which are both direct and provocative, they are just as much the *subjects* of their pleasure as of the desire they are aiming to arouse. They consciously choose to present themselves as modern subjects by allowing themselves to be seen and represented, which is also, according to the 'theory of appearing' developed by Liz Conor,[36] a way of attaining a form of power and self-affirmation in the patriarchal society that existed at the beginning of the century. All the same, their power is restricted to the bedroom and the realm of the intimate. They are never represented by Camoin in the context of the town, in public spaces, or amongst the crowd. Also, this was the male gaze of a painter directed at female models,[37] whilst at the same time female artists, like Jacqueline Marval (*Odalisque au guépard*, 1900, Musée de Grenoble) and Émilie Charmy (*Nu tenant son sein*, circa 1925, private collection), used their own bodies as the subject. As they were both artists and models, they used their own image and opened the way for the adoption of fresh approaches to the tradition of the female nude in Western art, particularly its sexual aspects.[38]

However, although these nude images convey a very relative form of power via portraits of prostitutes, the *Baigneuses*, linked with the materials and nature, seemed to become *objects* once again.[39] It is not that they are unrealistic, with objectified and sexualised female bodies, like the Venuses of Cabanel and Bouguereau, but on the contrary they are materialised, *realised*, and embodied by the matter itself as a

nature[39], à nouveau *objet*. Non pas que ces dernières soient irréelles, corps de femme objectivés et sexualisés, comme les Vénus de Cabanel ou Bouguereau, mais au contraire, elles se concrétisent, se *réalisent* et s'incarnent par la matière même en tant que forme significative. Et c'est peut-être à cet endroit que se joue la spécificité de Camoin qui, malgré la diversité de nus produits, poursuit, depuis ses débuts, une même quête du vivant par la matière. Il rejoint en cela les préoccupations de sa génération imprégnée de philosophie bergsonienne et de poésie mallarméenne : «Le peintre matérialise ses rêves – évolution créatrice, l'œuvre d'art est matière; matière la chair, le bois, l'eau, les nuages» (Journal de Charles Camoin, 25 juillet 1963)[40]. Car, comme l'a souligné Claudine Grammont, «le fauvisme a dépassé cette dichotomie entre tendance matérialiste et idéaliste, [...] [étant une] manifestation picturale d'un symbolisme renouvelé, transformé, qui reste une quête plus métaphysique qu'esthétique [...] dans un milieu intellectuel qui, sur la base de l'intuition, n'envisage pas l'idée en dehors de son développement physique et matériel[41]». Derrière le caractère érotique, Camoin construit progressivement une expression du nu en s'appuyant sur les modèles de l'art occidental mais qui est toujours un travail à partir de la nature, du vivant qu'il passe au filtre de son propre langage pictural fondé sur la sensation colorée et dont l'intensité est rendue par le jeu de la matière. Il opte pour un réalisme choisi et assumé, dans une forme de sobriété revendiquée, tout en dépassant les impératifs de la mimèsis. Il cherche à ancrer les formes dans leur matérialité par le biais d'une approche simplifiée et colorée selon une «harmonie créatrice d'atmosphère et de lumière[42]» à même d'exprimer la vie, «une expérience de l'être-au-monde à travers la pratique picturale[43]» – un réalisme lyrique.

«La condition primordiale de l'œuvre d'art est donc d'avoir une "vie intérieure" dans sa matière même, qui doit en outre irradier de la lumière et créer une atmosphère[44].»

Journal de Charles Camoin, 22 décembre 1943.

significant form. And it is perhaps herein that the specificity of Camoin lies, who, despite the diversity of nudes he produced, pursued from the outset the same quest to render life through matter. In this respect, he shared the preoccupations of his generation, imbued with Bergsonian philosophy and Mallarméan poetry: 'The painter materialises his dreams—as a creative evolution, the work of art is matter: the matter of flesh, wood, water, and clouds' (Charles Camoin's diary, 25 July 1963).[40] For, as underlined by Claudine Grammont, 'Fauvism went beyond the dichotomy between the materialistic and idealistic trends, (...) [as it was a] pictorial manifestation of a renewed, transformed symbolism, which was more of a metaphysical than aesthetic quest (...) in an intellectual milieu that, on the basis of intuition, did not consider ideas beyond their physical and material development.'[41] Beyond the erotic aspects, Camoin gradually developed a form of the nude that was based on models of Western art, but which remained a work after nature, after the living which he filtered through his own pictorial language using colour sensations, and whose intensity was attained through the material characteristics of the work. He opted for a certain kind of bold realism, in a form of deliberate sobriety, while going beyond the imperatives of mimesis. He sought to establish the forms in their materiality through a simplified and coloured approach using a 'harmony that generates atmosphere and light'[42] as the best way of expressing life, 'an experience of being-in-the-world through pictorial practice'[43]—a lyrical realism.

'The primordial condition of a work of art is therefore to have an "inner life" in its very material, which must almost radiate light and create an atmosphere.'[44]

Charles Camoin's diary, 22 December 1943.

1 Véronique Serrano et Claudine Grammont (dir.), *Charles Camoin. Rétrospective 1879-1965*, cat. exp. (Fondation de l'Hermitage, Lausanne et musée Cantini, Marseille, 1997-1998), Paris, Réunion des musées nationaux/Musées de Marseille, 1997, p. 217.

2 Lettre de Raoul de Mathan à Henri Manguin, 10 juillet 1906, Archives Manguin.

3 Camoin a probablement continué à peindre des nus féminins entre 1908-1912 mais, cette fois-ci, d'après un nouveau modèle, la peintre Émilie Charmy avec qui il partage une relation amoureuse et houleuse durant cette période. Malheureusement, il est fort à parier que ces tableaux aient fait l'objet de son mécontentement et rejoint le contingent des toiles détruites en 1913 (voir l'essai de Claudine Grammont, p. 76).

4 Voir Kenneth Clark, *Le Nu*, 1re éd. 1956, trad. de l'anglais par Martine Laroche, Paris, Hachette, rééd. 1998.

5 Danièle Giraudy, *Camoin. Sa vie, son œuvre*, Marseille, La Savoisienne, 1972, p. 13.

6 «[…] l'an passé, je parlais de son art un peu canaille, cette année cela devient presque polisson; on sent le goût de la vie et de la joyeuse vie, c'est très loin même de la joie de vivre» (Georges-Jean Aubry, «Le Salon d'Automne», *L'art moderne*, nº 44 1er novembre 1908, p. 346).

7 George Besson, «Charles Camoin», *Le Point*, hors-série *Beaux-Arts*, juillet 1937, reprod. dans cat. exp. *op. cit.* note 1, p. 209.

8 Voir Ellen McBreen, «Afrique et Éros dans la sculpture de Matisse», dans *Matisse – Métamorphoses*, cat. exp. (Kunsthaus, Zurich et musée Matisse, Nice, 2019-2020), Zurich, Scheidegger & Spiess, 2019, p. 52-61.

9 La réception de la peinture du XVIIIe siècle (en particulier du traitement pictural du nu féminin) au XXe siècle, qui passe, notamment, chez Camoin par le prisme des impressionnistes, mériterait une étude plus approfondie, comme le suggèrent ses propos dans l'enquête de Charles Morice (*Le Mercure de France*, 1er août 1905).

10 Manet et Ingres sont, par exemple, exposés au Salon d'automne en 1905.

11 Lettre de Camoin à Matisse, Saint-Tropez, 28 juin 1905, reprod. dans Grammont Claudine (éd.), *Correspondance entre Charles Camoin et Henri Matisse*, Lausanne, La Bibliothèque des arts, 1997.

12 Il existait également une version peinte par Marquet mais malheureusement disparue.

13 Journal de Paul Signac, 10 octobre 1898 et 8 avril 1901, Archives Signac. Nous remercions Charlotte Hellmann de nous avoir communiqué ces précieux témoignages.

14 Paul Signac a d'ailleurs acquis *La Rue Bouterie* en 1905 lors de sa présentation au Salon des indépendants.

15 À ce propos, nous renvoyons le lecteur à l'excellent *Splendeurs & misères. Images de la prostitution 1850-1910*, cat. exp. (musée d'Orsay, Paris et Van Gogh Museum, Amsterdam, 2015-2016), Paris, musée d'Orsay/Flammarion, 2015 et en particulier à l'essai d'Isolde Pludermacher, «"Le beau dans l'horrible". Prostitution et modernité», p. 230-244.

16 Pierre Goujon, «Salon d'Automne», *Gazette des Beaux-Arts*, novembre 1909, p. 378.

1 Véronique Serrano and Claudine Grammont (ed.), *Charles Camoin. Rétrospective 1879-1965*, exh. cat. (the Hermitage Foundation, Lausanne and the Musée Cantini, Marseilles, 1997–1998), Réunion des Musées Nationaux, Paris/Musées de Marseilles, 1997, p. 217.

2 Letter from Raoul de Mathan to Henri Manguin, 10 July 1906, Archives Manguin.

3 Camoin probably continued to paint female nudes between 1908 and 1912 but, this time, they concerned a new model, the painter Émilie Charmy, with whom he had a loving but rowdy relationship during this period. Unfortunately, it is highly likely that these pictures displeased him and that they were included in the group of canvases he destroyed in 1913 (see essay by Claudine Grammont, p. 76)

4 See Kenneth Clark, *The Nude. A study of Ideal Art*, first published John Murray, London, 1956.

5 Danièle Giraudy, *Camoin. Sa vie, son œuvre*, La Savoisienne, Marseilles, 1972, p. 13.

6 '(…) last year, I spoke about his slightly roguish art; this year it has become almost saucy; one senses the enjoyment of living and the joyous life, and it's quite different from the notion of *joie de vivre*' (Georges-Jean Aubry, 'Le Salon d'Automne', *L'art moderne*, Issue 44, 1 November 1908, p. 346).

7 George Besson, 'Charles Camoin', *Le Point*, *Beaux-Arts* special-issue, July 1937, reproduced in the exhibition catalogue, op. cit. note 1, p. 209.

8 See Ellen McBreen, 'Afrique et Éros dans la sculpture de Matisse', in *Matisse – Métamorphoses*, exh. cat. (Kunsthaus, Zurich and the Musée Matisse, Nice, 2019–2020), Scheidegger & Spiess, Zurich, 2019, pp. 52–61.

9 The perception of eighteenth-century painting (in particulier of the pictorial treatment of the female nude) in the twentieth century, which in Camoin's case was viewed in particular through the prism of Impressionism, would require an in-depth study, as suggested by his comments in the survey conducted by Charles Morice (*Le Mercure de France*, 1 August 1905).

10 The works of Manet and Ingres were, for example, exhibited at the 1905 Salon d'Automne.

11 Letter from Camoin to Matisse, Saint-Tropez, 28 June 1905, reproduced in Grammont Claudine (ed.), *Correspondance entre Charles Camoin et Henri Matisse*, La Bibliothèque des Arts, Lausanne, 1997.

12 There is also a version painted by Marquet, which has unfortunately disappeared.

13 Paul Signac's diary, 10 October 1898 and 8 April 1901, Archives Signac. We would like to thank Charlotte Hellmann for sending us these invaluable accounts.

14 Paul Signac did, in fact, buy *La Rue Bouterie* in 1905 when it was shown at the Salon des Indépendants.

15 For a study of this theme, we refer the reader to the excellent *Splendeurs & misères. Images de la prostitution 1850-1910*, exh. cat. (the Musée d'Orsay, Paris and Van Gogh Museum, Amsterdam, 2015–2016), the Musée d'Orsay, Paris/Flammarion, 2015, and in particular to the essay by Isolde Pludermacher, '"Le beau en l'horrible". Prostitution et modernité', pp. 230–244.

16 Pierre Goujon, the 'Salon d'Automne', *Gazette des Beaux-Arts*, November 1909, p. 378.

17 Outre l'association blasphématoire, c'est le traitement pictural, plus la manière de peindre que le sujet, qui a agité la critique lors de sa présentation au Salon de 1865, et notamment la couleur de sa peau et la rugosité de ses pieds, ceux d'une «pierreuse» (voir I. Pludermacher, *op. cit.* note 15, p. 234).
18 En référence à la réponse lapidaire de Matisse à Tériade qui l'entretient sur la période niçoise (Tériade, «Visite à Henri Matisse», *L'Intransigeant*, 14 et 22 janvier 1929, reprod. dans Dominique Fourcade (éd.), *Henri Matisse. Écrits et propos sur l'art*, Paris, Hermann, 1972, rééd. 2009, p. 99).
19 Camoin admirait profondément le poète, en témoignent ses propos à Matisse : «[…] je retrouve ici mon Baudelaire, auquel on revient toujours» (lettre du 4 janvier 1941, reprod. dans C. Grammont, *op. cit.* note 11, p. 140).
20 Cité dans D. Giraudy, *op. cit.* note 5, p. 130.
21 «[…] les reproductions "de chevet" simplement accrochées avec des punaises : *La Danaé* du Titien vue au Musée du Prado, des *Bacchantes pompéiennes*, un *Nu couché* de Renoir d'après Gabrielle, *Les Baigneuses* de Cézanne : images-clés de son art» (*ibid.*, p. 138).
22 D'après Fragonard, *Baigneuses*, 1960 ; d'après Rubens, *Le Déparquement de Marie de Médicis*, s. d. ; d'après Le Greco, *Le Cinquième Sceau de l'Apocalypse*, s. d. ; d'après Cézanne, *Les Baigneuses*, s. d. ; d'après Manet, *Le Déjeuner sur l'herbe*, s. d., collection particulière, Paris.
23 Sur les rapports de Camoin avec Cézanne, voir Bruno Ély, «Le père Cézanne», dans *Camoin dans sa lumière*, cat. exp. (musée Granet, Aix-en-Provence, 2016), Paris, Lienart/Aix-en-Provence, musée Granet, 2016, p. 17-24 ; Alain Madeleine-Perdrillat, «Le "père Cézanne" et le "vaillant Marseillais Carlos Camoin"», dans cat. exp. *op. cit.* note 1, p. 29-39.
24 Voir notamment Guillaume Apollinaire, «Chronique d'art. Les Futuristes», *Le Petit Bleu*, 9 février 1912.
25 À partir de 1906 avec *Le Bonheur de vivre* de Matisse (Fondation Barnes, Philadelphie), suivi en 1907 par les *Baigneuses* de Derain et les *Demoiselles d'Avignon* de Picasso (Museum of Modern Art, New York).
26 Lettre de Camoin à C. Fargue, 1er mai 1964 à propos des *Baigneuses*, cité dans D. Giraudy, *op. cit.* note 5, p. 166.
27 Cité dans D. Giraudy, *op. cit.* note 5, p. 132. Matisse ne dit pas autre chose quand il déclare «Avant tout, je ne crée pas une femme, je fais un tableau» («Notes d'un peintre sur son dessin», *Le Point*, n° 21, juillet 1939, reprod. dans D. Fourcade, *op. cit.* note 18, p. 163).
28 Bernard Dorival, Préface dans D. Giraudy, *op. cit.* note 5, p. 11.
29 En cela, il diffère de René Magritte qui se situe déjà dans une démarche postmoderne par le jeu de la citation et du pastiche (voir *Magritte, Renoir : le surréalisme en plein soleil*, cat. exp. (musée de l'Orangerie, Paris, 2021), Paris, musée d'Orsay et de l'Orangerie/RMN-Grand Palais, 2021).
30 Selon l'expression d'Anne Baldassari à propos de la dernière période de Picasso (*Picasso et les maîtres*, cat. exp. (Grand-Palais, musée du Louvre, musée d'Orsay, Paris, 2008-2009 ; National Gallery, Londres, 2009), Paris, RMN, 2008).

17 Aside from the blasphemous association, it was the pictorial treatment, more the way of painting than the subject, that provoked a reaction from the critics when it was shown at the Salon of 1865, and in particular the colour of her skin and the roughness of her feet, those of a *pierreuse*, a street prostitute (see I. Pludermacher, op. cit. note 15, p. 234).
18 In reference to Matisse's terse response to Tériade, who was interviewing him about his Nice period (Tériade, 'Visite à Henri Matisse', *L'Intransigeant*, 14 and 22 January 1929, reproduced in Dominique Fourcade (ed.), *Henri Matisse. Écrits and propos sur l'art*, Paris, Hermann, 1972, republished 2009, p. 99).
19 Camoin greatly admired the poet, as attested by his comments to Matisse: '(…) here is my Baudelaire, whom one always returns to' (letter dated 4 January 1941, reproduced in C. Grammont, op. cit. note 11, p. 140).
20 Quoted in D. Giraudy, op. cit. note 5, p. 130.
21 '(…) "easel" reproductions simply attached with tacks: Titian's *Danaë* seen in the Prado Museum, *Pompeian Bacchantes*, a *Nu couché* by Renoir after Gabrielle, Cézanne's *Les Baigneuses*: key images in his art' (ibid., p. 138).
22 After Fragonard, *Baigneuses*, 1960; after Rubens, *Le Débarquement de Marie de Médicis*, undated; after El Greco, *Le Cinquième Sceau de l'Apocalypse*, undated; after Cézanne, *Les Baigneuses*, undated; after Manet, *Le Déjeuner sur l'herbe*, undated, private collection, Paris.
23 For further information about the relation between Camoin and Cézanne, see Bruno Ély, 'Le père Cézanne', in *Camoin en sa lumière*, exh. cat. (Musée Granet, Aix-en-Provence, 2016), Lienart, Paris, Musée Granet, Aix-en-Provence, 2016, pp. 17–24; Alain Madeleine-Perdrillat, 'Le "père Cézanne" et le "vaillant Marseillais Carlos Camoin"', in exhibition catalogue, op. cit. note 1, pp. 29–39.
24 See in particular Guillaume Apollinaire, 'Chronique d'art. Les Futuristes', *Le Petit Bleu*, 9 February 1912.
25 As of 1906, with Matisse's *Le Bonheur de vivre* (Barnes Foundation, Philadelphia), followed in 1907 by Derain's *Baigneuses* and Picasso's *Demoiselles d'Avignon* (Museum of Modern Art, New York).
26 Letter from Camoin to C. Fargue, 1 May 1964, relating to *Les Baigneuses*, quoted in D. Giraudy, op. cit. note 5, p. 166.
27 Quoted in D. Giraudy, op. cit. note 5, p. 132. Matisse did not say anything else when he declared 'Above all I do not create a woman, I make a picture'. ('Notes d'un peintre sur son dessin', *Le Point*, Issue 21, July 1939, reproduced in D. Fourcade, op. cit. note 18, p. 163).
28 Bernard Dorival, preface in D. Giraudy, op. cit. note 5, p. 11.
29 In that regard, he was different from René Magritte who already adopted a post-modern approach through a play on references and pastiche (see *Magritte, Renoir : le surréalisme en plein soleil*, exh. cat. (Musée de l'Orangerie, Paris, 2021), the Musée d'Orsay and the Orangerie/RMN-Grand Palais, Paris, 2021).

31 Picasso, *Les Demoiselles d'Avignon*, 1907, Museum of Modern Art, New York; Matisse, *Les Demoiselles à la Rivière*, 1909-1917, Art Institute of Chicago.

32 Emmanuel Pernoud, *Le Bordel en peinture. L'art contre le goût*, Paris, Adam Biro, 2001, p. 10.

33 Lesquelles sont également une réponse au *Nu bleu, souvenir de Biskra* de Matisse (1907, musée de Baltimore).

34 Richard Thomson, «Ambiguïté: filles publiques, espaces publics», dans cat. exp. *op. cit.* note 15, p. 80-98.

35 Rappelons que la prostitution constitue l'un des rares moyens pour une femme aux XIXe et première moitié du XXe siècles d'accéder à l'indépendance financière, une «transgression radicale de l'ordre social en ce qu'elle permettait la survie économique de femmes hors du cadre familial et de la tutelle d'un père ou d'un époux, ainsi qu'en dehors de l'entreprise et de l'autorité d'un contremaître ou d'un employeur» et donc de parvenir à une certaine forme d'émancipation, les femmes n'ayant pas non plus accès à la citoyenneté. (Lilian Mathieu, «La prostitution, zone de vulnérabilité sociale», *Nouvelles questions féministes*, vol. 21, n° 2, 2002, p. 55-75).

36 Liz Conor, *The Spectacular Modern Woman: Feminine Visibility in the 1920s*, Bloomington, Indidiana University Press, 2004, cité dans Rita Felski, «Charmy: A Challenge to Art theory», dans *Émilie Charmy*, cat. exp. (The Fralin Museum of Art, Charlottesville, The Arts Club of Chicago, 2013-2014), Charlottesville, The Fralin Museum of Art, 2013, p. 59-65.

37 Cela reste malgré tout des représentations du corps comme objet de désir comme nous l'avons démontré en première partie. Selon la théorie du *male gaze* théorisé par Laura Mulvey, «Visual Pleasure and Narrative Cinema», *Screen*, vol. 16, n° 3, automne 1975, cité dans Iris Brey, *Le Regard féminin. Une révolution à l'écran*, Paris, L'Olivier, 2020.

38 Voir notamment Gill Perry, *Women Artistes and the Parisian Avant-garde: Modernism and "Feminine" Art, 1900 to the Late 1920s*, Manchester, Manchester University Press, 1995; Griselda Pollock, «Moments and Temporalities of the Avant-Garde», *New Literrary History*, vol. 41, n° 4, 2010, p. 795-820.

39 C'est-à-dire objet de désir ou réduites à leur fonction biologique de procréation, autant de caractéristiques essentialistes liées à une construction du genre féminin dans la société patriarcale occidentale.

40 Cité dans D. Giraudy, *op. cit.* note 5, p. 130.

41 Claudine Grammont, «Le fauvisme cent ans après», *Perspective*, n°4 2009, p. 519.

42 Lettre de Camoin à Matisse, Versailles, 28 avril 1918, cité dans C. Grammont, *op. cit.* note 11, p. 117.

43 C. Grammont, *op. cit.* note 41, p. 520.

44 Cité dans D. Giraudy, *op. cit.* note 5, p. 118.

30 To borrow Anne Baldassari's expression relating to Picasso's last period (*Picasso et les maîtres*, exh. cat. (the Grand-Palais, the Musée du Louvre, and the Musée d'Orsay, Paris, 2008–2009; National Gallery, London, 2009), RMN, Paris, 2008).

31 Picasso, *Les Demoiselles d'Avignon*, 1907, Museum of Modern Art, New York; Matisse, *Les Demoiselles à la Rivière*, 1909–1917, Art Institute of Chicago.

32 Emmanuel Pernoud, *Le Bordel en peinture. L'art contre le goût*, Adam Biro, Paris, 2001, p. 10.

33 Which was also a response to *Nu bleu, souvenir de Biskra* by Matisse (1907, Baltimore Museum).

34 Richard Thomson, 'Ambiguïté : filles publiques, espaces publics', in exh. cat., op.cit. note 15, pp. 80–98.

35 It is important to remember that prostitution was one of the rare means for a woman in the nineteenth century and first half of the twentieth century to attain financial independence, a 'radical transgression of the social order in that it enabled the economic survival of women outside the family and the guardianship of a father or husband, as well as outside a company or authority of a foreman or employer', and hence to attain a certain form of emancipation, as women did not even have access to citizenship. (Lilian Mathieu, 'La prostitution, zone de vulnérabilité sociale', *Nouvelles questions féministes*, Vol. 21, Issue 2, 2002, pp. 55–75).

36 Liz Conor, *The Spectacular Modern Woman: Feminine Visibility in the 1920s*, Indiana University Press, Bloomington, 2004, quoted in Rita Felski, 'Charmy: A Challenge to Art Theory', in *Émilie Charmy*, exh. cat. (The Fralin Museum of Art, Charlottesville; the Arts Club of Chicago, 2013–2014), The Fralin Museum of Art, Charlottesville, 2013, pp. 59–65.

37 All the same, these are representations of the body as an object of desire as we demonstrated in the first part. According to the theory of the male gaze theorised by Laura Mulvey, 'Visual Pleasure and Narrative Cinema', *Screen*, Vol. 16, Issue 3, autumn 1975, quoted in Iris Brey, *Le Regard féminin. Une révolution à l'écran*, L'Olivier, Paris, 2020.

38 See in particular Gill Perry, *Women Artists and the Parisian Avant-garde: Modernism and "Feminine" Art, 1900 to the Late 1920s*, Manchester University Press, Manchester, 1995; Griselda Pollock, 'Moments and Temporalities of the Avant-Garde', *New Literary History*, Vol. 41, Issue 4, 2010, pp. 795–820.

39 That is to say objects of desire or reduced to their biological procreational function, all essential characteristics linked to the construction of the female gender in Western patriarchal societies.

40 Quoted in D. Giraudy, op. cit. note 5, p. 130.

41 Claudine Grammont, 'Le fauvisme cent ans après', *Perspective*, Issue 4, 2009, p. 519.

42 Letter from Camoin to Matisse, Versailles, 28 April 1918, quoted in C. Grammont, op. cit. note 11, p. 117.

43 C. Grammont, op. cit. note 41, p. 520.

44 Quoted in D. Giraudy, op. cit. note 5, p. 118.

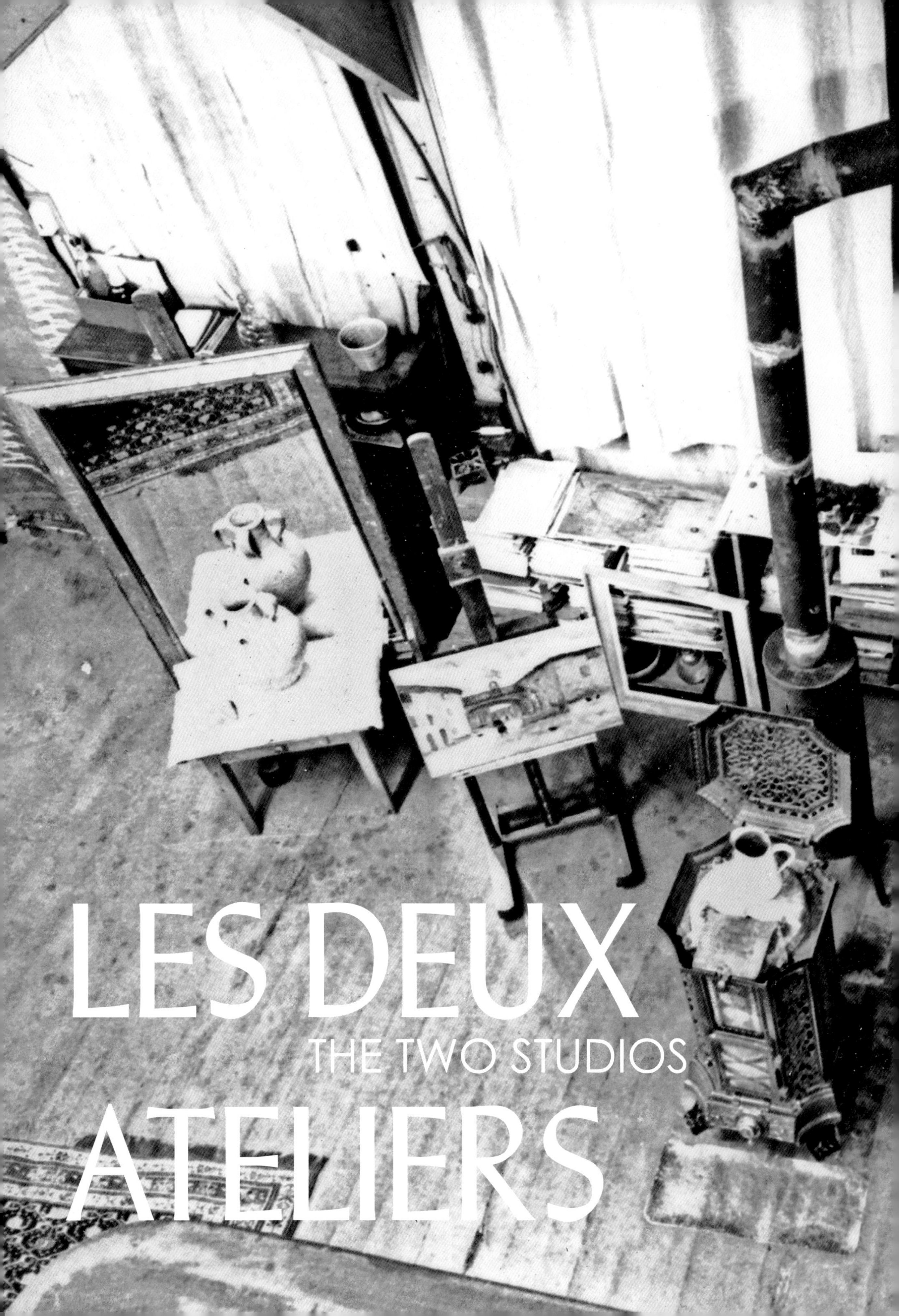

LES DEUX ATELIERS

THE TWO STUDIOS

5

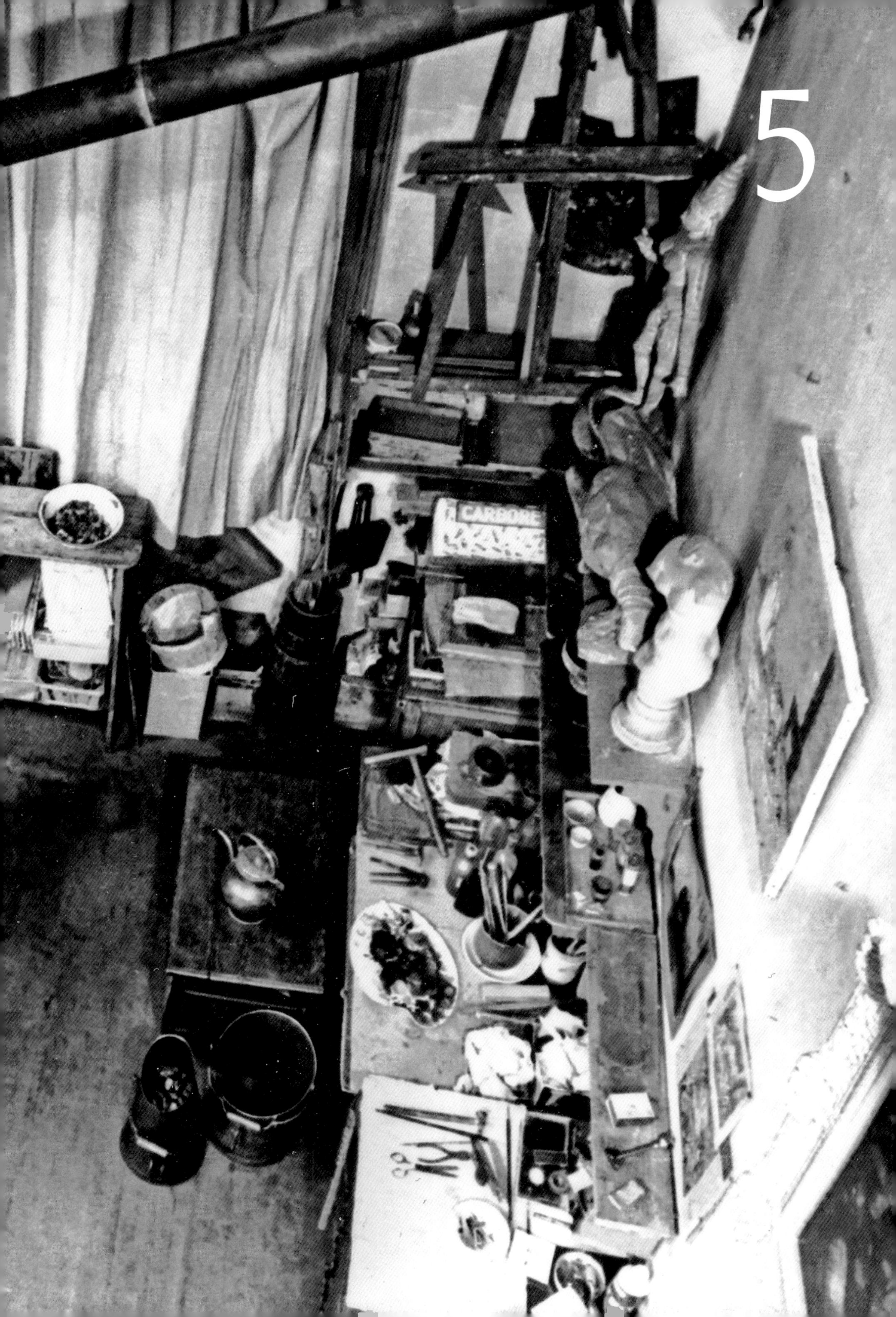

CAMOIN ARCHITECTE ET MUSICIEN

ARCHITECT AND MUSICIAN

Alix Agret

« L'univers nous fait voir deux grandes choses, et d'abord, qu'il change et se transforme incessamment, et aussitôt qu'il dure et se conserve et se répète et se confirme. Il est donc Musique et il est Architecture[1]. »

Paul Valéry

'The universe demonstrates two major things: first, that it constantly changes and is transformed, and that at the same time it lasts, is conserved, is repeated, and continues. It is therefore both Music and Architecture.'[1]

Paul Valéry

C'est la paradoxale propriété de l'univers, selon Paul Valéry, que d'être pris dans de perpétuelles mutations et de s'ancrer dans une solidité durable, de participer à la fois d'une temporalité fuyante et d'une répétition productrice de stabilité. Phénomène que Charles Camoin a traduit, lui qui a obsessionnellement peint, sinon sérialisé, le paysage en revenant régulièrement sur le motif, à Paris, en Corse et dans le Sud de la France.

Affaires de temps autant que d'espace, ses paysages sont traversés par sa volonté de saisir l'éphémère comme de spatialiser ses sensations visuelles. Aussi prend-il « au sérieux l'impressionnisme tel que modifié par Cézanne[2] ». Échappant à toutes catégorisations, Camoin oscille entre l'entreprise impressionniste « qui s'épuise à une gageure, celle de faire voir sur la toile ce que jamais on ne verra deux fois » et l'attachement cézannien à la permanence et la substantialité de la chose vue, à la pérennité de sa visibilité[3].

Son enjeu est de dépeindre son environnement, bucolique ou urbain, tout en se tenant à la pointe de l'instant pour capturer ses variations dans le temps. Les lignes n'existent pas dans la nature ? Qu'importe, Camoin ne cesse d'en tracer pour mettre en relief l'armature de l'espace ou en dégager un ordre géométrique. Il a retenu de Cézanne qu'il « faut appliquer l'ordre et la logique des anciens à l'étude de la nature, construire son tableau au lieu de se soumettre au modèle[4] ».

Dans une série de tableaux de 1904-1905, continuée en 1908 puis dans les années 1925-1930, il détourne par exemple les mâts des tartanes pour géométriser la vue

It is the paradoxical characteristic of the universe, according to Paul Valéry, that it is constantly changing while being rooted in a lasting stability anchored both in a fleeting temporality and repetition that creates stability. This was a phenomenon that Charles Camoin conveyed: he obsessively depicted and even serialised landscapes by regularly returning to paint *en plein air* in Paris, Corsica, and the South of France.

Concerned with time as much as with space, his landscapes attest to his desire to capture the ephemeral and to spatialise his visual sensations. Hence, he 'took Impressionism seriously, in the form developed by Cézanne.'[2] Impossible to categorise, Camoin oscillated between the Impressionist approach 'that takes up the challenge of representing on canvas something one will never see twice' and the Cézannian fascination with the substantiality of the seen thing and the permanence of visible reality.[3]

His aim was to depict his bucolic or urban environment, while capturing the present moment to record its variations over time. There may be no lines in nature, but Camoin constantly drew lines to highlight the framework of the pictorial space or define a geometric order. He learned from Cézanne that 'one must apply the order and logic of the Old Masters to the study of nature, and construct the picture instead of copying the model.'[4]

For example, in a series of pictures dating from 1904–1905, continued in 1908, then between 1925 and 1930, he distorted the masts of the *tartanes* (single-masted boats) to geometrise the famous view of

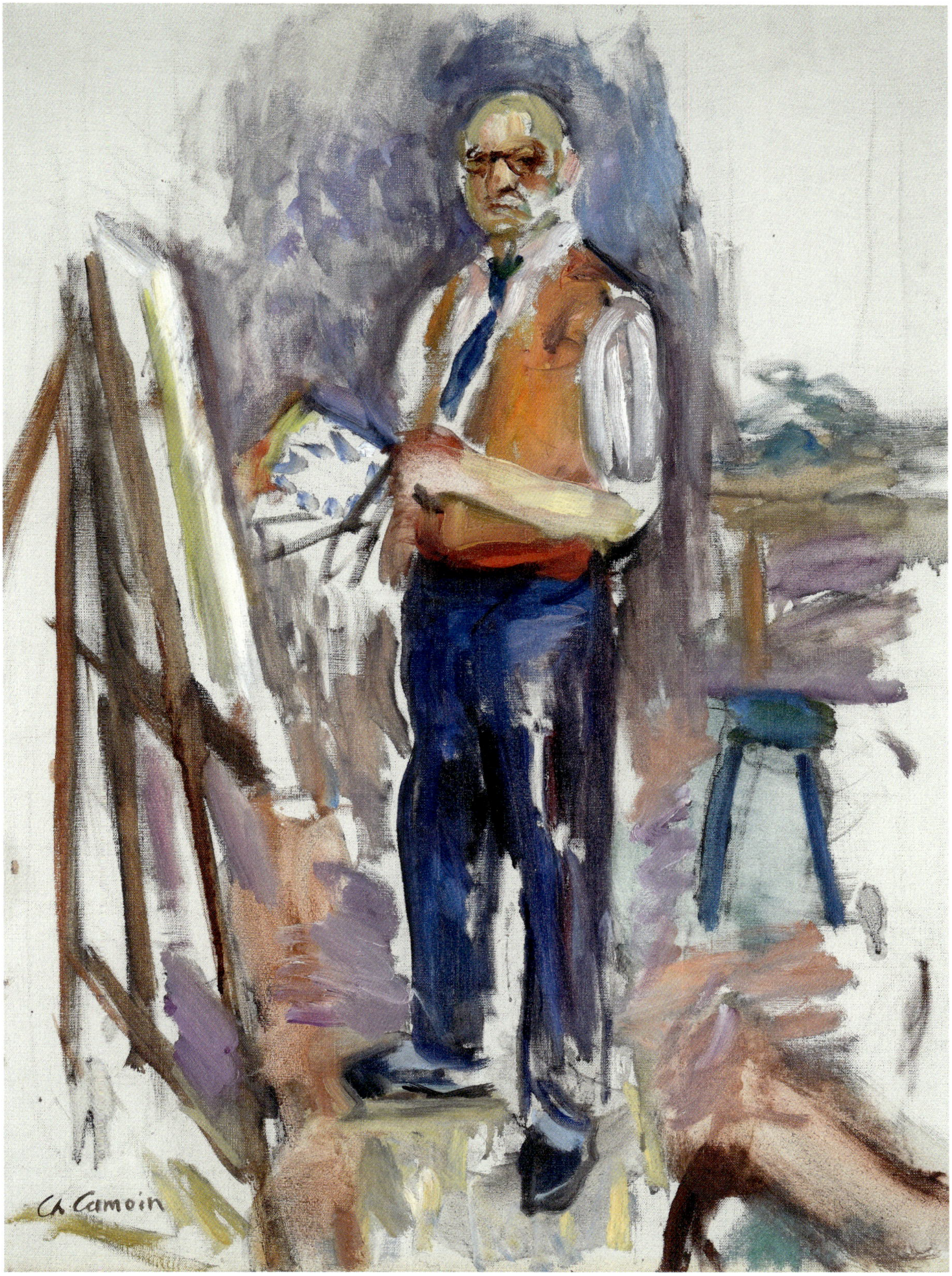

Ill. 65
***Autoportrait au chevalet*, 1956,**
huile sur toile, 61 × 50 cm, collection particulière

célèbre de Notre-Dame-de-la-Garde **(ill. 25, p. 66-67)**. Comme à Saint-Tropez ou Cassis, Camoin ne s'arrête pas sur l'activité portuaire marseillaise. Il immobilise plutôt les bateaux devenus de simples *patterns* auxquels il fait subir de légères mutations dans un processus de sérialisation extrêmement rigoureux. Au gré de dizaines de tableaux, il enferme le port dans une architectonique qui prend pour centre Notre-Dame-de-la-Garde. Cette grille de mâts qui se dressent, parallèles, ou s'entrechoquent, exacerbe les lignes de force de la composition, redoublant l'horizontalité des trois bandes – quai, mer, colline – qui s'étagent avec netteté et la verticalité de la basilique, tendue vers le ciel.

Il ne s'agit pas tant de capter une impression fugitive que d'*éprouver* toutes les solutions formelles offertes par ce quadrillage, de moduler les rapports entre chaque élément : tartanes aux voiles déployées déportées sur le bord gauche mais équilibrées par la présence d'un banc de nuages à droite dans un cas, tassées au milieu, elles obstruent la basilique dans un autre ou alignées en deux rangées, elles l'encadrent symétriquement ailleurs. Ni les variations d'intensité lumineuse, qui donnent au bâtiment des tonalités roses ou beiges et colorent la mer d'un bleu plus ou moins profond, ni même la touche qu'adopte Camoin en 1908 – plus souple et épaisse, elle estompe les détails – ne rompent cet agencement rigide qui enserre le port. Camoin délaisse la question temporelle au profit d'une analyse de l'espace, du rapport entre le proche et le lointain qui se cristallise dans l'incision des mâts perçant l'air et épinglant l'œil sur la silhouette de l'édifice.

Dans une des innombrables variantes de cette série, le peintre, légèrement en surplomb car il travaille depuis les alentours de l'hôtel de ville, déploie le port comme un dispositif spectatoriel (*Marseille, le Vieux-Port aux tonneaux*, 1904, Kunstmuseum, Gelsenkirchen). La mer est remplie de colonnes de bateaux qui, convergeant vers l'église, accentuent théâtralement les lignes de fuite de la peinture. Des marins, postés de dos sur le quai, relaient notre vision. Scénographie autoréférentielle qui rappelle que le paysage ne prend forme qu'unifié par un regard. Il n'est pas rare que Camoin inscrive dans le paysage les principes structurants de l'espace mais aussi les modalités de sa perception visuelle.

Si le port de Marseille lui a inspiré une cinquantaine de toiles, ce sont parfois des lieux différents que Camoin soumet à un système organisateur unique. La confrontation de peintures datant de 1904-1905 révèle une constance dans la composition du *Vésuve fumant* **(ill. 24, p. 64-65)**, du *Louvre et [...] Pont des Arts vus du Pont-Neuf* **(ill. 5, p. 31)** ou de *La Baie d'Agay* (coll. part.). Chacun de ces sites est prétexte à contenir la fluidité de l'eau dans un triangle de verdure ou de pierre. Le minéral, le végétal et l'aqueux participent d'une même solidité, confirmée par la stabilité d'un recadrage interne. À Agay, ce sont des rochers rouges et des arbres qui compriment l'eau dans un entonnoir bleu. À Naples, la façade d'un palais aux murs roses et jaunes et une terrasse écrasées par le soleil ainsi que des touffes d'arbres ceinturent la mer, opposant obliquement leur volume à la planéité du Vésuve réduit à la fonction de toile de fond. Aucun pittoresque à l'œuvre ici alors que ce volcan mythique a souvent invité les peintres à la dramatisation sublime de la nature. Au

Notre-Dame-de-la-Garde **(ill. 25, p. 66-67)**. As in Saint-Tropez and Cassis, Camoin did not focus merely on the activities of the Marseilles port. He opted instead to immobilise the boats, turning them into simple patterns subjected to slight mutations in an extremely rigorous process of serialisation. In dozens of pictures, he enclosed the port in an architectonic composition with Notre-Dame-de-la-Garde in its centre. This grid of upright, parallel, and intersecting masts accentuates the composition's lines of force, reinforcing the horizontality of the three segments—the quays, the sea, and the hill—which are distinctly placed one upon the other, and the verticality of the basilica, reaching toward the heavens.

The aim was not so much to capture a fleeting impression, but rather to *test* all the potential formal solutions in this 'grid', and modulate the relations between each element: the *tartane* boats with their sails deployed on the left-hand side are balanced by the presence of a bank of clouds to the right in one of the pictures; amassed in the centre, they obstruct the view of the basilica in another picture, or aligned in two rows, they form a symmetrical frame in other pictures. Neither the variations in luminous intensity, which create pink or beige tones on the building and tint the sea with a blue of varying depths, nor even the strokes employed by Camoin in 1908—which are more supple and thick, thus blurring the details—break up the rigid layout that embraces the port. Camoin abandoned the temporal aspects to focus on spatial analysis, on the relation between the close and the distant expressed by the incision of the masts thrust into the air, focusing the viewer's gaze on the outline of the building.

In one of the numerous variations in this series, viewed slightly from above, because the painter worked near the Hôtel de Ville, he used the port as a spectatorial device (*Marseille, le Vieux-Port aux tonneaux*, 1904, Kunstmuseum, Gelsenkirchen). The sea is full of the columns of boats, which, converging towards the church, theatrically accentuate the painting's lines of flight. Sailors, viewed from behind on the quay, act as relays for the viewer's eye. This self-referential scenography underlines the fact that the landscape only takes shape when unified through the viewer's gaze. Camoin often applied structuring spatial principles to the landscapes as well as the modalities of his visual perception.

Although the port in Marseilles inspired him to paint around fifty paintings, Camoin sometimes applied a unique organisational system to the representation of different locations. A comparison of paintings dating from 1904–1905 highlights a certain consistency in the composition of *Vésuve fumant* **(ill. 24, p. 64-65)**, *Louvre et [...] Pont des Arts vus du Pont-Neuf* **(ill. 5, p. 31)**, and *La Baie d'Agay* (private collection). Each of these locations was used by the painter to enclose the fluidity of the water in a triangle of greenery or stone. The mineral, vegetal, and watery elements are all part of the same solidity, reinforced by the stability of internal framing. At Agay, red rocks and trees enclose the water in a blue funnel shape. In Naples, the façade of a palace with pink and yellow walls and a terrace in the blazing sun, as well as tufts of trees surround the sea, obliquely contrasting their volume with the flatness of a Vesuvius relegated to a simple backdrop. There is nothing of the

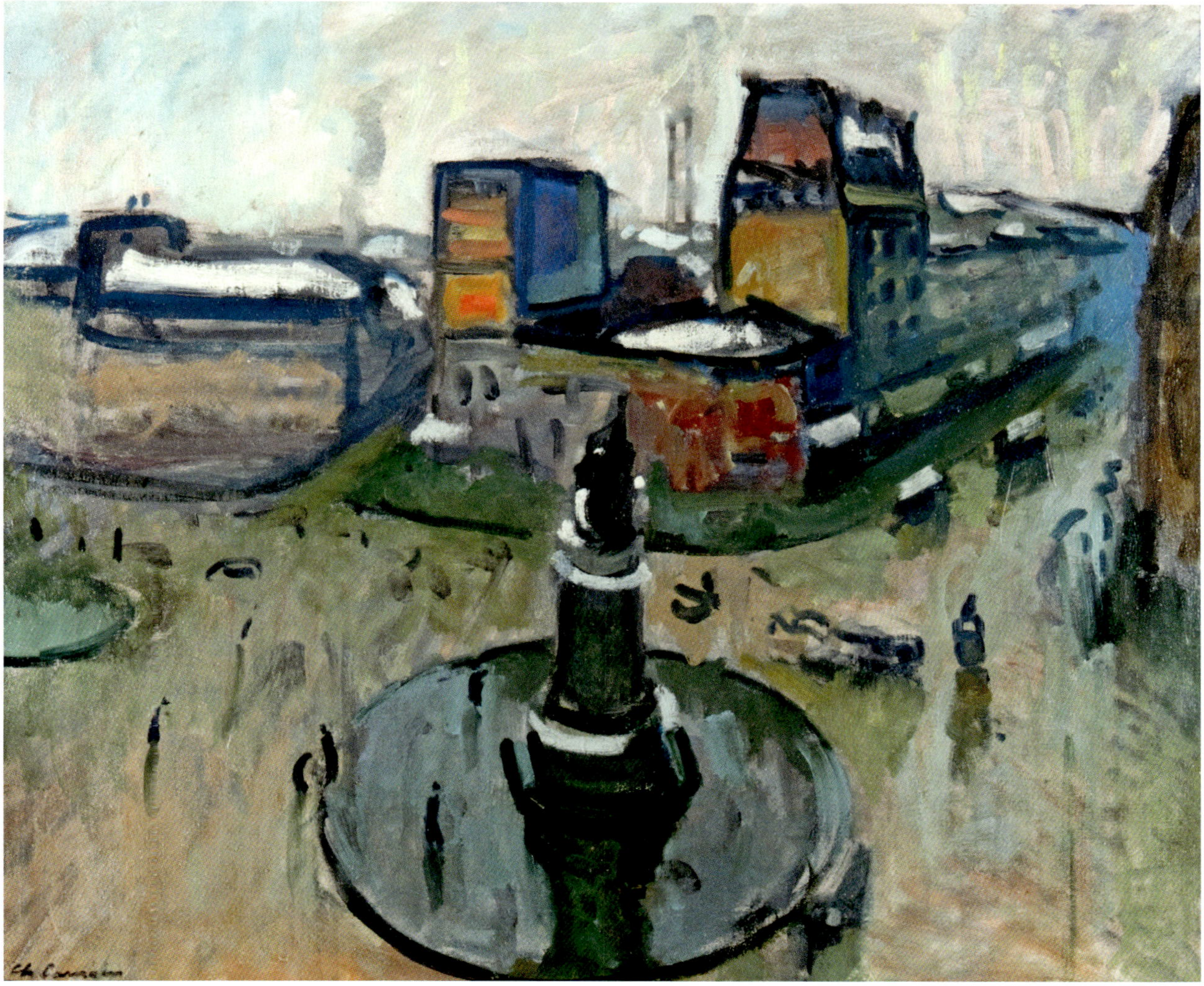

Fig. 1
***Place de Clichy*, 1910,**
huile sur toile, 65 × 81 cm, Art Gallery and Museum Kelvingrove, Glasgow

contraire, Camoin déjoue la frontalité en décentrant le regard, et en refoulant à droite, dans le lointain, les ondulations du Vésuve couronné d'une houppette inoffensive.

Si à Naples, c'est l'ombre portée du Palais Capella occupant le coin gauche du tableau qui renvoie discrètement à l'origine du point de vue, à Paris, le peintre la visualise de façon plus évidente lorsqu'il peint depuis la fenêtre de son atelier du 28, place Dauphine[5]. Cadre dans le cadre, un balcon fleuri se superpose à un paysage déjà architecturé par la barre du Louvre et les blocs composant le Pont-Neuf. S'opposent à ces volumétries anguleuses les fleurs et l'arabesque de la plante grimpante du premier plan. Son étirement vers le ciel, accentué par la paroi verticale ainsi que les piétons et les péniches qui s'éloignent à l'arrière-plan, comme sur le point de disparaître, impulsent un léger mouvement à l'ensemble, rappelant que Camoin s'affronte à la représentation de l'instantanéité.

Le flux énergique de la foule et l'accélération de la vie urbaine suscitent chez lui une réflexion sur le transitoire. Ses vues parisiennes sont le théâtre, notamment dans les années 1905-1910, d'une modernité toute baudelairienne. L'irruption des passants dans le champ, les fumées d'usine ou le trafic sont autant d'épiphénomènes qui appellent une stylisation plastique pour contredire l'inéluctable écoulement du temps. Camoin simplifie ainsi les silhouettes des badauds qu'il ébauche à coup de traits noirs dispersés dans l'espace pour suggérer la circulation anonyme. Ils ne sont plus que des virgules fléchies sous l'action du vent et de la pluie ou figées dans l'attitude de la marche, le peintre ne s'intéressant ici à la figure humaine qu'en tant que signal du mouvement. Il en est de même du cheval, de la charrette ou du fiacre qui sont souvent déformés ou tronqués par le cadrage, pour donner l'illusion qu'ils sont en train de traverser l'espace, sur les quais parisiens (*Le Pont Royal par temps gris*, 1905, coll. part.) ou devant le Moulin-Rouge **(ill. 29, p. 79)**.

Alors qu'il représente rarement l'impermanence de la nature (seule la mer démontée à Antibes a fait l'objet d'un tableau en 1920-1921), la capitale parisienne l'oblige à une forme d'urgence. Il l'esquisse presque plus qu'il ne la peint. Dans *Place de Clichy* **(fig. 1)**, il s'attache autant à l'humidité qui fait luire le sol qu'au va-et-vient des Parisiens et des véhicules. Les façades des immeubles, colorées par les affiches, tels des supports de l'éphémère publicitaire par excellence, symbolisent l'instabilité de la ville dont les murs deviennent, à la fin du XIXe siècle, les reflets de la consommation capitaliste moderne. Toujours attentif à l'agencement de l'espace, Camoin associe les verticalités urbaines – Monument au maréchal Moncey au centre de la place, fumée s'élevant dans les airs, cheminée d'usine, habitations – qu'il oppose à la circularité du rond-point. Il ne renonce donc jamais à «l'élaboration d'une logique interne au tableau», y compris par la répartition de la couleur comme le montre *Les Barques sur le glacis du port de Cassis*[6] **(fig. 2)**.

La tartane qui s'élève exactement au milieu du tableau dresse l'axe autour duquel se déploie le paysage et circulent les couleurs. Le collier de barques redouble l'arc de cercle du bassin, courbure répliquée au premier plan, de manière minimale, par deux embarcations et des ombres projetées. Coupant les

picturesque here, despite the fact that the legendary volcano often inspired painters to depict the sublime dramatisation of nature. On the contrary, Camoin avoided frontality by throwing the viewer's gaze off centre, and redirecting it to the right, in the distance, where the undulations of Vesuvius are crowned with an inoffensive puff.

In Naples, the shadow cast by the Palazzo Capella located in the left-hand corner of the painting discreetly leads the eye to the viewpoint's origin, while back in Paris, the painter visualised it more clearly when he painted it from the window of his studio at 28, Place Dauphine.[5] A frame within a frame, a floral balcony is superposed over a landscape made architectural by the line of the Louvre and the stone blocks of the Pont-Neuf. Contrasting with these angular volumes are the flowers and the arabesque of the creeper in the foreground. Its extension skywards, accentuated by the vertical wall, the passers-by and the barges moving away in the background, as though about to disappear, lends the ensemble a slight sense of movement, underlining the fact that Camoin was striving to master the representation of instantaneous scenes.

The energetic flow of the crowd and the acceleration of urban life prompted him to explore the transitory. His Parisian scenes were the setting, particularly from 1905 to 1910, of a very Baudelairian modernity. The 'intrusion' of the passers-by into the field of vision, factory smoke, and the traffic were all epiphenomena that required plastic stylisation to counter the inevitable passage of time. Hence, Camoin simplified the outlines of the onlookers he roughly sketched with black strokes dispersed in space to suggest anonymous circulation. They are reduced to commas bent over by the wind and the rain or caught in a walking posture, as the painter only focused on the human figure as an indicator of movement. The same applied to horses, carts, and carriages, which are often deformed or cut off by the frame, to create the illusion that they are in the process of crossing space, on the Parisian quays (*Le Pont Royal par temps gris*, 1905, private collection) or in front of the Moulin-Rouge **(ill. 29, p. 79)**.

Although he rarely represented the impermanence of nature (only the raging sea in Antibes was represented in a picture dating from 1920–1921), the Parisian capital induced a greater sense of urgency. His depictions of it are more akin to sketches than to paintings. In *Place de Clichy* **(fig. 1)**, he was just as interested in the damp glistening ground as the comings and goings of Parisians and their vehicles. The buildings' façades, made colourful by posters, as they served as the supports for temporary advertisements par excellence, symbolise the instability of the city, whose walls, at the end of the nineteenth century, came to reflect modern capitalist consumption. Ever interested in the layout of the pictorial space, Camoin combined the vertical elements of urban life—the Monument to Maréchal Moncey in the centre of the square, the smoke rising into the air, a factory chimney, and the houses—which he contrasted with the circularity of a roundabout. Hence, he never abandoned the idea of 'developing an internal pictorial logic', including via the arrangement of colour, as attested by *Les Barques sur le glacis du port de Cassis* **(fig. 2)**.[6]

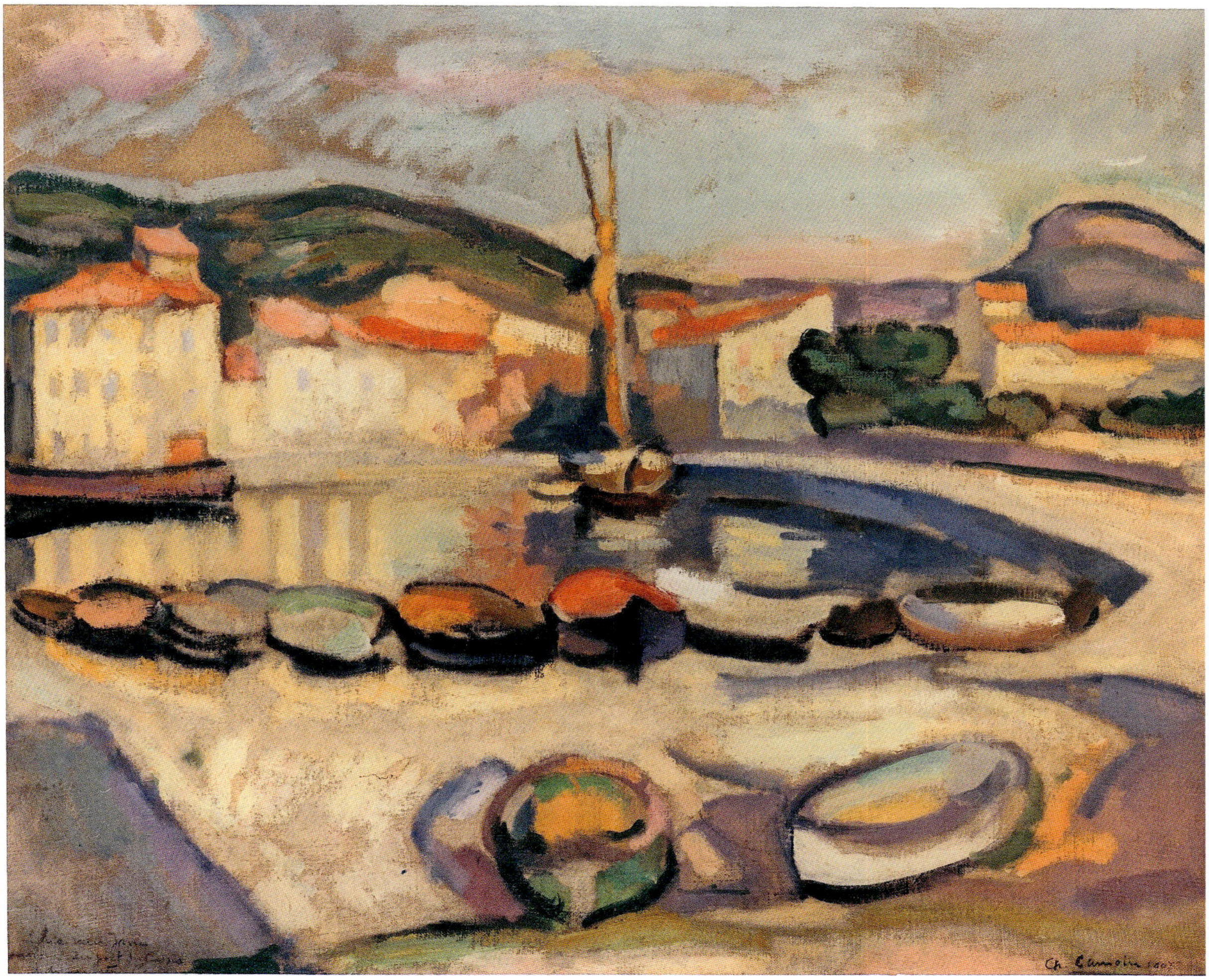

Fig. 2
***Barques sur le glacis du port de Cassis*, 1907,**
huile sur toile, 54 × 65 cm, collection particulière, Royaume-Uni

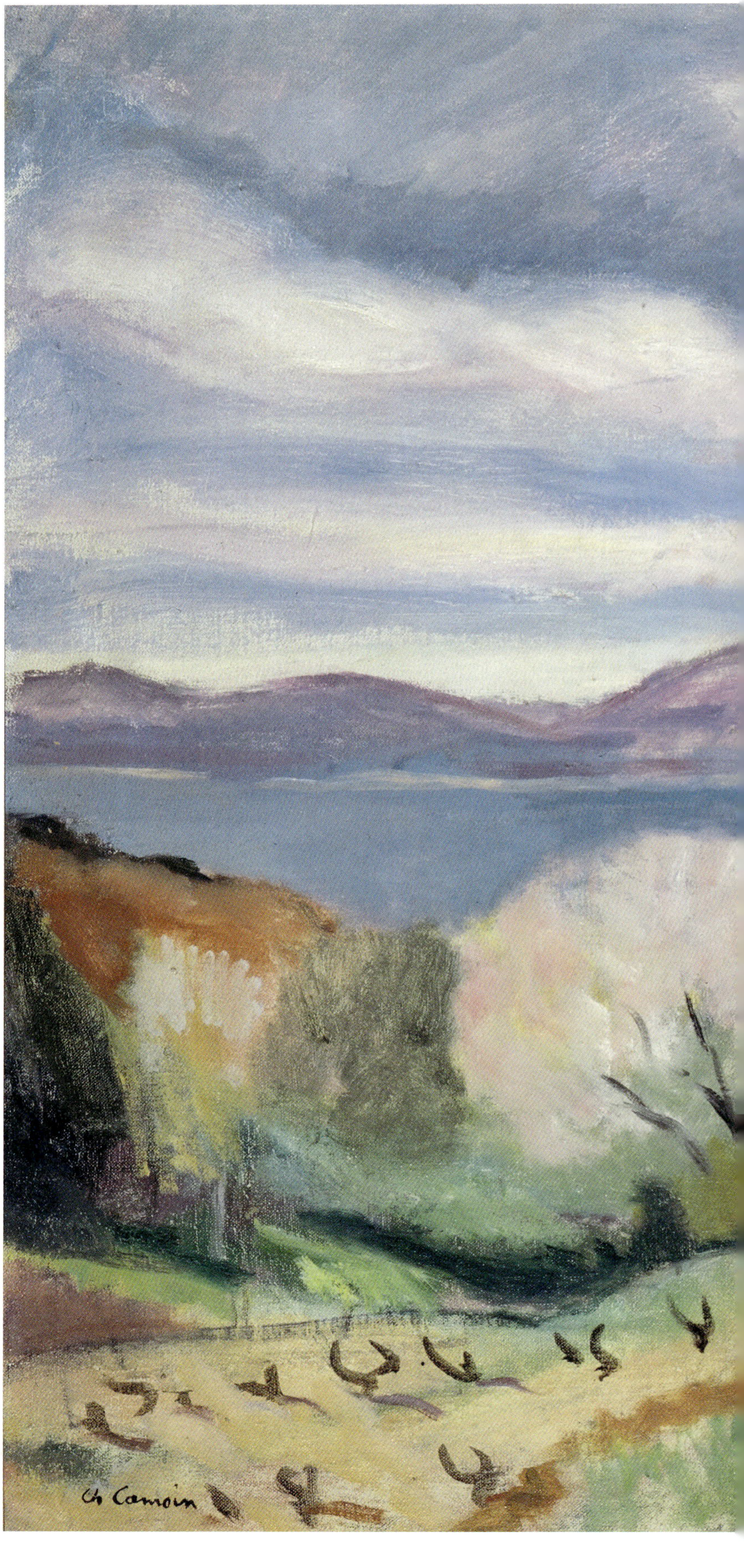

Ill. 66
***Le Printemps*, 1921,**
huile sur toile, 81 × 100 cm,
collection particulière

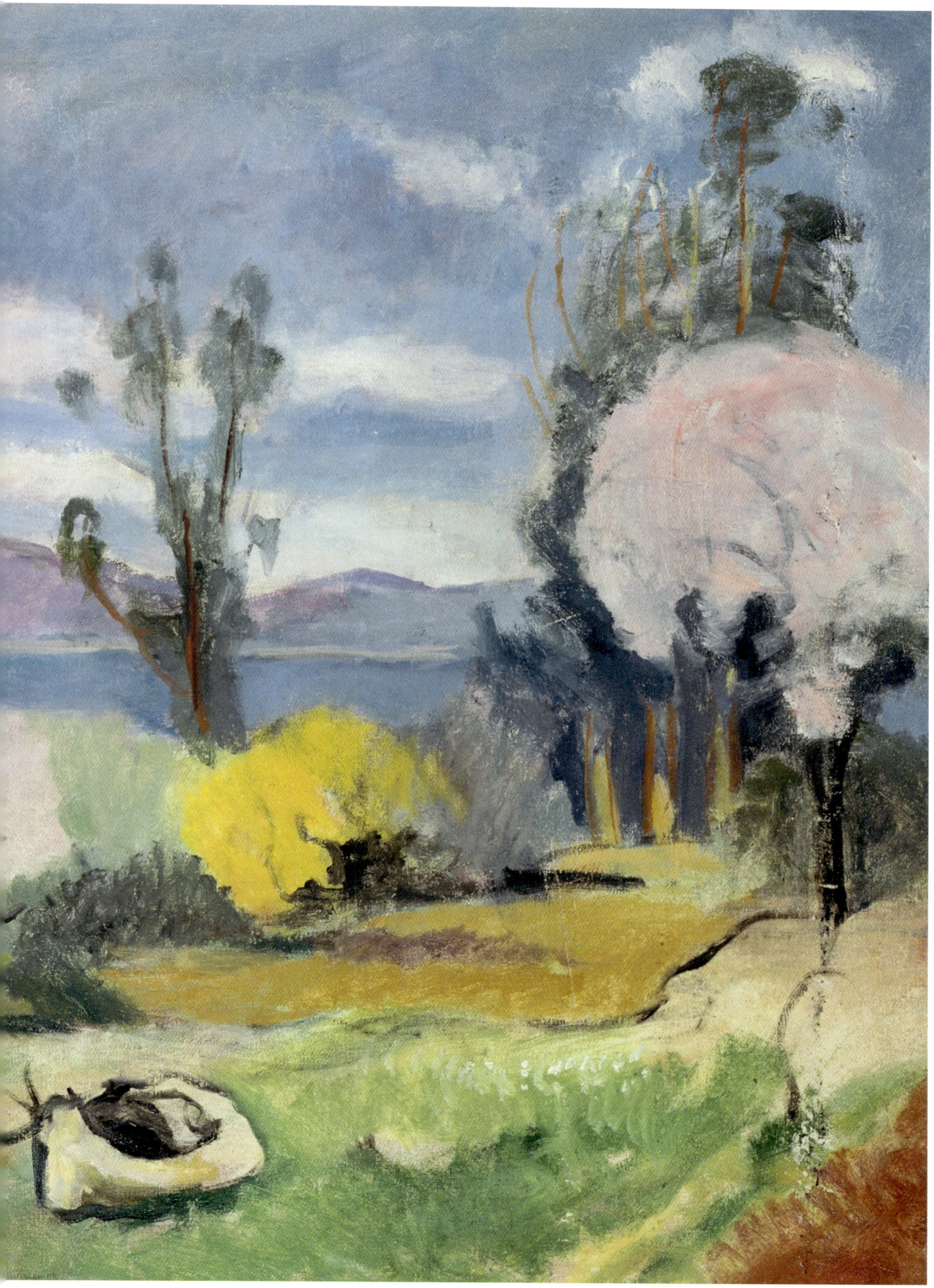

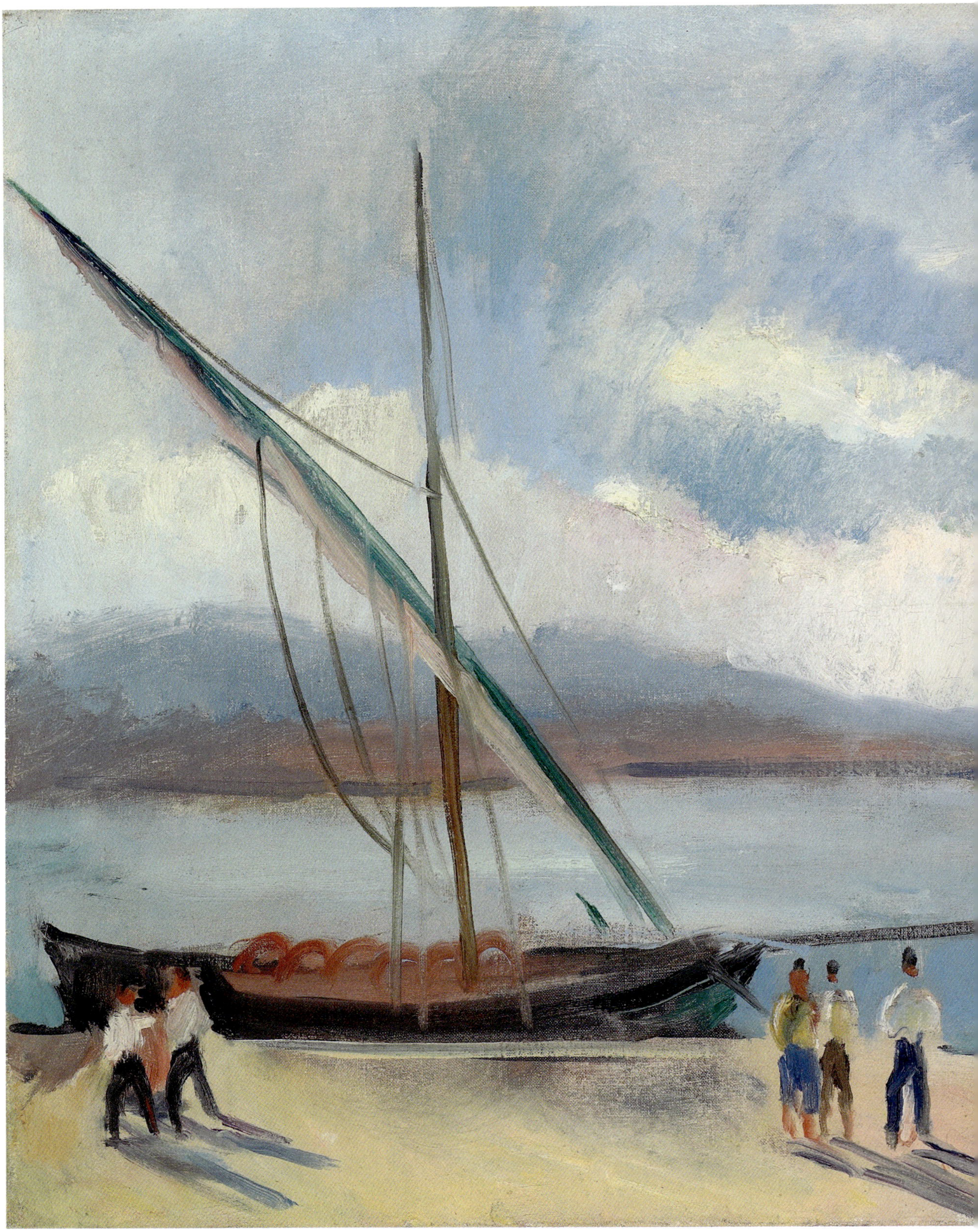

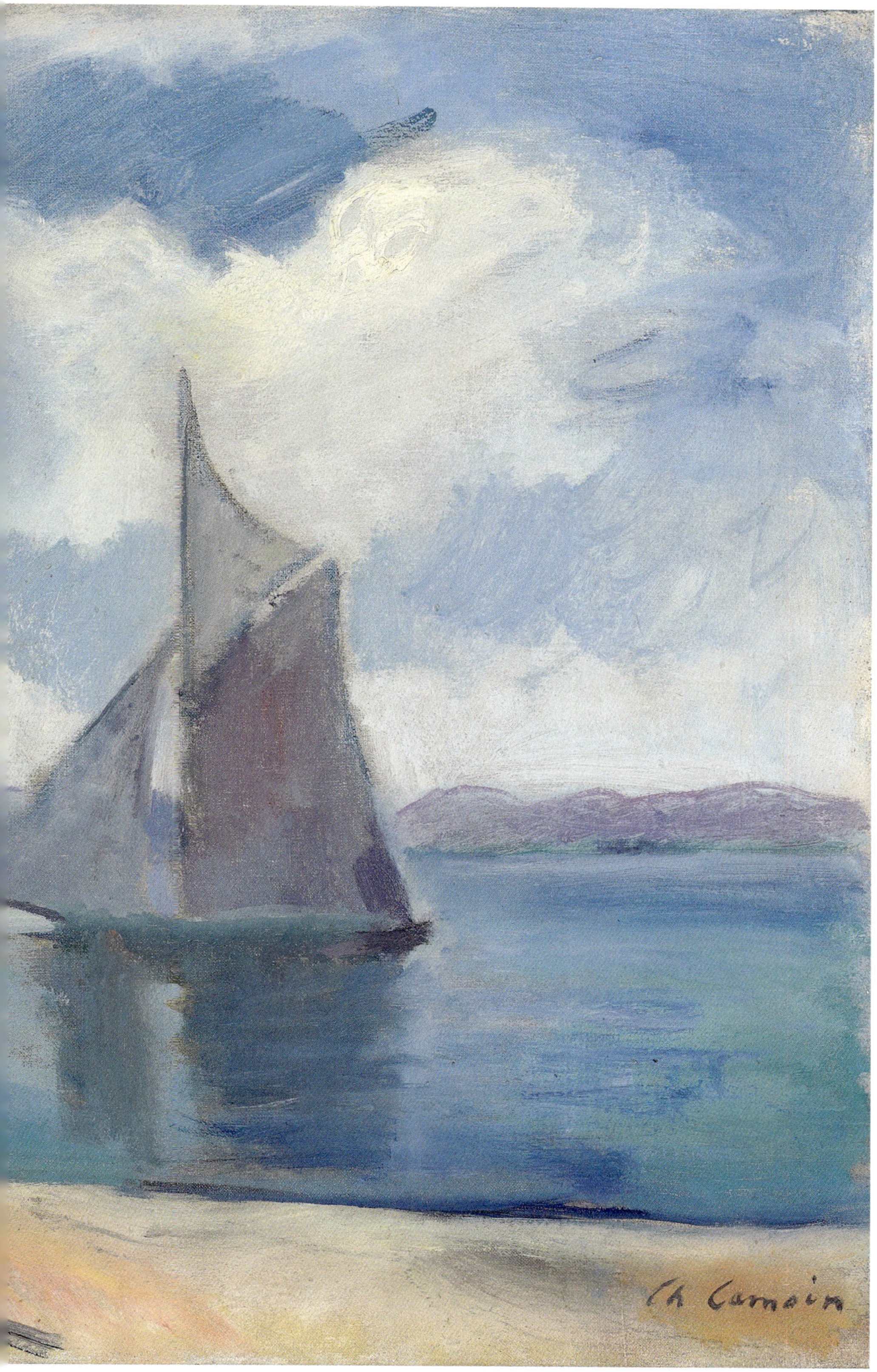

Ill. 67
***La Tartane entrant dans le port de Saint-Tropez*, 1925,**
huile sur toile, 54 × 81 cm,
musée de l'Annonciade, Saint-Tropez

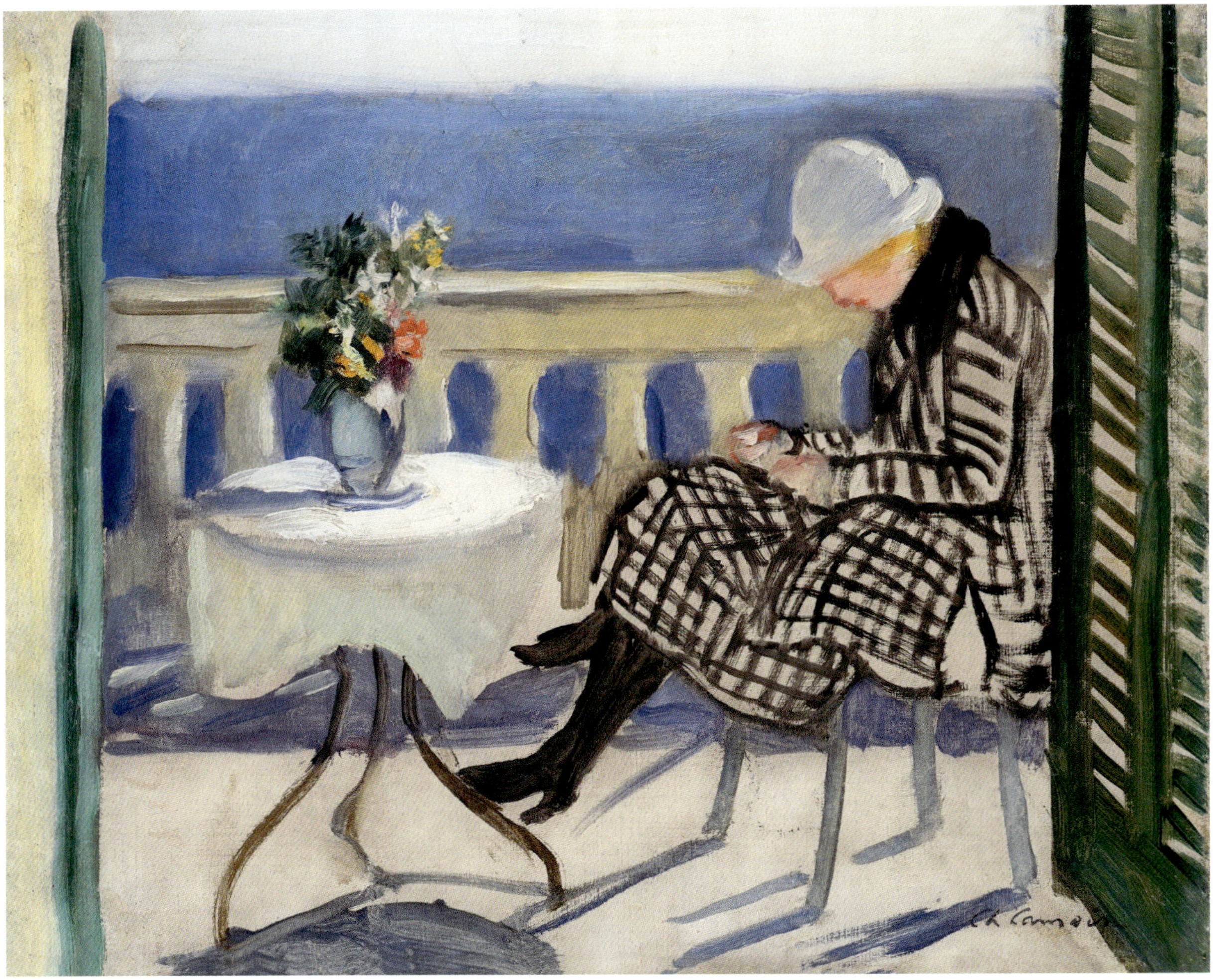

Ill. 68
***Lola sur la terrasse*, 1920,**
huile sur toile, 33 × 41 cm, collection particulière

collines en deux, le bateau souligne leur opposition chromatique. À sa droite, le bleu violacé s'échelonne depuis les monts du fond jusqu'aux taches du premier plan. À sa gauche s'étalent des renflements verts avec lesquels résonne la bordure inférieure droite du cadre. La surface miroitante de l'eau, la diversité colorée des coques et les toits rouges des maisons dispersés renforcent la rythmique colorée du tableau. À travers ce dispositif chromatique, Camoin crée des rimes dans le paysage, comme si en peignant il percevait le monde tel un «système complet des rapports, dans lequel les êtres, les choses, les événements et les actes s'appellent les uns les autres et se trouvent musicalisés, devenus commensurables, résonants l'un par rapport à l'autre[7]».

Musicalité jamais mieux mise en œuvre que lorsqu'il peint une étendue d'eau reflétant ce qui l'environne. Des échos entre la nature et son reflet cadencent la composition. Par cette réflexivité, les arbres du Bois de Boulogne sont dupliqués et fusionnés dans une expansion abstraite de couleurs (*Arbres au bord du lac*, vers 1907, coll. part., Paris). Si cet enchevêtrement de plantes déforme l'espace, sa scansion par le vert, le rouge rosé et le bleu lui donne une force décorative. Cette eurythmie végétalisée sature le regard avec d'autant plus d'intensité que des branches à la lisière du tableau donnent l'impression que les arbres poussent en dehors du cadre.

Camoin lui-même évoque une possible analogie entre l'orchestration des sons et des couleurs en intitulant un de ses tableaux *La Symphonie de l'eau* (1938, coll. part.). C'est dire la justesse de la métaphore musicale pour désigner la recherche de plasticité pure et l'autonomisation de la couleur par rapport à la forme qui préoccupèrent tant l'avant-garde au tournant du siècle, notamment les artistes fauves auxquels il est associé. Jankélévitch a souligné l'analogie entre l'abolissement des nuances opéré par le fauvisme et la musique moderne: «Le fauvisme ignore les subtilités qualitatives de la demi-teinte – et de même il n'y a pas de place chez Bartók pour les moires, reflets et transparences exquises du debussysme. Plus d'ombres bleues dans l'extase d'une lune "rose et grise", mais des couleurs brutales qui hurlent de se trouver ensemble[8].» Si les violences colorées de Camoin sont tempérées par sa fidélité à la transcription du motif, il trouve dans la répétitivité chromatique une manière de marquer le *tempo* du paysage.

Entre 1908 et 1912, la peinture de Camoin s'assombrit, caractérisée par l'utilisation du noir jusque-là relativement peu présent dans sa palette. Son introduction accompagne un processus de simplification extrême qui stabilise les formes dans de grandes plages de couleurs. La texture picturale, bien visible, leste le paysage d'une densité qui unifie les éléments (air, pierre et eau) dans une matité parfois asphyxiante. À Paris, la flèche de Notre-Dame, les arbres fourchus et les silhouettes noires – vus depuis le pont de l'Archevêché – émettent une vibration menaçante **(ill. 32, p. 87)**. Ils semblent naître d'une même poussée organique qui se propage contre la traînée bleue de la Seine et la coulée rose et jaune qui fond la route, les murs de la cathédrale et le ciel dans une matérialité marquée.

The *tartane* sail boat that moves up the exact centre of the picture creates the axis around which the landscape is represented and the colours are arranged. The string of barges echoes the arch of the basin's circle, a curve echoed in the foreground, in a minimal way, by two boats and cast shadows. Cutting the hills in two, the boat highlights their chromatic opposition. To its right, the violet blue graduates from the background hills to the patches of colour in the foreground. To its left extend green mounds, which are echoed in the lower right edge of the picture. The mirror surface of the water, the colourful diversity of the hulls, and the intermittent red roofs of the houses reinforce the picture's coloured rhythms. Via this chromatic device, Camoin created 'rhyming' elements in the landscape, as though while painting he perceived the world as a 'complete system of relations, in which beings, things, events, and acts echo one another, are rendered musical, become commensurable, and resonate with one another.'[7]

This musicality was most evident when he painted a stretch of water reflecting its surroundings. Echoes between nature and its reflection give a rhythm to the composition. Via this reflexivity, the trees of the Bois de Boulogne were duplicated and merged together in an abstract expansion of colours (*Arbres au bord du lac*, circa 1907, private collection, Paris). While these interlocking plants deform the space, the rhythm created by the green, pinkish red, and blue hues lend it a decorative force. This vegetal eurythmy saturates the eye with even greater intensity as the branches on the edge of the picture give the impression that the trees are growing outside the frame.

Camoin himself evoked a possible analogy between the orchestration of sounds and colours when he gave one of his pictures the title *La Symphonie de l'eau* (1938, private collection). This makes the musical metaphor all the more appropriate to describe the quest for pure plasticity and the independence of colour in relation to form that so interested the avant-garde artists at the turn of the century, in particular the Fauves, whom Camoin knew. Jankélévitch underlined the analogy between the abolition of nuances by the Fauves and by modern composers of music: 'Fauvism ignores the qualitative subtleties of half tones; and in Bartók, there is no room for the shadings, reflections, and exquisite transparencies of Debussyism. No more blue shadows "in the ecstasy of a rose-grey moon"—instead brutal colours that shriek when they find themselves together.'[8] While Camoin's violent colours were tempered by his faithful transcription of the motif, he used chromatic repetition to mark the tempo of the landscape.

Between 1908 and 1912, Camoin's paintings grew darker, characterised by the use of black, which until then had been relatively absent from his palette. The introduction of this colour complemented a process of extreme simplification that stabilised forms in large coloured areas. The pictorial texture, which is clearly visible, fills the landscape with a density that unifies all the elements (air, stone, and water) with a sometimes asphyxiating matt quality. In Paris, the spire of Notre-Dame, the forked trees, and the black silhouettes—seen from the Pont de l'Archevêché—emit a threatening vibration **(ill. 32, p. 87)**. They seem to

En Corse, Camoin représente notamment *Les Calanques de Piana* (1910, coll. part.), grandes masses dentelées qui remplacent l'horizon, évacuant la mer au bord de la toile. Un entrelacement de fourrés verts au ras du sol et de pins élancés et ondoyants se substitue aux plus rudimentaires cernes noirs qui, à l'époque, contiennent parfois les débordements de la couleur. La nature tisse ainsi un maillage décoratif qui fragmente et aplanit les blocs rocheux. En liquidant détails et modulations colorées, Camoin n'indexe pas ses visions corses à une heure, une saison ni aux conditions météorologiques, mais il les installe dans une continuelle présence[9].

Expansion de la couleur et élan vital sont consubstantiels dans *Les Pins au bord de l'eau au Trayas* (1910, coll. part.). Avec une immédiateté presque agressive, leurs cimes s'épanouissent dans des nuages noirs et verts foncés tandis que leurs ombres s'épanchent en marbrures mauves sur le monticule au premier plan. Camoin décrit un phénomène optique plus que le paysage lui-même: la violence d'un soleil camusien dont l'intensité lumineuse noircit branches et frondaisons qui se découpent comme en négatif contre la blancheur du ciel. Ce contraste très dur traduit l'éblouissement face à une nature embrasée par la lumière jusqu'à la limite du visible. Comme un point aveugle du tableau, le ciel et une partie de la mer disparaissent dans une nébuleuse de clarté. Démonstration plastique de l'effet de la lumière quand celle-ci «à force d'épaisseur, coagule l'univers et ses formes dans un éblouissement obscur[10]». C'est aussi une parfaite illustration des expérimentations chromatiques auxquelles il s'adonne. D'après lui, «l'ombre n'existe pas, il n'y a que des couleurs: les ombres sont roses ocrées ou légèrement violacées ou verdâtres, et dans les lumières, les verts sont orangés, verts ou jaune-vert, rose orangé piqué de quelques verts frais[11]». Ici, le violet, pourtant à l'extrémité du spectre visible, fait irradier l'espace, lui donnant chair et relief. L'obscurité mauve que le bleu de la mer «dépasse», et rappelle presque symétriquement, livre le premier plan à la picturalité pure.

Il n'est pas rare en effet que des taches de pénombre occupent un pan ou un bord des compositions de Camoin. Situées souvent le long du bord inférieur du cadre, elles délimitent un seuil permettant d'entrer dans l'œuvre[12]. Dans le *Port de Toulon à la barrière* **(ill. 27, p. 70-71)**, l'«avancée» parme dans le port projette le regard au cœur de la scène tout en la dotant de profondeur. Encoche de couleur que Camoin convoque moins comme la représentation d'une ombre que comme un volume constructif qui fait déborder le tableau au-delà de ses limites. Des bandes noires, pourpres ou violines dont l'origine ne peut être identifiée, apparaissent régulièrement dans son travail, épousant verticalement le bas d'une œuvre ou la coupant de biais à Saint-Tropez (*Tartanes dans le port de Saint-Tropez*, 1921, ancienne coll. Oscar Ghez), Marseille (*Le Quai de Marseille aux trois mâts*, 1906,

emerge from the same organic growth that spreads against the blue trail of the Seine and the pink and yellow flow that merges the road, the cathedral's walls, and the sky in a distinct materiality.

In Corsica, Camoin depicted, in particular, *Les Calanques de Piana* (1910, private collection), with large serrated masses replacing the horizon, pushing the sea to the edge of the canvas. A bed of green undergrowth on the ground and tall and undulating pines replace the more rudimentary black circles which, at the time, sometimes contained the invading colours. Hence, nature has woven a decorative network that fragments and flattens the blocks of rock. By eradicating detail and coloured modulations, Camoin did not associate his Corsican scenes with a specific hour, season, or climatic condition, but rather placed them in a continual present.[9]

The expansion of colour and the life force are consubstantial in *Les Pins au bord de l'eau au Trayas* (1910, private collection). With an almost aggressive immediacy, the tops of the pine trees extend into black and dark green clouds, whilst their shadows spread in mauve and mottled patterns on the monticule in the foreground. Camoin depicted an optical phenomenon rather than the landscape itself: the violence of a Camusian sun, whose luminous intensity blackens the branches and foliage that stand out like a negative against the whiteness of the sky. This very stark contrast conveys the glare of nature ignited by light at the limit of the visible. Like a blind spot on the picture, the sky and a part of the sea disappear into a nebulous clarity: a plastic demonstration of the effect of the light when 'its density coagulates the universe and its forms in an obscure glare.'[10] It is also the perfect illustration of the chromatic experiments he conducted. According to him 'shadows do not exist, there are only colours: the shadows are ochre pinks or slightly violet or green, and in the areas of light, the greens are orangish, green or yellow-green, an orange yellow speckled with areas of cold green.'[11] Here, the violet, which is in fact at the extremity of the visible spectrum, magnifies the space, giving it substance and relief. The mauve darkness that the blue of the sea 'extends beyond', with almost symmetrical resonance, makes the foreground a purely pictorial region of the picture.

Indeed, areas of shade often occupy an edge of Camoin's works. Often located along the lower edge of the frame, they delineate the threshold that enables the viewer to 'enter' the work.[12] In *Port de Toulon à la barrière* **(ill. 27, p. 70-71)**, the mauve triangular form in the port directs the viewer's gaze to the centre of the scene while giving it depth. An area of colour that Camoin used less as the representation of shadow than as a constructive volume that takes the picture beyond its boundaries. Black, purple, or violet strips, with indeterminate origins, emerged regularly in his works, running vertically along a painting's lower section or cutting through it diagonally, as in Saint-Tropez (*Tartanes dans*

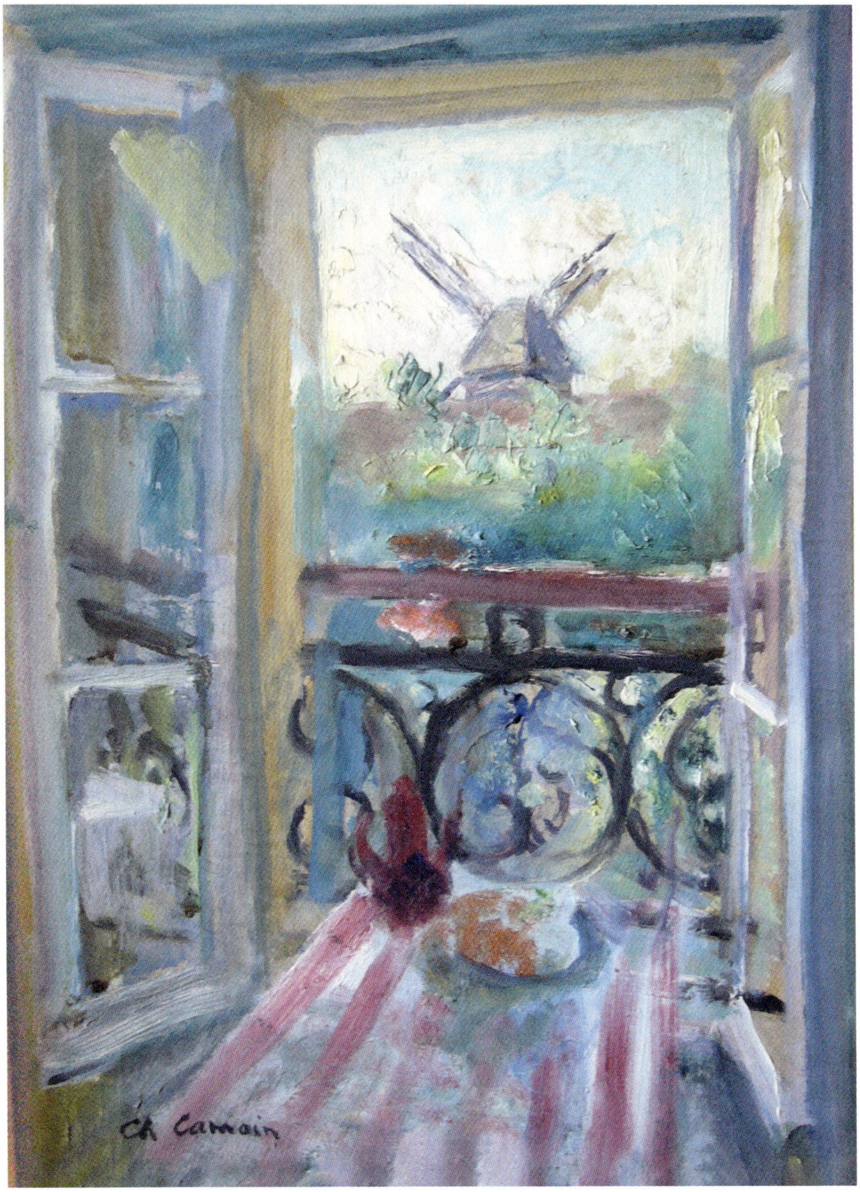

Fig. 3
***La Fenêtre ouverte sur le moulin du Radet*, 1936,**
huile sur papier marouflé, 28 × 21 cm, collection particulière

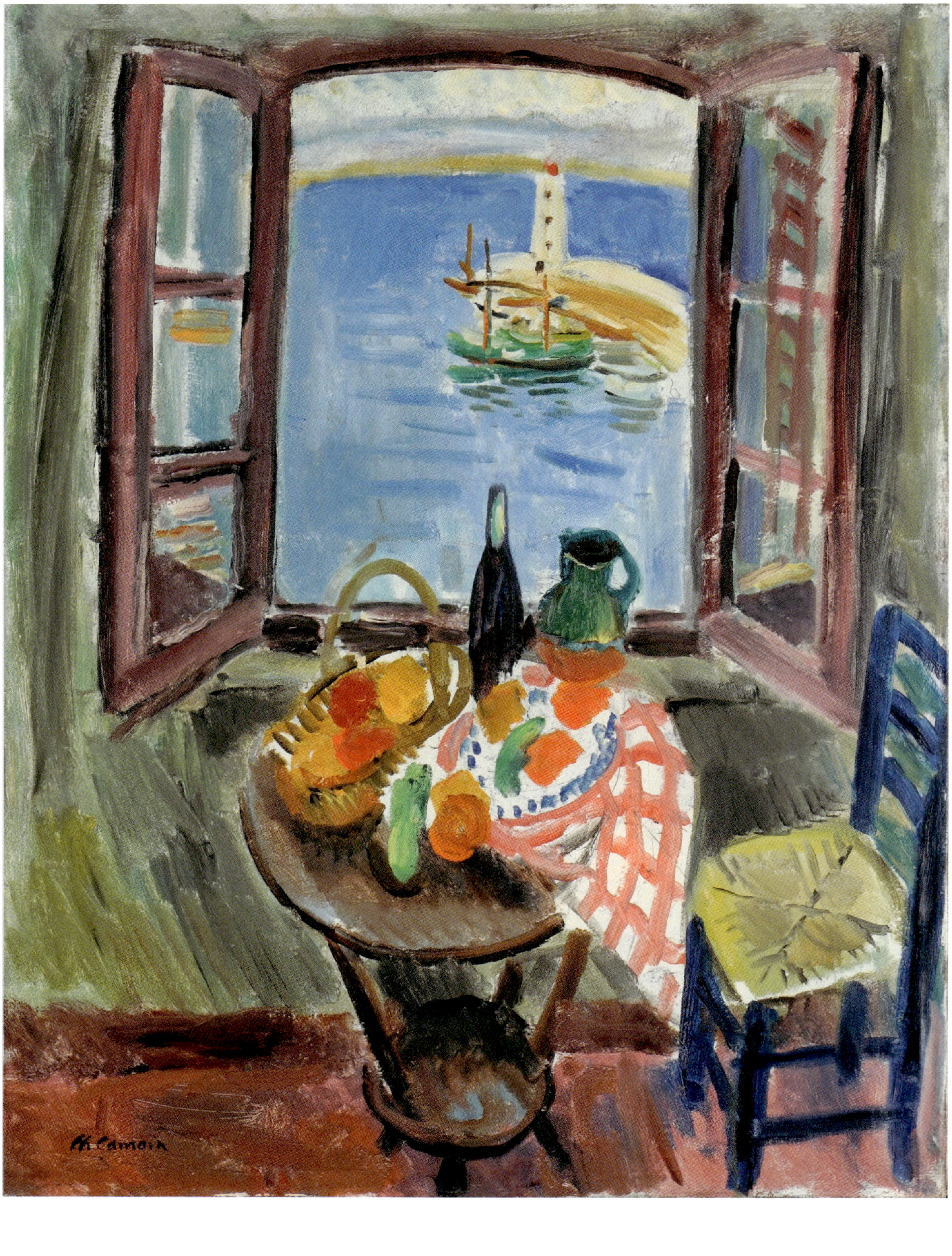

Fig. 4
***Nature morte devant la fenêtre de l'atelier*, 1956,**
huile sur toile, 92 × 73 cm, collection particulière

coll. part.), Cassis (*Port de Cassis*, 1905, coll. part., Allemagne), en Espagne (*Rue à Séville*, 1907, Kunsthaus Bühler, Stuttgart), dès 1900 (*La Femme à la fontaine dans le port de Cassis*, 1900, coll. part., Marseille) et jusqu'à la fin de sa vie. Même lorsque ses descriptions se feront plus sages comme dans *Le Port de Saint-Tropez par mistral* peint en 1963 (coll. part., Paris), ce type d'impulsion colorée signale encore la puissance expansive du champ pictural, mais aussi une attention très matissienne aux bords de l'œuvre dont témoigne également la récurrence de fenêtres encadrant ses paysages.

L'ombre, réconciliant dessin et couleurs, divise et articule les surfaces de la toile chez Camoin. Comme un liant, elle se répand, remplace la ligne pour architecturer l'espace. C'est notamment le cas à Tanger où Camoin renouvelle sa technique pendant un voyage charnière. Aux côtés de Matisse qu'il rejoint en novembre 1912, il passe trois mois au Maroc. Il s'y libère du noir et, au contact de l'atmosphère tangéroise, adoucit les formes et les teintes. Blanc crème, rose pastel et bleu azur nimbent la plage et les rues de la médina d'une luminosité diaphane. Il y a de la plénitude dans ces visions aérées, épargnées d'un pittoresque excessif. Aucune opacité dans l'ombre de *La Maison aux treillis* (1912-1913, coll. part.) qui agence la rue en deux zones de couleurs complémentaires. Une fluidité plutôt qui assouplit l'espace sans le dissoudre pour autant, sans renoncer à un principe ordonnateur. Camoin pense la couleur simultanément comme une étendue dynamique et une structure qui compose ses tableaux. Double fonction qu'illustre la *Plage à Tanger* (1912-1913, musée du Quai Branly, Paris), où eau et sable, épousant l'arrondi de la baie, s'étalent en arcs de cercle successifs scandés par les nuages qui s'enchaînent dans le ciel en un même mouvement centrifuge. Au premier plan, un promontoire légèrement convexe résiste à cette trajectoire courbe, mais le bleu qui s'y mêle au jaune rime avec la mer. Il n'est pas jusqu'aux deux burnous gonflés par le vent qui ne se répondent, faisant de la baie de Tanger un accord parfait.

Si Camoin s'est peu intéressé à l'inscription de la figure dans le paysage, il l'a souvent installée dans un entre-deux, balcon ou terrasse, liant ainsi le dedans et le dehors, l'intimité domestique et le monde. D'où l'importance du motif de la fenêtre qui lui permet, comme Matisse, de réfléchir aux interactions entre intérieur et extérieur du tableau. À l'hôtel Gonnet où sa femme pose sur le balcon, ce sont la dilatation de l'espace et la propagation du bleu autour du soleil que dessine son ombrelle qui font événement (*Lola à l'ombrelle jaune*, 1920, musée Cantini, Marseille).

Le paysage, dissout dans la lumière, est réduit au minimum. Monochrome duquel se détachent un minuscule voilier en haut à droite et, en bas à gauche, le panache vert d'un palmier. Mer et ciel ne sont plus des espaces mais des sensations lumineuses diffractées

le port de Saint-Tropez, 1921, former Oscar Ghez Collection), Marseilles (*Le Quai de Marseille aux trois mâts*, 1906, private collection), Cassis (*Port de Cassis*, 1905, private collection, Germany), Spain (*Rue à Séville*, 1907, Kunsthaus Bühler, Stuttgart), in 1900 (*La Femme à la fontaine dans le port de Cassis*, 1900, private collection, Marseilles), and in works executed until the end of his life. Even when his depictions became less adventurous, as in *Le Port de Saint-Tropez par Mistral*, painted in 1963 (private collection, Paris), this type of coloured thrust still attests to the expansive impact of the pictorial space, as well as a very Matissian focus on the edges of the work, also highlighted by the recurrence of windows that frame the landscape.

Shadow, reconciling the drawing and colours, divides and organises the surfaces of the picture in Camoin's oeuvre. Like a binding device, it spreads and replaces lines to render the pictorial space more architectural. This was particularly true in Tangiers, where Camoin renewed his technique during a pivotal trip. Working with Matisse, whom he joined in November 1912, he spent three months in Morocco. He abandoned the use of black, and, influenced by the atmosphere of Tangiers, softened the forms and tones. Cream white, pastel pink, and azure blue bathe the beach and streets of the medina in a diaphanous luminosity. There is plenitude in these light scenes, which are free of excessive picturesqueness. There is no opacity in the shadows of *La Maison aux treillis* (1912–1913, private collection), which divide the street into two areas of complementary colours. This fluidity renders the space more supple rather than dissolving it, and without abandoning spatial organisation. Camoin intended the colour to be simultaneously a dynamic expanse and a structural element of his pictures. This dual function is evident in *Plage à Tanger* (1912–1913, Musée du Quai Branly, Paris), where the water and sand, following the arch of the bay, extend in successive circular arcs accentuated by the clouds arranged in the sky in a centrifugal movement. In the foreground, a slightly convex promontory contrasts with this curved trajectory, but the blue that merges with the yellow echoes the sea. Even the two burnous billowing in the wind echo each other, turning the bay of Tangiers into a perfect composition.

Although Camoin rarely included figures in his landscapes, he did often place them somewhere between the interior and exterior, on a balcony or terrace, linking domestic intimacy with the outside world. This explains the significance of the motif of the window, which enabled him, like Matisse, to explore the interactions between the interior and exterior of the picture. At the Hôtel Gonnet, where his wife posed on the balcony, it is the expansion of the pictorial space and the proliferation of blue around the 'sun' formed by her umbrella that creates the visual impact (*Lola à l'ombrelle jaune*, 1920, Musée Cantini, Marseilles).

par et dans ces deux bandes verticales qui bornent la toile. Elles n'ont plus la fonction de fenêtres mais de relais de la couleur. Elles soulignent la verticalité de Lola tout en contrastant avec la sinuosité de son déhanchement et de son gracieux croisement de jambes. En dehors des volutes de la balustrade, rien ne subsiste de la chambre. Il faut regarder un tableau de Lola de dos, sur ce même balcon, pour comprendre que les deux incursions rouges indiquent la présence d'un rideau et d'un tapis.

Dans cette représentation plus réaliste de Lola de dos, les portes-fenêtres se rapportent strictement à la vision et conservent un rôle architectural en assurant la transition entre deux espaces et en réintroduisant de la profondeur (*Lola de dos sur le balcon de l'hôtel Gonnet*, 1920, coll. part.). Elles font entrer les reflets indistincts de la mer et du ciel, tandis que le sol du balcon et le tapis matérialisent la frontière entre intérieur et extérieur. Face au mutisme statique du dos de Lola, les fenêtres élargissent la vue et ouvrent le tableau sur le lieu où se tient le regardeur. Le paysage n'est plus absorbé dans un seul bloc lumineux mais s'impose comme construction du visible.

Le paysage s'estompe dans ces deux œuvres, substance dispersée dans les sensations qu'il provoque ou cadre de la mise en abyme du regard pictural. Mais cette paire de tableaux résume la recherche d'harmonies qui guide la pratique de Camoin, la mise en espace de la lumière ou l'emportement, toujours maîtrisé, de la surface par la couleur. S'y révèle sa manière de «sentir» son sujet en architecte et en musicien. Une fois de plus, Camoin revient sur un même motif, prouvant qu'il trouve de la plasticité dans la réitération. En se «répétant», il ressent le paysage et réussit à transformer la double action de la géométrie et de la couleur en une synthèse heureuse de fixité architectonique et de labilité colorée.

The landscape, dissolved by the light, has been reduced to a minimum. Standing out against this monochrome background is a minuscule sailing boat in the upper right-hand area and, in the lower left-hand area, the green panache of a palm tree. The sea and sky are no longer spaces but rather luminous sensations diffracted by and into the two vertical strips that frame the picture. They no longer function as windows but as relays of colour. They highlight Lola's verticality, while contrasting with the sinuosity of her swayed hips and gracefully crossed legs. Aside from the volutes of the balustrade, nothing is left of the room. If one looks at another picture of Lola, seen from behind on the same balcony, it is clear that the two red intrusions indicate the presence of a curtain and carpet.

In this more realistic representation of Lola, the French doors are a strictly visual device and play an architectural role, as they ensure the transition between two spaces and introduce depth (*Lola de dos sur le balcon de l'hôtel Gonnet*, 1920, private collection). The doors usher in the indistinct reflections of the sea and the sky, while the balcony floor and the carpet materialise the boundary between the interior and exterior. Complementing the static muteness of Lola's back, the doors expand the view and draw the viewer into the picture. The landscape is no longer absorbed into a single luminous block but rather serves to construct the visible.

In both these works, the landscape is secondary, acting as a substance dispersed in the sensations it provokes or as a device for the *mise en abyme* of the pictorial view. But this pair of pictures illustrates the quest for harmonies that was the basis for Camoin's approach—the representation of light in the pictorial space and the highly controlled effervescence of the surface via colour. This attests to his way of 'feeling' his subject architecturally and musically. Once again, Camoin returned to the same motif, proving that plasticity could be achieved through reiteration. Through this 'repetition', he 'felt' the landscape and managed to transform the dual action of geometry and colour into a successful synthesis of architectonic stability and the mutability of colour.

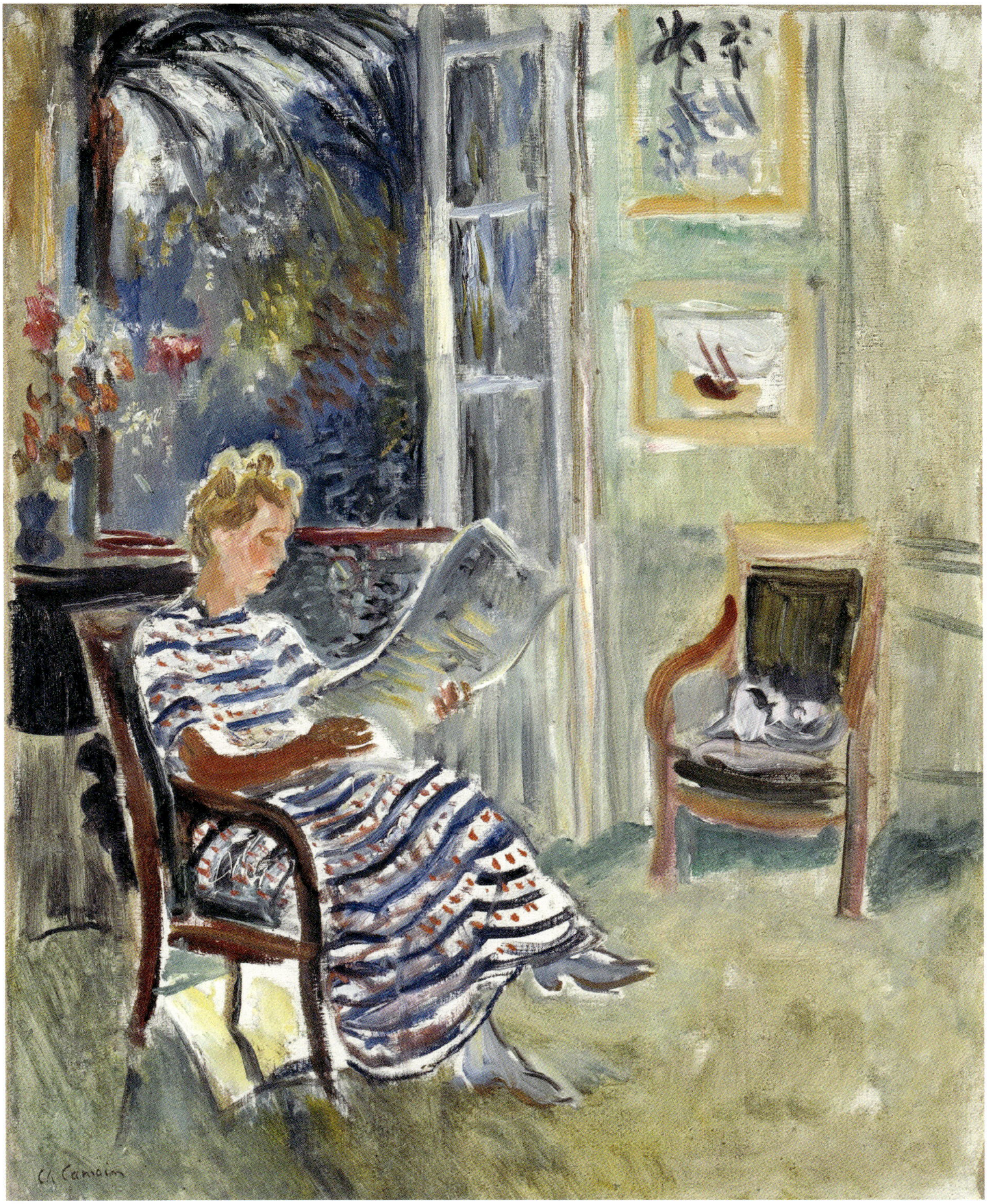

Ill. 69
***Intérieur à Saint-Tropez*, 1939,**
huile sur toile, 65 × 54 cm, collection particulière

1 Paul Valéry cité dans Patricia Signorile, *Paul Valéry, philosophe de l'art*, Paris, J. Vrin, 1993, p. 44. Camoin avait dans sa bibliothèque personnelle de nombreux livres de Paul Valéry dont l'ensemble des volumes de *Variété*.

2 Charles Camoin cité dans Claudine Grammont, «Fauve sur nature», dans *Charles Camoin. Rétrospective 1879-1965*, cat. exp. (Fondation de l'Hermitage, Lausanne, et musée Cantini, Marseille, 1997-1998), Paris, Réunion des musées nationaux/Musées de Marseille, 1997, p. 46.

3 Gérard Simon, «Le paysage, affaire de temps», *Le débat*, n° 65, 1991/3, p. 47.

4 C. Grammont, *op. cit.* note 2, p. 46.

5 Adresse qui fut également occupée par Pissarro et Marquet. Tous ces artistes, Matisse y compris, installé au 19, quai Saint-Michel, adoptent une même position pour peindre leurs vues, légèrement en plongée, des quais de Seine.

6 C. Grammont, *op. cit.* note 2, p. 48.

7 Paul Valéry, «Propos sur la poésie», dans *Œuvres*, t. I, Paris, Gallimard, «Bibliothèque de la Pléiade», 1957, p. 1363.

8 Vladimir Jankélévitch, *La Musique et l'Ineffable*, Paris, Le Seuil, 1983, p. 58.

9 L'influence des estampes japonaises, dont Camoin possédait une collection, transparaît dans cet aplanissement et cette verticalisation de la peinture.

10 Albert Camus, *Noces, suivi de l'Été*, Paris, Gallimard, 1959, p. 149.

11 Charles Camoin cité dans Véronique Serrano, «Ancrages méditerranéens», *op. cit.* note 2, p. 72.

12 Le peintre met ainsi en œuvre la construction par plans au fondement de l'enseignement qu'il reçut de Gustave Moreau et de Cézanne. Commentant à Pierre Courthion la peinture qu'il avait faite d'après *La Raie* de Chardin, Matisse rappelle ce qu'il doit à ce dernier, expliquant qu'avec cette copie, il avait tenté de «peindre par plans. Cézanne était là derrière» (Henri Matisse dans Dominique Fourcade (éd.), *Henri Matisse. Écrits et propos sur l'art*, Paris, Hermann, 1972, rééd. 2009, p. 91).

1 Paul Valéry quoted in Patricia Signorile, *Paul Valéry, philosophe de l'art*, Paris, J. Vrin, 1993, p. 44. In his library, Camoin had many copies of Paul Valéry's books, including all the volumes of *Variété*.

2 Charles Camoin quoted in Claudine Grammont, 'Fauve sur nature', in *Charles Camoin. Rétrospective 1879-1965*, exh. cat. (the Hermitage Foundation, Lausanne, and Musée Cantini, Marseilles, 1997–1998), Réunion des Musées Nationaux, Paris/Musées de Marseille, 1997, p. 46.

3 Gérard Simon, 'Le paysage, affaire de temps', *Le débat*, Issue 65, 1991/3, p. 47.

4 C. Grammont, op. cit. note 2, p. 46.

5 Pissarro and Marquet also lived at the same address. All these artists, including Matisse, living at 19, Quai Saint-Michel, adopted the same vantage point to paint their views, slightly looking down over the banks of the Seine.

6 C. Grammont, op. cit. note 2, p. 48.

7 Paul Valéry, 'Propos sur la poésie', in Œuvres, Gallimard, Paris, 'Bibliothèque de la Pléiade', 1957, Vol. I, p. 1363.

8 Vladimir Jankélévitch, *La Musique et l'Ineffable*, Le Seuil, Paris, 1983, p. 58.

9 The influence of Japanese prints, which Camoin collected, is evident in the flattening and verticalisation of the painting.

10 Albert Camus, *Noces, suivi de l'Été*, Gallimard, Paris, 1959, p. 149.

11 Charles Camoin quoted in Véronique Serrano, 'Ancrages méditerranéens', op. cit. note 2, p. 72.

12 Hence, the painter implemented the construction by planes, which was at the heart of what he had learned from Gustave Moreau and Cézanne. Talking to Pierre Courthion about the painting he had created after Chardin's *La Raie* (*The Skate*), Matisse underlined his debt to the artist, explaining that in this copy he had attempted to 'paint by planes. Cézanne was there behind it'. (Henri Matisse in Dominique Fourcade (ed.), *Henri Matisse*. Écrits *et propos sur l'art*, Hermann, Paris, 1972, republished 2009, p. 91).

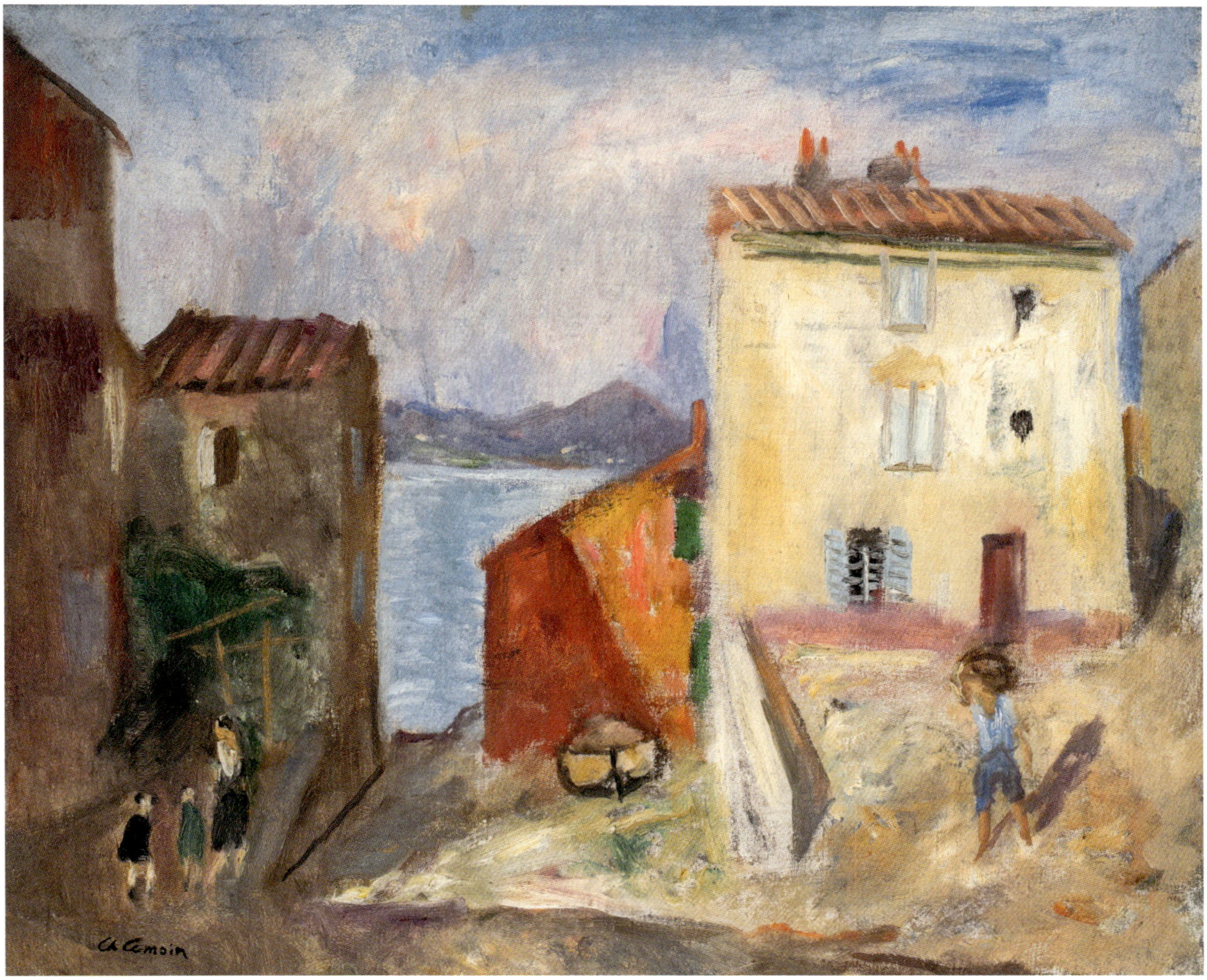

Ill. 70
***Le Garage à bateaux du peintre Person*, 1924,**
huile sur toile, 50 × 61 cm, collection particulière

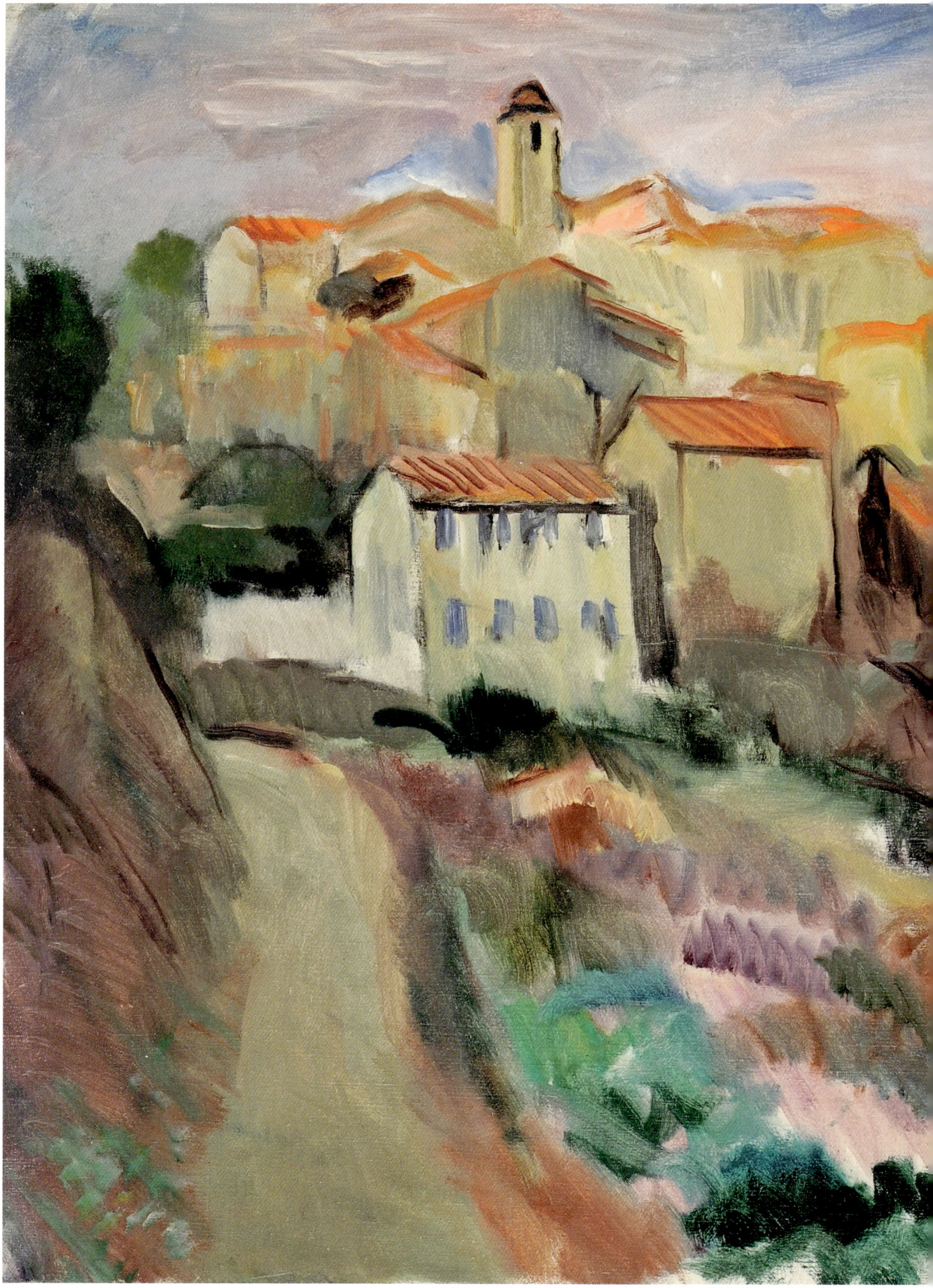

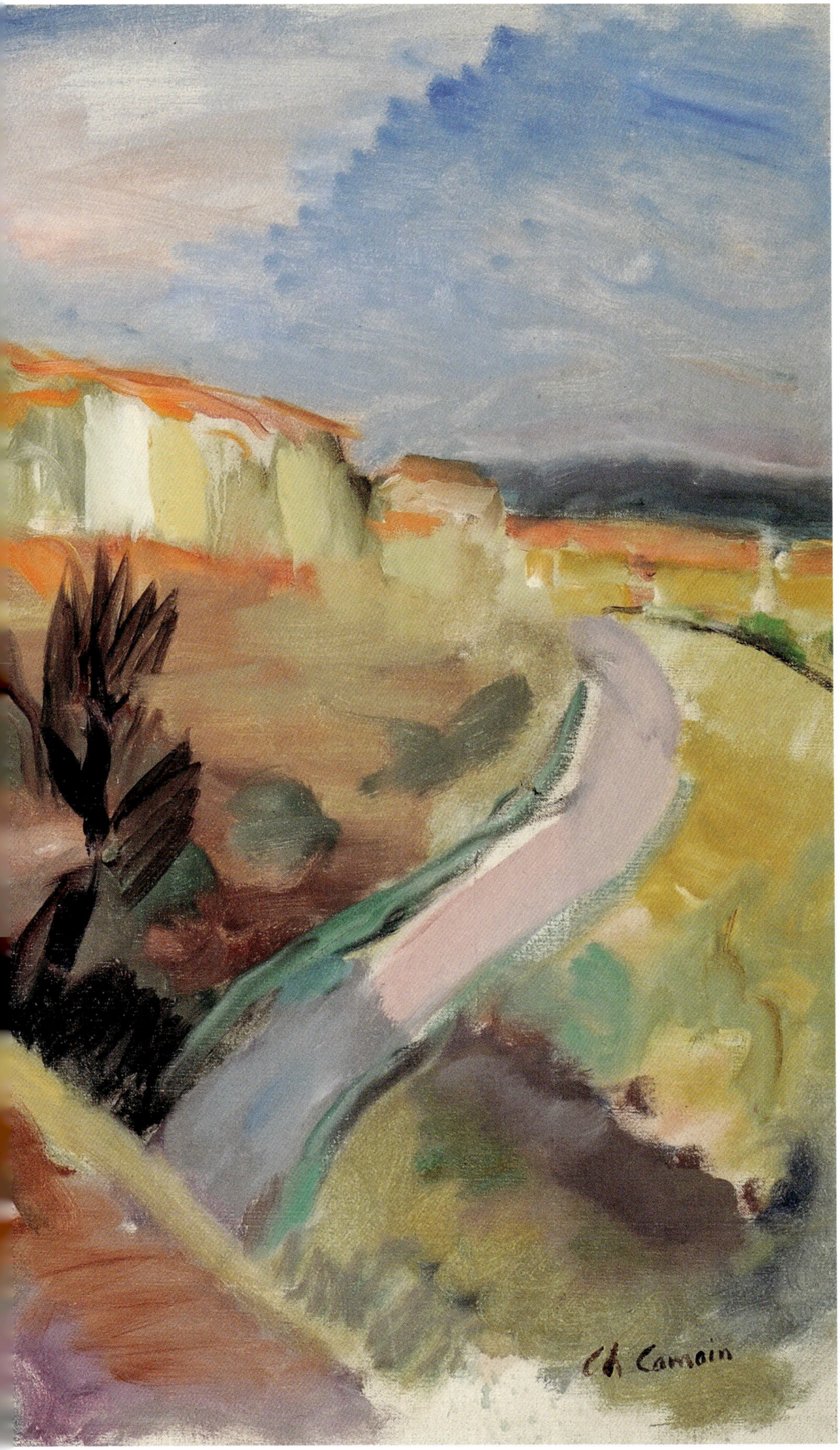

Ill. 71
***La Croisée des chemins à Ramatuelle*, vers 1957,**
huile sur toile, 60 × 92 cm,
collection particulière

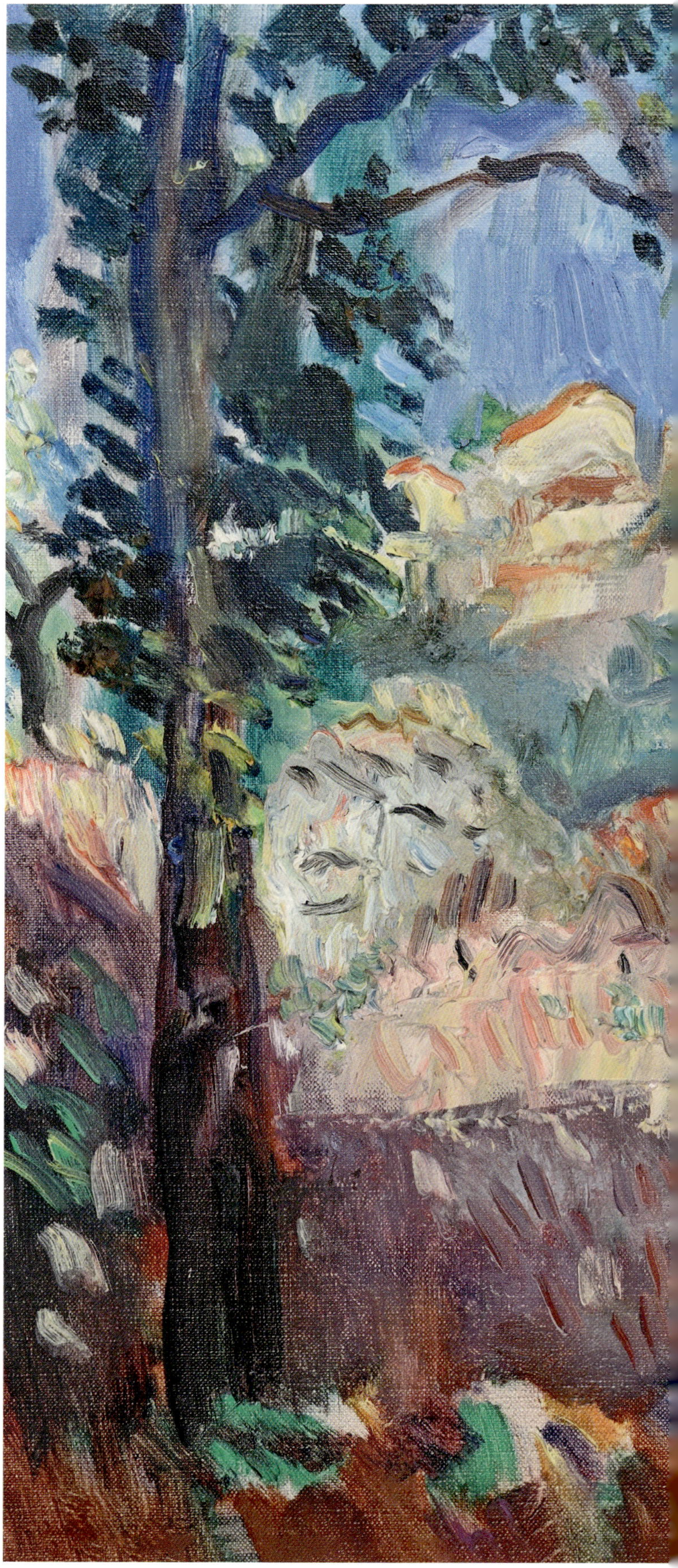

Ill. 72
***Ramatuelle à travers les arbres*, 1939,**
huile sur toile, 36 × 45 cm, collection particulière

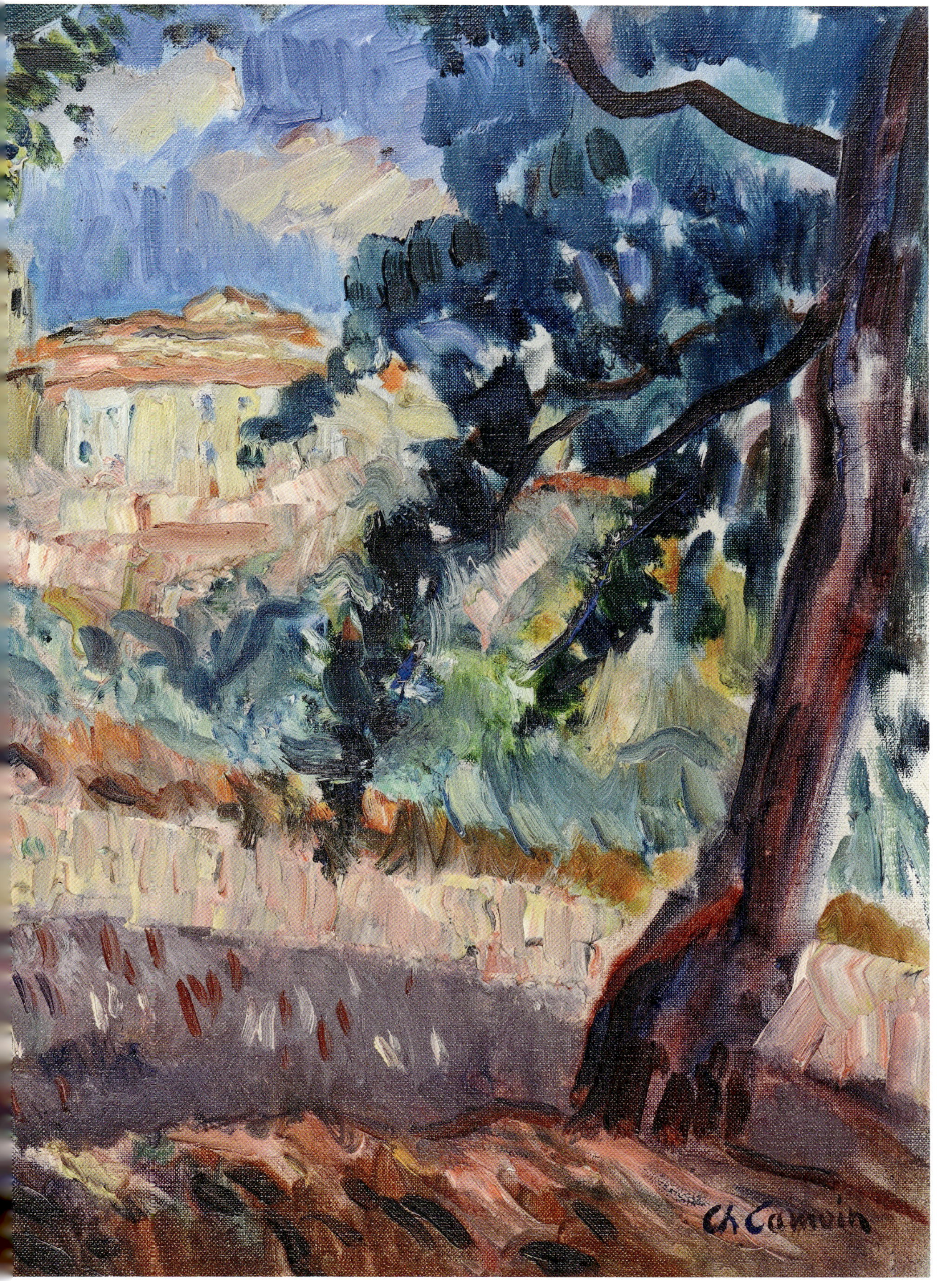
Ch Camoin

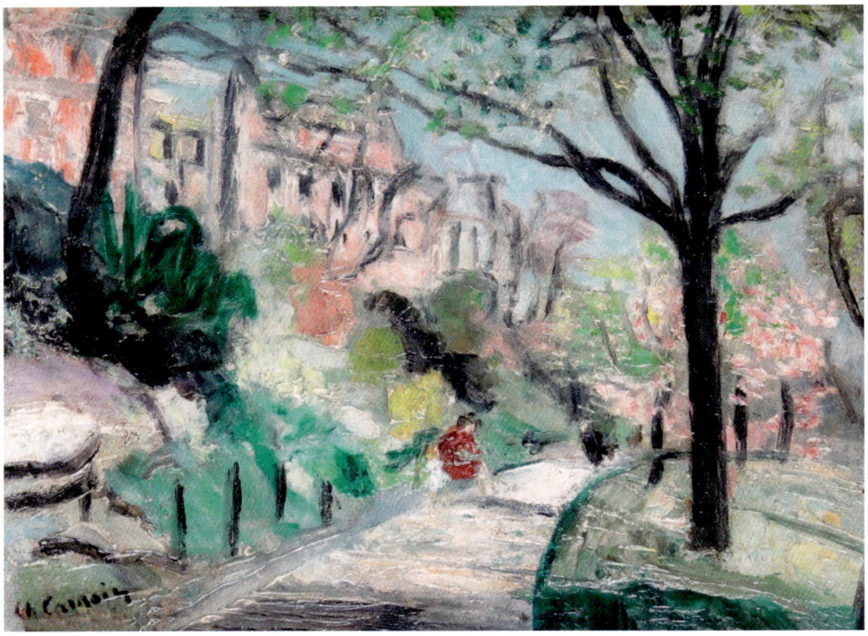

Ill. 73
***Printemps, square Saint-Pierre à Montmartre*, 1945,**
huile sur panneau, 19 × 27 cm, collection particulière

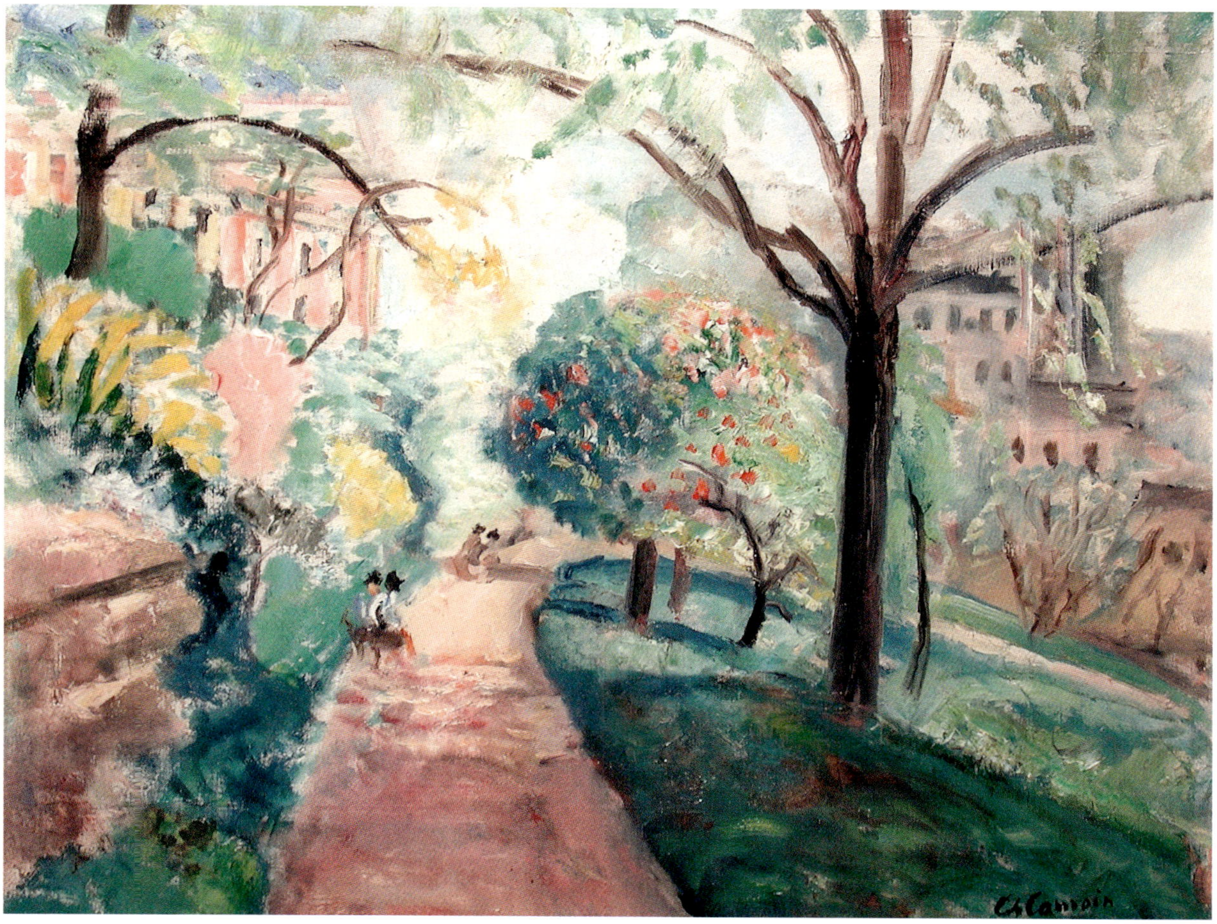

Ill. 74
***Printemps, square Saint-Pierre à Montmartre*, 1945,**
huile sur toile, 50 × 65 cm, collection particulière

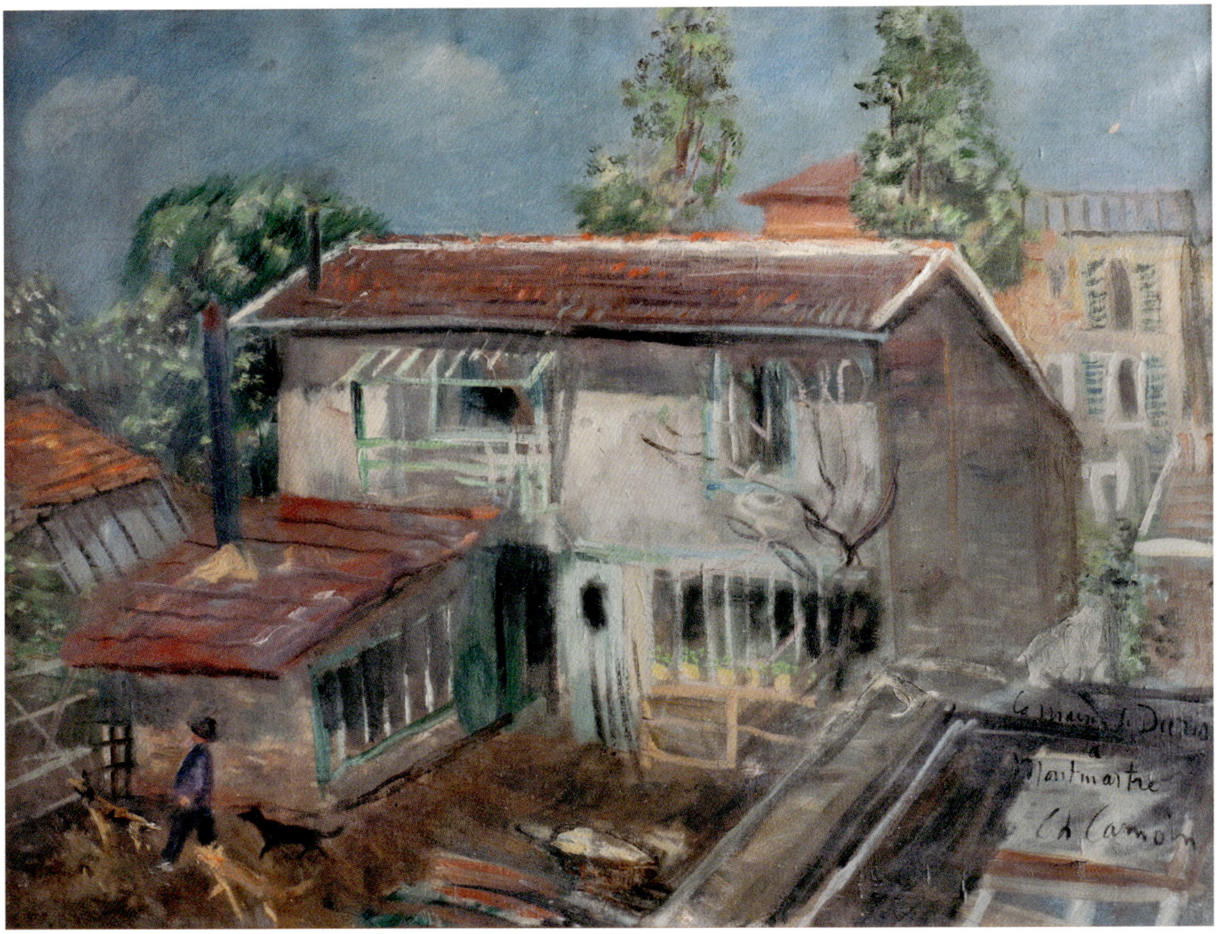

Ill. 74b
***La Maison de Paco Durrio à Montmartre*, 1927,**
huile sur toile, 60 × 80 cm, Musée de Montmartre, collection Le Vieux Montmartre, Paris

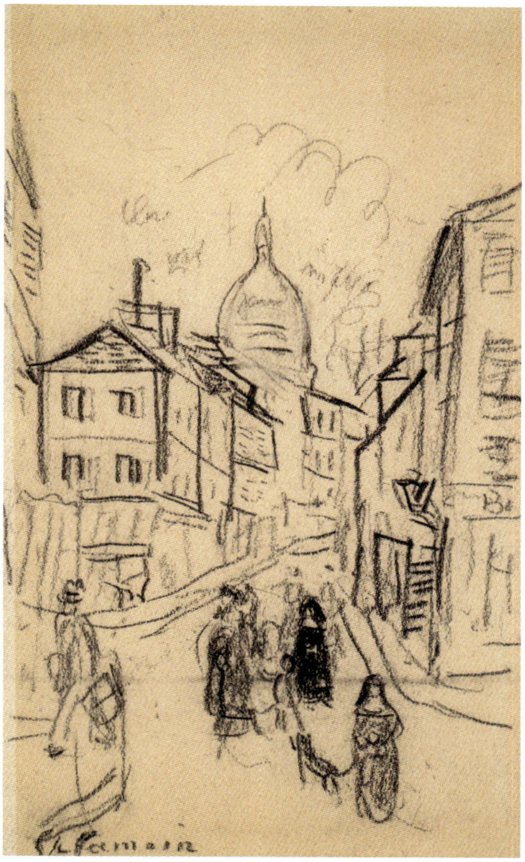

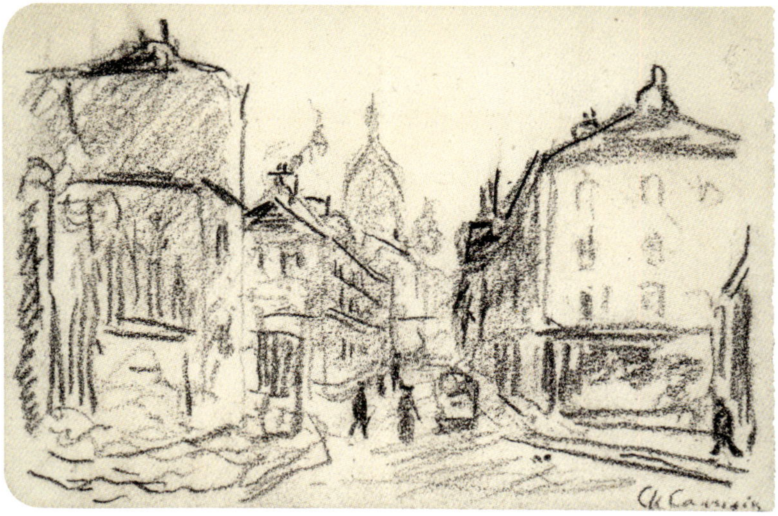

Ill. 75
***Montmartre, rue de Norvins et le Sacré-Cœur*, s. d.,**
fusain sur papier, 17 × 11 cm, collection particulière

Ill. 76
***Croquis de Montmartre*, s. d.,**
fusain sur papier, 10,5 × 16,5 cm, collection particulière

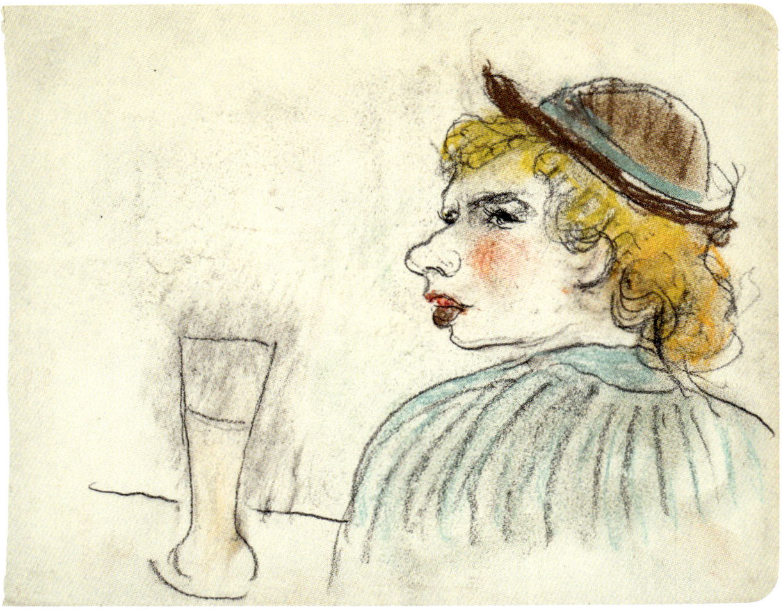

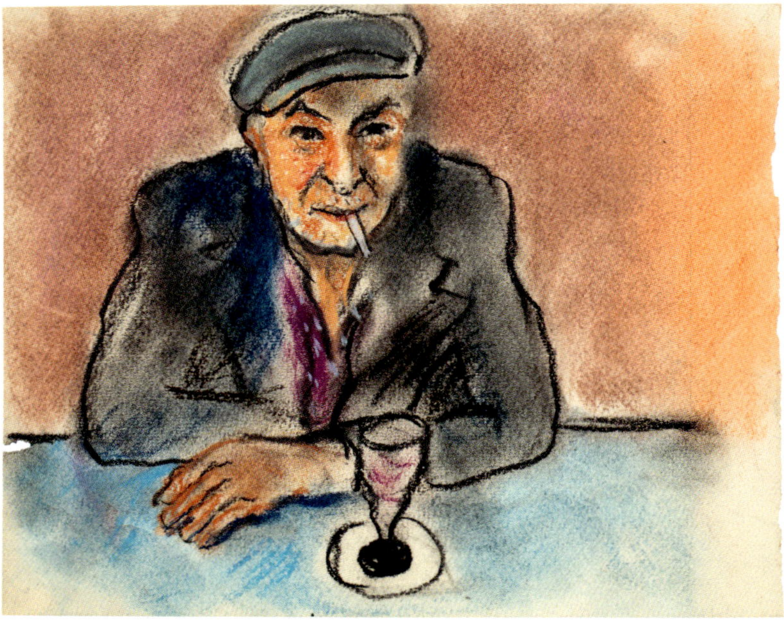

Ill. 77
***Femme au bar*, s. d.,**
pastel et crayon sur papier,
13,5 × 27,5 cm, collection particulière

Ill. 78
***Homme au bar*, s. d.,**
pastel sur papier,
17,5 × 27,5 cm, collection particulière

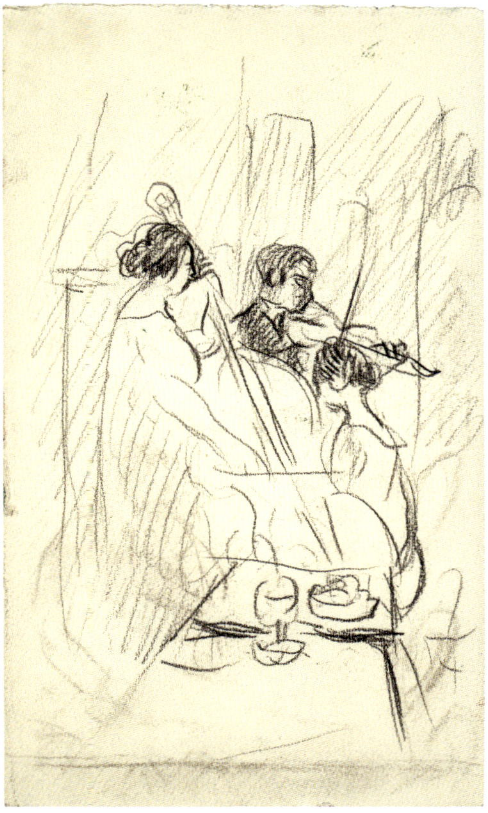

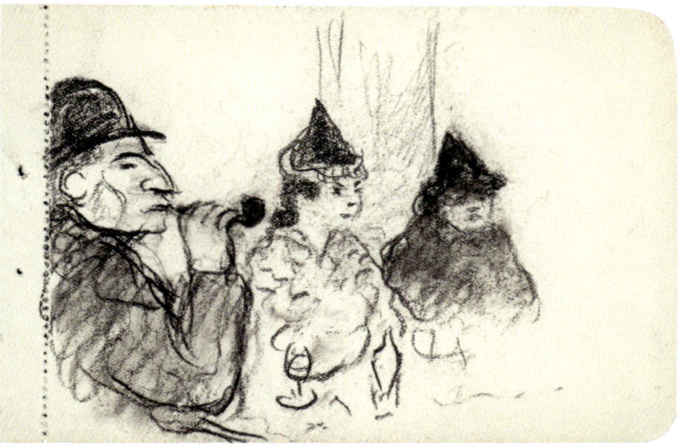

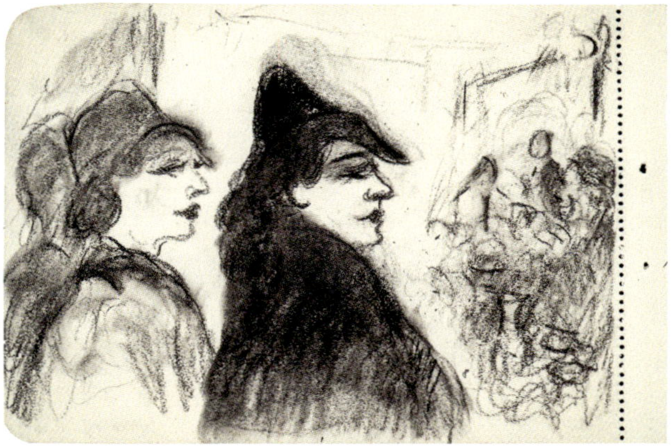

Ill. 79
***Concert au café*, s. d.,**
crayon sur papier, 21 × 13 cm, collection particulière

Ill. 80 et 81
***Scène de café*, s. d.,**
fusain et crayon sur papier, 9 × 13,8 cm, collection particulière

LISTE DES ŒUVRES EXPOSÉES

LIST OF EXHIBITED WORKS

cat. 1
***La Péniche sur la Seine*, vers 1902**
Huile sur toile, 46 × 55 cm
Collection Schröder
[ill. 1, p. 25]

cat. 2
***La Promenade au parc*, vers 1902**
Huile sur toile, 54 × 65 cm
Collection particulière
[ill. 2, p. 26]

cat. 3
***Le Bassin des Tuileries*, 1903**
Huile sur toile, 54 × 65 cm
Musée des Beaux-Arts, Reims, inv. 949.1.69
[ill. 3, p. 27]

cat. 4
***Le Pont des Arts vu du Pont-Neuf*, 1904**
Huile sur toile, 33 × 41 cm
Collection particulière
[ill. 4, p. 29]

cat. 5
***La Seine, le Louvre et le pont des Arts vus du Pont-Neuf*, 1904-1905**
Huile sur toile, 65 × 81 cm
Collection privée, Paris, courtesy Benjamin Sebban
[ill. 5, p. 31]

cat. 6
***La Mère de l'artiste sur le divan*, 1897**
Huile sur toile, 46 × 65 cm
Musée d'Art moderne de Paris
Achat en 1935, inv. AMVP 453
[ill. 7, p. 33]

cat. 7
Henri Matisse, *Liseuse en robe violette*, 1898
Huile sur toile, 38 × 46 cm
Musée des Beaux-Arts, Reims, inv. 949.1.40
[ill. 6, p. 32]

cat. 8
***Madame Matisse faisant de la tapisserie*, 1904**
Huile sur toile, 65 × 81 cm
Musée d'Art moderne et contemporain, Strasbourg, inv. 55.9740.729
[ill. 9, p. 37]

cat. 9
Henri Matisse, *Madame Matisse en kimono*, 1905
Encre de Chine et crayon sur papier, 45,7 × 30 cm
Collection particulière
[ill. 8, p. 36]

cat. 10
***Portrait d'Albert Marquet*, 1904-1905**
Huile sur toile, 92 × 72,5 cm
Musée national d'art moderne/Centre de création industrielle, Centre Pompidou, Paris
Don de Mme Albert Marquet en 1951, inv. AM 2857P
[ill. 10, p. 39]

cat. 11
***La Belle Endormie*, 1904**
Huile sur toile, 54 × 65 cm
Collection Schröder
[ill. 11, p. 40-41]

cat. 12
***Autoportrait*, vers 1898**
Crayon et encre sur papier, 12,5 × 10 cm
Collection particulière
[ill. 16, p. 47]

cat. 13
Albert Marquet, *Charles Camoin*, vers 1905
Encre de Chine sur papier, 31 × 20 cm
Collection particulière
[ill. 15, p. 46]

cat. 14
Henri Matisse, *Autoportrait*, 1898-1899
Encre de Chine, plume et pinceau sur papier, 30,2 × 20 cm
Collection particulière
[ill. 14, p. 46]

cat. 15
***Le Flûtiste, soyez plus grave*, 1898**
Fusain sur papier, 65 × 50 cm
Collection particulière
Annotation de Gustave Moreau
[ill. 13, p. 45]

cat. 16
Albert Marquet, *Nu de profil*, vers 1898
Encre de Chine sur papier, 32,5 × 20 cm
Musée national d'art moderne/Centre de création industrielle, Centre Pompidou, Paris
Don de Mme Albert Marquet en 1959, inv. AM 2030 D

cat. 17
***Classe de modèle*, s. d.**
Mine graphite sur papier, 20 × 26,5 cm
Musée national d'art moderne/Centre de création industrielle, Centre Pompidou, Paris
Achat en 1976, inv. AM 1976-27

cat. 18
***Scène d'atelier*, 1898**
Crayon sur papier (recto), 20 × 26,5 cm
Collection particulière

cat. 19
***Silhouette de femme*, vers 1900**
Encre de Chine sur papier beige (recto), 12 × 7,5 cm
Musée national d'art moderne/Centre de création industrielle, Centre Pompidou, Paris
Achat de 1976, inv. AM 1976-24 (R)
[ill. 12, p. 44]

cat. 20
Albert Marquet, *La Veuve*, 1904
Xylographie, 19,5 × 12 cm
Collection particulière

cat. 21
Henri Matisse, *Chanteuse de café-concert*, vers 1900
Crayon sur papier, 26,5 × 21 cm
Collection particulière

cat. 22
***Bord de rivière*, 1901**
Mine graphite et encre de Chine sur papier, 21,5 × 27 cm
Musée national d'art moderne/Centre de création industrielle, Centre Pompidou, Paris
Achat en 1976, inv. AM 1976-26
[ill. 17, p. 49]

cat. 23
***La Passerelle des Arts*, vers 1910**
Crayon bleu sur papier, 13,5 × 21 cm
Collection particulière

cat. 24
***Quais de Seine*, vers 1910**
Crayon graphite sur papier, 14 × 21,5 cm
Collection particulière

cat. 25
***Jeune Créole*, 1904**
Huile sur toile, 39 × 27 cm
Musée d'Art moderne André-Malraux, Le Havre, inv. A514
[ill. 18, p. 53]

cat. 26
***Femme à la voilette*, 1905**
Huile sur toile, 54 × 65 cm
Collection particulière
[ill. 20, p. 55]

cat. 27
Albert Marquet, *Charles Camoin peignant*, 1905
Huile sur toile, 24 × 35 cm
Collection particulière
[ill. 19, p. 54]

cat. 28
Henri Manguin, *La Promenade*, 1907
Huile sur toile, 61 × 50 cm
Collection particulière
[ill. 21, p. 58]

cat. 29
***Naples, le Vésuve vu de la Villa Capella*, 1904**
Huile sur toile, 65 × 81 cm
Musée des Beaux-Arts, Draguignan, inv. D2019.1.1
En dépôt provisoire au musée Fabre, Montpellier
[ill. 24, p. 64-65]

cat. 30
***Port de Cassis*, 1904**
Huile sur toile, 33 × 41 cm
Collection particulière
[ill. 23, p. 63]

cat. 31
***Port de Marseille, Notre-Dame-de-la-Garde à travers les mâts*, 1904-1905**
Huile sur toile, 65,5 × 81,5 cm
Musée d'Art moderne André-Malraux, Le Havre, inv. A 513
[ill. 25, p. 66-67]

cat. 32
***Vieux-Port aux charrettes*, 1906**
Huile sur toile, 48 × 80,5 cm
Collection particulière
[ill. 26, p. 68-69]

cat. 33
***Port de Toulon à la barrière*, 1904-1905**
Huile sur toile, 65 × 81 cm
Collection Pierre Bastid
[ill. 27, p. 70-71]

cat. 34
***Compotier de fruits au verre de vin rouge*, vers 1905**
Huile sur toile, 38 × 46 cm
Collection Marc Stammegna
[ill. 22, p. 61]

cat. 35
***Maisons à Montmartre*, vers 1908**
Huile sur carton, 19 × 27 cm
Courtesy Galerie de la Présidence, Paris
[ill. 31, p. 86]

cat. 36
***Notre-Dame et le pont de l'Archevêché*, 1908**
Huile sur toile, 65 × 81 cm
Collection particulière
[ill. 32, p. 87]

cat. 37
***Aux Buttes-Chaumont*, 1910**
Huile sur toile, 65 × 81 cm
Dr. Michael Nöth Galerie
[ill. 33, p. 88]

cat. 38
***Fleurs et fruits sur un plateau*, 1910**
Huile sur toile, 46 × 55 cm
Collection Wolfram Greifenberg
[ill. 34, p. 89]

cat. 39
Émilie Charmy, *Portrait de Charles Camoin assis*, vers 1908
Huile sur bois, 35 × 22 cm
Indivision Bouche
[ill. 35, p. 90]

cat. 40
***Deux Pins dans les calanques de Piana, Corse*, 1910**
Huile sur toile, 65 × 81 cm
Collection particulière
[ill. 38, p. 93]

cat. 41
Émilie Charmy, *Paysage corse*, 1910
Huile sur toile, 60 × 71 cm
Musée des Beaux-Arts, Lyon, inv. 2007-6
[ill. 37, p. 92]

cat. 42
***Jeune Marocain*, 1913**
Huile sur toile, 65 × 81 cm
Collection particulière
[ill. 39, p. 94-95]

cat. 43
***Marocains dans une rue*, 1913**
Huile sur toile, 65 × 81 cm
Collection particulière
[ill. 42, p. 97]

cat. 44
***Café maure*, 1913**
Crayon sur papier, 40 × 52 cm
Collection particulière
[ill. 40, p. 96]

cat. 45
***Place du Trésor*, 1913**
Encre de Chine sur papier, 40 × 52 cm
Collection particulière
[ill. 41, p. 96]

cat. 46
***L'Indochinoise*, vers 1905**
Huile sur toile (coupée et restaurée), 81 × 65 cm
Collection particulière
[ill. 28, p. 77]

cat. 47
***Le Moulin-Rouge aux fiacres*, 1910**
Huile sur toile (coupée et restaurée), 65 × 81 cm
Musée national d'art moderne/Centre de création industrielle, Centre Pompidou, Paris
En dépôt au musée des Beaux-Arts, Menton
Don de M. Charles Wakefield-Mori en 1939, inv. AM 3805 P
[ill. 29, p. 79]

cat. 48
***Autoportrait*, 1910**
Huile sur toile (coupée et restaurée), 60 × 43 cm
Collection particulière
[ill. 30, p. 83]

cat. 49
***Autoportrait en soldat*, 1914-1916**
Pastel sur papier, 12,5 × 12,5 cm
Collection particulière
[ill. 43, p. 98]

cat. 50
***Soldat*, 1914-1918**
Pastel sur papier, 32 × 25 cm
Collection particulière

cat. 51
***Soldat*, 1914-1918**
Crayon sur papier, 15 × 10 cm
Collection particulière

cat. 52
***Soldat*, 1914-1918**
Crayon sur papier, 15 × 10 cm
Collection particulière

cat. 53
***Soldat*, 1914-1918**
Crayon sur papier, 15 × 10 cm
Collection particulière

cat. 54
***Soldat*, 1914-1918**
Crayon sur papier, 15 × 10 cm
Collection particulière

cat. 55
***Soldat*, 1914-1918**
Aquarelle et crayon sur papier, 24 × 15 cm
Collection particulière
[ill. 44, p. 98]

cat. 56
***Soldat*, 1914-1918**
Aquarelle et crayon sur papier, 17 × 11,5 cm
Collection particulière

cat. 57
***Plombières*, 1914**
Aquarelle et crayon sur papier, 24,5 × 16 cm
Collection particulière

cat. 58
***Saint-Dié*, 1915**
Aquarelle et crayon sur papier, 25,5 × 33,5 cm
Collection particulière
[ill. 45, p. 99]

cat. 59
***Scène de l'arrière*, 1914-1918**
Crayon sur papier, 20,5 × 27 cm
Collection particulière

cat. 60
***Caserne*, 1914-1918**
Aquarelle et crayon sur papier, 11 × 19,5 cm
Collection particulière
[ill. 46, p. 99]

cat. 61
***Femme en chemise*, vers 1900**
Encre de Chine sur papier, 31 × 24,2 cm
Collection particulière
[ill. 48, p. 103]

cat. 62
***Femme aux bas*, vers 1900**
Encre de Chine sur papier, 31 × 24 cm
Collection particulière
[ill. 49, p. 105]

cat. 63
***Marseille, rue Bouterie*, 1904**
Huile sur toile, 78 × 62 cm
Collection particulière
Ancienne collection Paul Signac
[ill. 51, p. 108]

cat. 64
***La Saltimbanque au repos*, 1905**
Huile sur carton, 65 × 81 cm
Musée d'Art moderne de Paris
Achat à l'artiste en 1956, inv. AMVP 450
[ill. 50, p. 106-107]

cat. 65
Albert Marquet, *Camoin et son modèle au bar des Roses*, 1905
Crayon sur papier, 27 × 44 cm
Collection particulière
[ill. 52, p. 110]

cat. 66
***Le Jury, Salon des indépendants*, 1939**
Pastel sur papier, 26 × 34 cm
Collection particulière
[ill. 54, p. 115]

cat. 67
***Nu à la chemise mauve*, 1908**
Huile sur toile, 65 × 81 cm
Musée de Grenoble
Achat en 2012 avec la participation du FRAM, inv. MG 2012-5-1
[ill. 53, p. 112-113]

cat. 68
***Nu en mouvement*, s. d.**
Pastel et crayon sur papier, 37,5 × 27 cm
Collection particulière
[ill. 55, p. 116]

cat. 69
***Nu allongé de dos*, vers 1900**
Pastel sur papier, 25 × 31,5 cm
Collection particulière
[ill. 56, p. 117]

cat. 70
***Nu allongé*, vers 1925**
Pastel sur papier, 30 × 46,5 cm
Collection particulière
[ill. 57, p. 117]

cat. 71
***Les Baigneuses*, 1912**
Huile sur toile, 73,5 × 92,5 cm
Musée Granet, Aix-en-Provence, inv. 951-5-2
[ill. 58, p. 118-119]

cat. 72
***Nu de dos, étude pour les Baigneuses*, 1960**
Huile sur panneau, 41 × 33 cm
Collection particulière
[ill. 59, p. 123]

cat. 73
***Les Grandes Baigneuses*, 1963**
Huile sur papier marouflé sur toile, 88 × 108 cm
Collection particulière
[ill. 60, p. 124-125]

cat. 74
***Félicité de la Régence*, d'après Rubens, 1904**
Huile sur toile, 92 × 73 cm
Collection particulière
[ill. 61, p. 127]

cat. 75
***Les Baigneuses*, d'après Cézanne, s. d.**
Pastel sur papier, 10,5 × 13,5 cm
Collection particulière
[ill. 64, p. 129]

cat. 76
***Le Déjeuner sur l'herbe*, d'après Manet, s. d.**
Pastel sur papier, 10,5 × 13,5 cm
Collection particulière
[ill. 63, p. 128]

cat. 77
***La Baigneuse Valpinçon*, d'après Ingres, s. d.**
Pastel sur papier, 12,5 × 8,5 cm
Collection particulière

cat. 78
***Le Cinquième Sceau de l'Apocalypse*, d'après Le Greco, s. d.**
Pastel sur papier, 15 × 11,5 cm
Collection particulière

cat. 79
***Les Baigneuses*, d'après Fragonard, s. d.**
Huile sur papier, 25,5 × 32 cm
Collection particulière
[ill. 62, p. 128]

cat. 80
***Printemps, square Saint-Pierre à Montmartre*, 1945**
Huile sur toile, 50 × 65 cm
Collection particulière
[ill. 74, p. 163]

cat. 81
***Printemps, square Saint-Pierre à Montmartre*, 1945**
Huile sur panneau, 19 × 27 cm
Collection particulière
[ill. 73, p. 162]

cat. 82
***Rue des Saules*, s. d.**
Pastel sur papier, 26,5 × 18 cm
Collection particulière

cat. 83
***Croquis de Montmartre*, s. d.**
Fusain sur papier, 10,5 × 16,5 cm
Collection particulière
[ill. 76, p. 165]

cat. 84
***Montmartre, rue de Norvins et le Sacré-Cœur*, s. d.**
Fusain sur papier, 17 × 11 cm
Collection particulière
[ill. 75, p. 165]

cat. 85
***Concert au café*, s. d.**
Crayon sur papier, 21 × 13 cm
Collection particulière
[ill. 79, p. 167]

cat. 86
***Scène de café*, s. d.**
Fusain et crayon sur papier, 9 × 13,8 cm
Collection particulière
[ill. 80, p. 167]

cat. 87
***Scène de café*, s. d.**
Fusain et crayon sur papier, 9 × 13,8 cm
Collection particulière
[ill. 81, p. 167]

cat. 88
***Femme au bar*, s. d.**
Pastel et crayon sur papier, 13,5 × 27,5 cm
Collection particulière
[ill. 77, p. 166]

cat. 89
***Homme au bar*, s. d.**
Pastel sur papier, 17,5 × 27,5 cm
Collection particulière
[ill. 78, p. 167]

cat. 90
***Jean Launois*, s. d.**
Pastel et fusain sur papier, 21 × 18 cm
Collection particulière

cat. 91
***Léon-Paul Fargue*, s. d.**
Crayon sur papier, 17,5 × 11 cm
Collection particulière

cat. 92
***Léon-Paul Fargue et Thérèse Dorny*, s. d.**
Pastel et crayon sur papier, 15,3 × 9,5 cm
Collection particulière

cat. 93
***Rose Vildrac*, s. d.**
Pastel sur papier, 15,3 × 9,5 cm
Collection particulière

cat. 94
***Berthe Signac*, s. d.**
Pastel sur papier, 15,3 × 9,5 cm
Collection particulière

cat. 95
***Henri Manguin*, vers 1945**
Pastel sur papier, 16,5 × 12 cm
Collection particulière

cat. 96
***Léon Werth*, vers 1949**
Pastel sur papier, 17 × 13 cm
Collection particulière

cat. 97
***Colette*, vers 1945**
Fusain sur papier, 16,5 × 12 cm
Collection particulière

cat. 98
***Lola Camoin*, 1920**
Pastel sur papier, 29,5 × 24 cm
Collection particulière

cat. 99
***Annie, manteau bleu*, 1935**
Aquarelle sur papier, 17,5 × 11 cm
Collection particulière

cat. 100
***Lola sur la terrasse*, 1920**
Huile sur toile, 33 × 41 cm
Collection particulière
[ill. 68, p. 148]

cat. 101
***Le Garage à bateaux du peintre Person*, 1924**
Huile sur toile, 50 × 61 cm
Collection particulière
[ill. 70, p. 157]

cat. 102
***La Croisée des chemins à Ramatuelle*, vers 1957**
Huile sur toile, 60 × 92 cm
Collection particulière
[ill. 71, p. 158-159]

cat. 103
***Ramatuelle à travers les arbres*, 1939**
Huile sur toile, 36 × 45 cm
Collection particulière
[ill. 72, p. 160-161]

cat. 104
***Intérieur à Saint-Tropez*, 1939**
Huile sur toile, 65 × 54 cm
Collection particulière
[ill. 69, p. 155]

cat. 105
***Le Printemps*, 1921**
Huile sur toile, 81 × 100 cm
Collection particulière
[ill. 66, p. 144-145]

cat. 106
***La Tartane entrant dans le port de Saint-Tropez*, 1925**
Huile sur toile, 54 × 81 cm
Musée de l'Annonciade, Saint-Tropez
Legs Graham 2019
[ill. 67, p. 146-147]

cat. 107
***Autoportrait au chevalet*, 1956**
Huile sur toile, 61 × 50 cm
Collection particulière
[ill. 65, p. 139]

cat. 108
***La Maison de Paco Durrio à Montmartre*, 1927**
huile sur toile, 60 × 80 cm,
Musée de Montmartre, collection Le Vieux Montmartre, Paris
Don de Lola Camoin, inv. A3572
[ill. 74b, p. 164]

BIBLIOGRAPHIE SÉLECTIVE

SELECTED BIBLIOGRAPHY

Écrits et propos de l'artiste

Morice Charles «Enquête sur les tendances actuelles des arts plastiques» *Le Mercure de France*, n° 175, 1er août 1905, p. 346-359.

[Camoin Charles], «Conseils de Cézanne à un jeune peintre», *L'Art moderne*, vol. 26, n° 29, 22 juillet 1906, p. 232.

Camoin Charles, «Souvenirs sur Paul Cézanne», *L'Amour de l'art*, janvier 1921, p. 25 et 26, repr. dans Larguier 1925, p. 85-91 ; trad. par Albert Dreyfus dans *Kunst und Künstler*, t. XXV, 1927, p. 210-216.

Warnod André, «Entretien avec Charles Camoin.Visite d'atelier», *Arts*, 17 août 1945.

Camoin, cat. exp. (Galerie Charpentier, Paris, décembre 1947), Charles Camoin (préf.), Paris, Galerie Charpentier, 1947.

Camoin Charles, «Ce Gaugin [*sic*] est un Camoin», *Arts*, 30 janvier 1948.

Courthion Pierre, «Rencontre de Charles Camoin», *Arts-Documents*, juillet 1953, p. 10 et 11.

Charles Camoin, cat. exp. (Galerie Robert Schneider, Paris, 7-31 décembre 1960), Charles Camoin (préf.), Paris, La Galerie, 1960.

Brassaï, *Conversations avec Picasso*, Paris, Gallimard, 1964.

Crespelle Jean-Paul, *Montmartre vivant*, Paris, Hachette, 1964

Extraits du Journal de Charles Camoin, 1942-1963, reproduits dans Giraudy 1972.

Dagen Philippe (éd.), *La Peinture en 1906. L'enquête sur les tendances des arts plastiques de Charles Morice*, Paris, Lettres modernes, 1986.

Témoignages et correspondances

Coquiot Gustave, *Les Indépendants, 1884-1920*, Paris, Ollendorf, 1920.

Larguier Léo, *Le Dimanche avec Paul Cézanne (souvenirs)*, Paris, L'Édition, 1925.

Weill Berthe, Roussier François (préf.), *Pan !... dans l'œil. Trente ans dans les coulisses de la peinture contemporaine, 1900-1930*, 1re éd. 1933, rééd. Dijon, L'Échelle de Jacob, 2009.

Marquet Marcelle, *Marquet*, Paris, Robert Laffont, 1951.

Marquet Marcelle et Daulte François, *Marquet*, Lausanne, Spes, 1953.

Escholier Raymond, *Matisse, ce vivant*, Paris, Fayard, 1956.

Giraudy Danièle, « Correspondance Henri Matisse-Charles Camoin », *La Revue de l'art*, n° 12, 1971, p. 7-34.

Fourcade Dominique (éd.), *Henri Matisse. Écrits et propos sur l'art*, Paris, Hermann, 1972.

Rewald John (éd.), *Paul Cézanne, Correspondance*, Paris, Grasset, 1978.

Dagen Philippe, *Pour ou contre le fauvisme*, Paris, Somogy, 1994.

Grammont Claudine (éd.), *Correspondance entre Charles Camoin et Henri Matisse*, Lausanne, La Bibliothèque des arts, 1997.

Grammont Claudine (éd.), «Correspondance Camoin/Marquet», dans cat. exp. Lausanne/Marseille, 1997-1998, p. 212-225.

Guilbaut Serge (éd.), *Pierre Courthion, Chatting with Henri Matisse, the lost 1941 interview. Henri Matisse with Pierre Courthion*, Los Angeles, Getty Research Institute, 2013.

Monographies et articles

Vauxcelles Louis, «Salon d'automne», supplément du *Gil Blas*, 17 octobre 1905.

Puy Michel, «Les Fauves», *La Phalange*, 15 novembre 1907, repr. dans *L'Effort des peintres modernes*, Paris, Albert Messein, 1933, p. 59-78.

Morice Charles, «Exposition Charles Camoin», *Le Mercure de France*, mai 1908, p. 150.

Aubry Georges-Jean, «Le Salon d'Automne», *L'Art moderne*, 1er novembre 1908, p. 346.

Goujon Pierre, « Salon d'Automne », *Gazette des Beaux-Arts*, novembre 1909, p. 378.

Gasquet Joachim, «Charles Camoin», *Le Feu*, mai 1912, p. 502 et 503.

Thiébault-Sisson, «Art et Curiosité. Deux expositions», *Le Temps*, 9 avril 1921.

Rey Robert, «Charles Camoin», *Bulletin de l'Art français et japonais*, août 1927.

Hérault Henri, «Charles Camoin», *Sud-Magazine*, 1er août 1933, n° 105, p. 18-20.

Besson George, «Charles Camoin», *Le Point*, hors-série *Beaux-Arts*, juillet 1937.

Alazard Jean, *Charles Camoin*, Paris, Rombaldi, 1946 [orné de dix lithographies originales de l'artiste].

Billetdoux François, «Charles Camoin», *Arts*, 18 février 1953.

Vildrac Charles, *Éloge de Charles Camoin*, Paris, Manuel Brucker, 1956.

Cartier Jean-Albert, *Charles Camoin*, Genève, Cailler, 1958.

Giraudy Danièle, *Camoin. Sa vie, son œuvre*, Marseille, La Savoisienne, 1972.

Généralités sur le fauvisme

The Fauve Landscape: Matisse, Derain, Braque and their Circle, 1904-1908, cat. exp. (Los Angeles County Museum of Art, The Metropolitan Museum of Art, New York, Royal Academy of Arts, Londres, 1990-1991), Los Angeles, Los Angeles County Museum of Art/New York, Abbeville, 1990 [édition française, Paris, Flammarion, 1991].

Withfield Sarah, *Fauvism*, Londres, Thames and Hudson, 1990.

L'Estaque. Naissance du paysage moderne, 1870-1910, cat. exp. (musée Cantini, Marseille, 25 juin-25 septembre 1994), Nicolas Cendo et Véronique Serrano (dir.), Marseille, Musées de Marseille/Paris, Réunion des musées nationaux, 1994.

Le fauvisme ou «l'épreuve du feu». Éruption de la modernité en Europe, cat. exp. (musée d'Art moderne de la Ville de Paris, 1999-2000), Suzanne Pagé, Juliette Laffon, Gérard Audinet et Jacqueline Munck (dir.), Paris, Paris-Musées, 1999.

Quelque chose de plus que la couleur. Le dessin fauve 1900-1908, cat. exp. (musée Cantini, Marseille, 2002), Véronique Serrano et Claudine Grammont (dir.), Marseille, Musées de Marseille/Paris, Réunion des Musées Nationaux, 2002.

Labrusse Rémi et Munck Jacqueline, *La Vérité du fauvisme*, Paris, Hazan, 2005.

Grammont Claudine, «Le fauvisme cent ans après», *Perspective*, n° 4, 2009, p. 512-537.

Matisse and the Fauves, cat. exp. (Albertina, Vienne, 20 septembre 2013-12 janvier 2014), Cécile Debray, Claudine Grammont et Heinz Widauer (dir.), Vienne, Albertina/Cologne, Wienand, 2013.

Debray Cécile, *Le Fauvisme*, Paris, Citadelles & Mazenod, 2014.

EXPOSITIONS
EXHIBITIONS

1903-1914

Parmi les expositions collectives, seules sont intégrées celles des années historiques du fauvisme (1903-1914).

Salon des indépendants, Grandes Serres de la Ville de Paris, Paris, 20 mars-25 avril 1903 (catalogue).

Salon des indépendants, Grandes Serres de la Ville de Paris, Paris, 21 février-24 mars 1904 (catalogue).

«Exposition de peintures, pastels et dessins par MM. Camoin, Manguin, Marquet, Mathan, Matisse, Puy», Galerie Berthe Weill, Paris, 2-30 avril 1904 (catalogue préfacé par Roger Marx).

Salon d'automne, Grand Palais, Paris, 15 octobre-15 novembre 1904 (catalogue).

Salon des indépendants, Grandes Serres de la Ville de Paris, Paris, 24 mars-30 avril 1905 (catalogue).

«Exposition de peintures par MM. Camoin, Dufy, Fornerod, Mlle Gilliard, MM. Marquet, Van Dongen», Galerie Berthe Weill, Paris, 2-23 avril 1905 (catalogue).

«Exposition de peintures, pastels et sculptures de MM. Camoin, Gussow, Halpert, Pailler, Manguin, Marque, Marquet, Matisse», Galerie Berthe Weill, Paris, 6-29 avril 1905 (catalogue).

Société des amis des arts de Dieppe, Salons de la Société, Dieppe, 15 juillet-25 septembre 1905 (catalogue).

Société des amis des arts du Havre, Galeries de l'Exposition, Le Havre, 26 juillet-1er octobre 1905 (catalogue).

Société des amis des arts de l'Aube, Troyes, octobre 1905.

Salon d'automne, Salle VII, Grand Palais, Paris, 18 octobre-25 novembre 1905 (catalogue).

«Expositions de peintures par MM. Camoin, Derain, Dufy, Manguin, Marquet, Matisse, Vlaminck, série de dessins et croquis. De 1830 à nos jours», Galerie Berthe Weill, Paris, 21 octobre-20 novembre 1905 (catalogue).

«Expositions de tableaux, dessins, gravures et sculptures de MM. Matisse, Manguin, Marquet, Vlaminck, Camoin, Guérin, Friesz», Galerie des éditeurs Prath et Maynier, Paris, 1er décembre-31 décembre 1905.

Salon de La Libre Esthétique, Bruxelles, 22 février-25 mars 1906 (catalogue).

Salon des indépendants, Grandes Serres de la Ville de Paris, Paris, 20 mars-30 avril 1906 (catalogue).

Exposition nationale coloniale, Marseille, 15 avril-18 novembre 1906 (catalogue).

Cercle de l'Art moderne, Hôtel de ville, Le Havre, 16 mai-30 juin 1906 (catalogue).

Salon d'automne, Grand Palais, Paris, 6 octobre-15 novembre 1906 (catalogue).

«Exposition de peintures de MM. Camoin, Derain, Manguin, Marquet, H. Matisse, Puy, van Dongen», Galerie Berthe Weill, Paris, novembre 1906 (catalogue).

Salon des indépendants, Grandes Serres de la Ville de Paris, Paris, 20 mars-30 avril 1907 (catalogue).

«Exposition de dessins, croquis, pastels et aquarelles de MM. Camoin, Derain, Dufy, Friesz, Matisse, Marquet, Manguin, Jean Puy, F. Vallotton», Galerie Berthe Weill, Paris, fin mars-15 avril 1907.

Cercle de l'Art moderne, Hôtel de ville, Le Havre, mai-juin 1907 (catalogue préfacé par Fernand Fleuret).

Salon d'automne, Grand Palais, Paris, 1er-22 octobre 1907 (catalogue).

«Exposition de dessins, aquarelles et peintures de MM. Camoin, Derain, Manguin, Marquet, Henri Matisse, Kees van Dongen, de Vlaminck», Galerie Berthe Weill, Paris, 2 novembre-30 novembre 1907.

«Camoin, Dufy, Herbin, Marquet», Galerie Schames, Francfort, 1907.

«Portraits d'homme», Galerie Bernheim-Jeune, Paris, 16 décembre 1907-4 janvier 1908 (catalogue).

Salon des indépendants, Grandes Serres de la Ville de Paris, Paris, 20 mars-2 mai 1908 (catalogue).

« Exposition d'œuvres de Charles Camoin», Galerie Kahnweiler, Paris, 6-18 avril 1908 (catalogue).

Cercle de l'Art moderne, Hôtel de ville, Le Havre, juin 1908 (catalogue préfacé par Apollinaire).

«Œuvres de Camoin, Derain, Friez, Dufy, Marquet, Matisse, Vlaminck», Galerie Berthe Weill, Paris, juin 1908.

«Exposition de groupe», Galerie Druet, Paris, 3-20 juillet 1908.

«Französische Impressionisten», Künstlerhaus, Zurich, 1er octobre-1er novembre 1908 (catalogue).

Salon d'automne, Grand Palais, Paris, 1er-8 novembre 1908 (catalogue).

«Brücke, Marquet, Puy, Camoin, Guérin, Van Dongen», Galerie Emil Richter, Dresde, 1908.

«Exposition de peintures, aquarelles et pastels de MM. E. Barwolf, Braque, Ch. Camoin, A. Derain, R. Dufy, Lehmann, A. Marquet, J. Verhoeven», Galerie Berthe Weill, Paris, jusqu'au 28 février 1909.

Salon des indépendants, Jardin des Tuileries, Paris, 25 mars-2 mai 1909 (catalogue).

Cercle de l'Art moderne, Hôtel de ville, Le Havre, juin 1909 (catalogue).

Salon d'automne, Grand Palais, Paris, 1er-8 novembre 1909 (catalogue).

«Les Indépendants», Société Mánes, Prague, 9 février-mars 1910 (catalogue préfacé par A. Mateјeck).

Salon de La Libre Esthétique, Bruxelles, 12 mars-17 avril 1910 (catalogue).

Sonderbund, Städtischen Kunstpalast, Düsseldorf, 16 juillet-9 octobre 1910 (catalogue).

Salon d'automne, Grand Palais, Paris, 1er-8 novembre 1910 (catalogue).

«Exposition de dessins et aquarelles», Galerie Druet, Paris, 19-31 décembre 1910.

«Camoin, Marquet, Manguin, Van Dongen, Vlaminck», Galerie Schames, Francfort, 1910 (catalogue).

«Ausstellung Moderner Kunst Aus Bonner Privatbesitz», Städtisches Museum, Bonn, janvier 1911 (catalogue).

Salon des indépendants, Quai d'Orsay, Paris, 21 avril-13 juin 1911 (catalogue).

«Exposition annuelle IIIe groupe», Galerie Druet, Paris, 24 avril-6 mai 1911 (catalogue).

«Exposition de tableaux modernes», Galerie Druet, Paris, 3-20 juillet 1911 (catalogue).

Salon d'automne, Grand Palais, Paris, 1er-8 novembre 1911 (catalogue).

Salon de la Berliner Secession, Ausstellungshause, Berlin, novembre-décembre 1911 (catalogue).

Sonderbund, Düsseldorf, 1911 (catalogue).

«Friesz, Camoin, Van Dongen, Manguin, Marquet», Galerie Schames, Francfort, 1911.

«Exposition de dessins et aquarelles», Galerie Druet, Paris, 26 décembre 1911-6 janvier 1912.

«Exposition de groupe», Galerie Thannhauser, Munich, avril-mai 1911 (catalogue).

Salon de la société Valet de Carreau, Moscou, janvier 1912 (catalogue).

Salon des indépendants, Quai d'Orsay, Paris, 20 mars-16 mai 1912 (catalogue).

«Exposition annuelle IIIe groupe», Galerie Druet, Paris, 29 avril-11 mai 1912 (catalogue).

Salon de Mai, Quai Rive-Neuve, Marseille, 1er-15 mai 1912 (catalogue préfacé par Élie Faure).

Sonderbund, Städtische Ausstellungshalle, Cologne, 25 mai-30 septembre 1912 (catalogue).

Salon d'automne, Grand Palais, Paris, 1er-8 novembre 1912 (catalogue).

«Juryfreie Kunstschau, Kunsthaus Lepke», Berlin, 26 novembre-31 décembre 1912 (catalogue).

Armory Show, New York, 17 février-15 mars 1913; Chicago, 24 mars-15 avril 1913; Boston, 28 avril-18 mai 1913 (catalogue).

«Œuvres de Charmy, Marval, Lucie Cousturier, Camoin, Raoul Dufy, Girieud, Gleizes, Lacoste, Laprade, Lebasque, Léger, Lhote, Luce, Matisse, Metzinger, Picasso, Redon, Rouault, Van Dongen», Galerie Berthe Weill, Paris, jusqu'au 20 mars 1913 (catalogue).

Salon de La Libre Esthétique, Bruxelles, 8 mars-13 avril 1913 (catalogue).

«Exposition annuelle IIIe groupe», Galerie Druet, Paris, 14-26 avril 1913 (catalogue).

Exposition, Société Mánes, Prague, avril-mai 1913 (catalogue).

Salon d'automne, Grand Palais, Paris, 15 novembre 1913-5 janvier 1914 (catalogue).

«Vlaminck, Camoin, Espagnat», Kunstverein, Hambourg, 1913.

«Post Impressionnist & Futurist Exhibition», Dore Galleries, Londres, 12 octobre 1913-16 janvier 1914 (catalogue).

«Exposition de peintures de Charles Camoin», Galerie Druet, Paris, 23 février-7 mars 1914 (catalogue).

Exposition internationale, section des beaux-arts, Lyon, printemps 1914 (catalogue).

«Exposition annuelle IIIe groupe», Galerie Druet, Paris, 20 avril-2 mai 1914 (catalogue).

Société havraise des amis des arts, Hôtel des Socités, Le Havre, 10 juin-10 juillet 1914 (catalogue).

1915-1965

«Exposition Ch. Camoin», Galerie Marcel Bernheim, Paris, 4-16 avril 1921 (catalogue).

«Exposition Charles Camoin», Galerie Bernheim-Jeune, Paris, 24 janvier-7 février 1923 (catalogue préfacé par Robert Rey).

«Exposition de pastels de Charles Camoin », Galerie Druet, Paris, janvier 1924.

«Exposition Charles Camoin», Galerie Aktuarius, Strasbourg, janvier-mai 1925.

«Camoin », Galerie Marcel Bernheim, Paris, février-mai 1925.

«Exposition Charles Camoin », Galerie Druet, Paris, 4-15 mars 1929 (catalogue).

«Exposition de Camoin et Marquet», musée des Beaux-Arts, Rouen, mars 1931.

«Exposition Ch. Camoin», Galerie Bernheim, Paris, février 1933 (catalogue).

«Albert Marquet, Charles Camoin», Galerie Mignon-Massart, Nantes, 3-14 mars 1937 (catalogue).

«Camoin-Jean Puy, peintures et pastels», Galerie des Jacobins, Lyon, 17 février-3 mars 1942.

«Ch. Camoin, peintures récentes», Galerie Louis Carré, Paris, 10-27 novembre 1943.

«Charles Camoin», Galerie Charpentier, Paris, 27 avril-juin 1945 (catalogue préfacé par Colette).

«Camoin», Galerie Charpentier, Paris, 17 décembre 1947-15 janvier 1948 (catalogue préfacé par Charles Camoin.

«Exposition Camoin», Galerie Charpentier, Paris, juin 1950 (catalogue).

« Exposition personnelle », Galerie J.-M. Vidal, Paris, octobre 1951 (catalogue).

«Camoin», Galerie André Romanet, Paris, 15 novembre-décembre 1955.

«Charles Camoin», Galerie André Maurice, Paris, juin 1956.

«Charles Camoin, aquarelles, pastels et petits formats», Galerie Drouet, Paris, 12-30 juin 1956.

«Charles Camoin, 50 toiles de 1903 à 1958», Galerie Marcel Bernheim, Paris, 1958 (catalogue).

«Charles Camoin», Galerie Abels, Cologne, 28 septembre-14 novembre 1959 (catalogue).

«Charles Camoin», Galerie Robert Schneider, Paris, 7-31 décembre 1960 (catalogue préfacé par Charles Camoin).

«Charles Camoin 54 years of painting 1906-1960», Hammer Galleries, New York, 23 mai-10 juin 1961 (catalogue).

«Hommage à Camoin, Salon d'automne», Grand-Palais, Paris, 16 octobre-21 novembre 1962 (catalogue).

«Maîtres contemporains et quelques peintures récentes de Camoin», Galerie M. André, Paris, 9-21 mars 1964.

«Ch. Camoin été 1964 à Saint-Tropez», Galerie M. André, Paris, 15 novembre-4 décembre 1965 (catalogue).

Après 1965

«Charles Camoin», musée des Beaux-Arts, Marseille, octobre-novembre 1966 (catalogue sous la dir. de Marielle Latour).

«Camoin 1879-1965. Retrospective Exhibition», Beilin Gallery, New York; itinérance à Galeria Marcos Castillo, Caracas (catalogue).

«Charles Camoin, 1879-1965», Galerie Abels, Cologne, 4 mai-29 juin 1968 (catalogue).

« Charles Camoin, 70 ans de peinture», palais de la Méditerranée, Nice, 1971 (catalogue sous la dir. de Danièle Giraudy).

«Rétrospective Charles Camoin», Galerie Marcel Bernheim, Paris, 21 février-18 mars 1980 (catalogue).

«Charles Camoin», Vincent Mann Gallery, Nouvelle-Orléans, novembre 1980 (catalogue).

«Camoin et Saint-Tropez», musée de l'Annonciade, Saint-Tropez, 11 mai-10 octobre 1991 (catalogue sous la dir. de Éric Hild et Danièle Giraudy).

«Charles Camoin. Rétrospective 1879-1965», Fondation de l'Hermitage, Lausanne et musée Cantini, Marseille, 1997-1998 (catalogue sous la dir. de Claudine Grammont et Véronique Serrano).

«Charles Camoin», Musée Monticelli, Marseille, 20 juin-30 septembre 2012 (catalogue).

«Camoin dans sa lumière», musée Granet, Aix-en-Provence, 2016 (catalogue sous la dir. de Bruno Ely et Claudine Grammont).

In Fine éditions d'art

Pierre Louette
Président-directeur général de SFPA

Claire Lénart Turpin
Directrice

Guy Boyer
Directeur délégué

Marc-Alexis Baranes
Directeur des éditions

Véronique Balmelle
Directrice du développement

Stéphanie Méséguer
Responsable éditoriale et de fabrication

Suivi éditorial: **Sandrine Rosenberg**
Relecture et corrections: **Karine Barou**
Graphisme: **Laurent Fétis**

Traduction du français vers l'anglais:
Jonathan et David Michaelson
Relecture et corrections de l'anglais: **Adam Rickards**
Suivi de photogravure: **Jean-Baptiste Niel**
Photogravure: **Studio4c, Paris**

In Fine Éditions d'Art

Pierre Louette
Chief Executive Officer of SFPA

Claire Lénart Turpin
Director

Guy Boyer
Assistant Director

Marc-Alexis Baranes
Publishing Director

Véronique Balmelle
Development Director

Stéphanie Méséguer
Editorial and Production Manager

Editorial monitoring: **Sandrine Rosenberg**
Rereading and corrections: **Karine Barou**
Graphic design: **Laurent Fétis**

Translation from French into English:
Jonathan and David Michaelson
Rereading and corrections of the English texts: **Adam Rickards**
Monitoring of photogravure work: **Jean-Baptiste Niel**
Photogravure: **Studio4c, Paris**

p. 22-23 : Camoin et sa mère, Marie Camoin, place Dauphine, vers 1904 (Archives Camoin)
p. 50-51 : Matisse, Camoin et Marquet, 1912 (Archives Camoin)
p. 74-75 : Charles Camoin en uniforme avec la bicyclette offerte par Matisse, 1915-1916 (Archives Camoin)
p. 100-101 : Camoin dans son atelier, vers 1960 (Photographie Michèle Brabo)
p.136-137 : L'atelier de l'artiste, 25 bis, avenue Junot, Paris, (Archives Camoin)

978-2-38203-061-5
Dépôt légal: mars 2022
Imprimé en Union européenne.

Cet ouvrage a été achevé sur les presses de Graphius (Belgique) en février 2022.